“新时代学校德育的改革与创新”丛书

新时代班主任核心能力提升 N 个“怎么办”

（中学分册）

李 岩 胡 诚 主编

上海科学普及出版社

图书在版编目（CIP）数据

新时代班主任核心能力提升N个“怎么办”. 中学分册 / 李岩，胡诚主编 .-- 上海：上海科学普及出版社，2023.6

（“新时代学校德育的改革与创新”丛书）

ISBN 978-7-5427-8175-8

Ⅰ. ①新… Ⅱ. ①李… ②胡… Ⅲ. ①中学—班主任工作—德育工作—研究 Ⅳ. ①G631

中国国家版本馆CIP数据核字(2023)第103097号

责任编辑 陈爱梅

“新时代学校德育的改革与创新”丛书

新时代班主任核心能力提升N个“怎么办”

（中学分册）

李 岩 胡 诚 **主编**

上海科学普及出版社出版发行

（上海中山北路832号 邮政编码200070）

http：//www.pspsh.com

各地新华书店经销 上海商务联西印刷有限公司印刷

开本787×1092 1/16 印张19.5 字数350 000

2023年6月第1版 2023年6月第1次印刷

ISBN 978-7-5427-8175-8 定价：68.00元

本书编委会

主　编　李　岩　胡　诚

副主编　黄晓雁　陈雪琴

编　委　孙丽凤　龙骋华　李　岩

李　静　陈雪琴　胡　诚

施金辉　唐　燕　黄晓雁

丛书总序

【编书缘由】

党的十八大报告指出“把立德树人作为教育的根本任务”，对中小学培养什么人，如何培养人和为谁培养人指明了方向。为了贯彻落实这一根本任务，教育部颁发了《中小学德育工作指南》，强调：“该《指南》是指导中小学德育工作的规范性文件，适用于所有普通中小学。各地要加强组织实施，将《指南》作为学校开展德育工作的基本遵循，纳入校长和教师培训的重要内容，并将其作为教育行政部门对中小学德育工作进行督导评价的重要依据，进一步提高中小学德育工作水平。”为全国中小学在新时代改革创新学校德育工作和班级建设工作提供了一个具有普遍指导意义和可操作性的法规政策依据。

为了进一步贯彻落实《指南》精神，及时宣传推广上海市中小学的有效做法和鲜活经验，帮助广大学校德育工作者和班主任老师聚焦改革与创新的瓶颈问题，提高中小学校立德树人和建班育人的品质和水平，并形成相关的培训资源和课程，本丛书面世前，我们已经出版了《新时代班级劳动教育 N 个怎么办》《教育转型背景下学校德育 N 个怎么办》《教育转型背景下建班育人 N 个怎么办》等系列专著，受到了广大德育工作者和班主任的赞誉和欢迎，纷纷要求我们多出一些类似的书籍，以助推立德树人根本任务的有效实施，以赋能建班育人专业能力的进阶提升。为此，我们组织了一批上海市德育特级校长和特级教师以及十佳班主任和班主任带头人等，于 2019 年 11 月启动，历时三年有余，终于在中国龙年即将来临之时付梓，为新时代学校德育和班主任工作的改革与创新提供了可以“攻玉”的“它山之石”。

【丛书简介】

一、书名

丛书名为《新时代学校德育的改革与创新》，以全国中小学校长、班主任老师以及学校德育工作和班主任工作的管理研究人员为主要阅读对象，以“学校德育”和“建班育人”为子系列，以小学和中学（包括初中和高中）为单位，编写出版四本专著，分别为《新时代学校德育顶层架构N个“怎么办”》（小学分册）、《新时代学校德育系统建设N个“怎么办”》（中学分册）、《新时代班主任专业素养进阶N个“怎么办”》（小学分册）和《新时代班主任核心能力提升N个“怎么办”》（中学分册）。

二、内容

站在新时代的起点上，聚焦立德树人的根本任务，围绕学校德育的改革与创新，立足学校德育和班主任工作两个维度，以解决问题为导向，提供有效的做法和新活的经验。

《新时代班主任专业素养进阶N个“怎么办”》（小学分册）选取了来自小学一线优秀班主任的30篇育人案例和智慧故事，让我们清晰地看到了新入职班主任“初尝试”的十个应知应会、在岗班主任“做扎实”的十个管理艺术、骨干班主任“新跨越”的十个提升修炼等不同板块的内容和功能。

《新时代班主任核心能力提升N个“怎么办”》（中学分册）精选了37个“怎么办”，分别从“互联网+时代班集体建设能力”“有效组织开展班会活动能力”“家班合力开展家庭教育指导能力”三个方面切入，聚焦真问题，呈现真情境，采用“研训合一”的模式，提供了可以复制的解惑之招。

《新时代学校德育顶层架构N个“怎么办”》（小学分册）坚持顶层设计系统架构的思想，遵循纵向衔接、横向贯通、分层递进和螺旋上升的原则，精选了29个生动的案例，分五个篇章，为我们呈现了学校德育的目标与内容、方法与途径、评价与管理、组织与保障等体系的科学架构。

《新时代学校德育系统建设N个“怎么办”》（中学分册）围绕健全系统化落实机制，激发学校改革活力的主题，梳理了31个“怎么办”的具体情景，分别从课程实施、文化建设、活动组织、队伍培养、资源整合等五个方面，以问题为导向，瞄准难点和堵点，勾画了学校德育工作系统化落实机制的四个特征。

三、体例

瞄准新时代背景下学校德育和建班育人的若干个“怎么办”，呈现学校德育和班主任工作改革创新、实践探索的鲜活经验和有效做法，力求做到：上接天线，立意高；下接地气，针对性强。既有学术深度，又有时代创意，更有实实在在的解惑之道和实践之招，不仅提高了本丛书的应用性和实操性，更为破解中小学德育和班主任工作的瓶颈问题提供了具有借鉴意义和辐射价值的“道术器事”，凸显了丛书政治性、专业性、系统性、实操性和实用性的鲜明特点。

1. 情境导入：以叙事的方式，为标题中的“怎么办”提供一个具体的情景。

2. 问题归因：针对情景中的问题，分析出现这种现象的原因。

3. 理论分析：从理论的角度，证明标题中陈述句所表达的观点，分析其成立的理由。

4. 实践支招：为情景中的问题提供解决方案。

【作者队伍】

丛书由上海市中小学德育研究协会副会长、德育特级教师陈镇虎和上海市普陀区教育学院德育研究室主任、德育特级、正高级教师王萍领衔，担任丛书主编。各分册主编及编委如下：

1.《新时代学校德育顶层架构N个“怎么办”》（小学分册）

主　编：梁　莉　杜川嫣

副主编：吴晓丽　罗丽萍

编　委：王　槿　谢晓燕　徐巍炜　罗丽惠

2.《新时代学校德育系统建设N个“怎么办”》（中学分册）

主　编：叶文婷

编　委：王　宇　杨　岚　秦　蓁　周雯婕　陆春晔

3.《新时代班主任专业素养进阶N个“怎么办”》（小学分册）

主　编：范　莉

编　委：孙丽萍　姜丽霞　陈洪云　凌洁敏　费笑雯

4.《新时代班主任核心能力提升N个“怎么办”》（中学分册）

主　编：李　岩　胡　诚

副主编：黄晓雁　陈雪琴

编　委：孙丽凤　唐　燕　龙骋华　施金辉　李　静

由丛书主编及各分册主编组织120多位来自上海市中小学校一线的优秀校长、班主任以及市区研究部门的资深研究人员参加了丛书的编写。三年多来，他们克服了难以名状的重重困难，终于为我们奉献了一份丰硕的新春厚礼！透过浓浓的墨香，我们更能悟出丛书背后折射出的、凝聚在作者及其团队身上的精气神韵——一种由献身教育的初心、爱满天下的情怀、教育本原的执着追求和高远的教育境界等集聚而成的崇高精神；一种由锐意改革、开拓创新、攻坚克难、永不言败，仰望星空又脚踏实地的务本求实、追求卓越等涵养而成的浩然气概；一种由健康的价值观、高尚的道德情操、站在时代前头的学术水平，以及不言之教的人文力量和润物细无声的人格魅力等蕴藉丰润而成的动人神韵。我们看到了广大德育工作者包括班主任改革创新的足迹和成果，体验到了他们不断前行的艰辛和快乐，感悟到了他们知难而进、迎难而上的理想光芒。因此，确切地说，这是一本凸显教育初心、信念使命和专业素养的智慧之书，虽然都出自一线很平凡的德育工作者，却能给人以感动，启人以理性，催人以奋进，不负韶华，永续始终。也许这就是本丛书的力量之源泉。

——为此，我们脱帽喝彩，并致以崇高的敬意！

上海市中小学德育研究协会副会长、德育特级教师　陈镇虎

上海市普陀区教院德研室主任、德育特级正高级教师　王　萍

培根筑基夯实理论　研训合一助推成长

（代　序）

2006 教育部在《关于进一步加强中小学班主任工作的意见》文中，对中小学班主任角色有了十分明确的规定，指出：中小学班主任是中小学教师队伍的重要组成部分，是班级工作的组织者、班集体建设的指导者、中小学生健康成长的引领者，是中小学思想道德教育的骨干、沟通家长和社区的桥梁，是实施素质教育的重要力量。加强中小学班主任工作，对于贯彻党的教育方针，全面推进素质教育，把加强和改善未成年人思想道德建设的各项任务落到实处，具有十分重要的意义。

我们所处的时代发生着深刻的变化。如何应对这纷繁复杂的变化？如何落实立德树人的教育根本任务，把学生培养成德智体美劳全面发展的社会主义新人？时代给我们提出了更高的要求。作为班主任，我们必须创新思想观念、创新体制机制、创新工作内容、创新方式方法，拥有更胜于一般科任老师的专业素质和健全人格，成为中小学生的人生导师。

历年来，全国各省市教育部门都对如何界定班主任核心素养有过长时间的实践探索，这在聚焦班集体建设、主题班会课的设计实施、个别化教育及家班沟通技巧等方面的班主任基本功竞赛中都有所体现。特别是 2021 年教育部基教司组织的全国班主任基本功展示交流活动，对这些内容有了更加明晰的界定。正是基于对这样一些问题的思考和探索，才有了我们这本册子的付梓。

本书紧扣班主任核心素养的部分领域，组织上海优秀班主任开展了实践研究，并对研究成果进行梳理整合，分成三个板块，分别从“互联网＋时代班集体建设能力”“有效组织开展班会活动能力”和“家班合力开展家庭教育指导能力”等三个方面切入，以“新时代班主任核心能力提升 N 个‘怎么办’”为主要议题，聚焦班主任工作实践中的真问题，呈现真情境，开展真研究，通过情景扫描、问题归因、理论阐述和实践支招等环节，采用“研训合一”的学习研究模式，集中解决一些实际的问题，以期给广大一线班主任提供切实的帮助。

本书总共收集了 37 篇文章，作者有学校班主任、教育学院教研员等，他们长期实践在学校第一线，在班级管理、活动开展和家班合育上有着非常丰富的实践经验。37 个“怎么办”，为读者提供了鲜活的、可借鉴的育人智慧和管理策略，呈现出以下几方面的特点：

1. 源于实践，聚焦问题

本书三个板块的研究内容都来自一线班主任在实践过程中遇到的真实存在的问题：一是聚焦互联网时代班集体建设过程中的难题和困惑，借助互联网优势，应用互联网平台和技术，创新优化建班育人策略，不断为班集体建设注入时代品质。二是聚焦主题班会的主题确定、目标设置、活动模式以及班会过程中涉及的流程环节、导入方式、课堂提问、学生生成、资源运用、呈现形式等问题，开展实证性的研究。三是聚焦班主任在家班合力共育过程中面对的各类问题情境，进行原因分析、理性思考和实践突破，揭示家班合力共育过程中蕴含的教育规律，体现班主任的教育智慧。

2. 实用性强，见招拆招

实用性是本书的最大亮点。研究成果均来自班主任在实践中的思考探索，所提出解决问题的方法具有针对性和可操作性，可复制可推广，很接地气。理论分析丝丝入扣，实践支招科学精准，体现了新时期班主任的责任担当和研训合一的实际成效，对学校开展班主任校本研修，提高班主任的专业素养和实践能力具有很大的帮助。

3. 以点带面，形成系列

本书中的三个板块，精选了 37 个“怎么办”，有机整合了班级管理、主题班会和家班合育等方面的工作，对于班主任而言，这些都是其专业素养中的重要组成部分。书中呈现的研究成果，可以让更多班主任分享和借鉴，在今后工作中少走弯路，更好地促成专业成长。

4. 科学引领，预见未来

本书的三大板块 37 个“怎么办”，在班主任专业素养如何提升、如何发展，主题班会课如何有效、如何规范、如何贴近学生、如何真正彰显教育价值和作用，如何帮助家长提升家庭教育的意识和能力，如何进行有效的家班沟通形成家班共育的合力等方面都进行了有效的实践探索，所采用的方式方法具有指导意义，研究的领域与研究的视角以及所采取的举措等，为启迪新时代班主任的育人智慧，增强工作艺术以及创新转型提供了一个新的视角，对广大中小学班主任具有很大的参考借鉴价值。

班主任工作是一项实践性很强的工作，是一项不断迎接挑战的工作，它要求我们的班主任在实践中不断学习、不断积累，以理论指导实践，用实践来丰富班主任工作的理论体系，不断完善班主任的操作系统。书中所选 N 个“怎么办”的主题，呈现的内容等可能挂一漏万，尚不能完美，祈盼各位班主任同行不吝指教。

上海市同济二附中　李　岩
上海市崇明区教育学院　胡　诚
2023 年 3 月 16 日

CONTENTS **目　录**

第一编
互联网 + 时代班集体建设能力

第二编
新时代组织开展班会活动能力

第三编
家班合力开展家庭教育指导能力

第一编

互联网＋时代班集体建设能力

导读

当今是技术突飞猛进的时代，也是社会急剧变革的转型时期。互联网技术极大地改变着人们的生活方式、学习方式、思维方式等，学校传统的教育内容、教育过程、教育方法也首当其冲地受到了冲击。这些都促使我们去重新认识学生的成长环境，重新认识学生的改变，重新认识教师的作用，以及这一切给我们班集体建设带来的挑战。

面对这样一个新命题，上海市班主任带头人李岩工作室和普陀区班主任带头人李岩工作室的全体成员以“互联网 + 时代背景下班集体建设实践研究”为研究项目，从时代发展需要、师生发展需要、班主任工作需要三个方面入手，聚焦互联网时代班集体建设过程中的难题和困惑，借助互联网优势，应用互联网平台和技术，创新优化建班育人策略，不断为班集体建设注入时代品质。

在项目推进的过程中，学员们使用新兴技术优化建班育人环境，整合多方资源提高主题教育效能，开发班本课程丰富实践活动内容，重视过程评价营造良好教育生态，借助互动平台形成家班共育合力。最终形成以下可供推广和辐射的经验和成果。

●系好首粒纽扣：互联网 + 时代班集体建设的灵魂

随着大数据、云计算、移动通信等技术的迅猛发展，“互联网 +”时代犹如一场风暴，迅速地席卷整个教育界，传统的教育生态、教育模式等都受到前所未有的冲击和挑战。“互联网 +”时代的来临，为学生的自主发展创造了便利条件；但与此同时，信息的多元化、信息质量的良莠不齐容易对学生价值观、审美观、道德观等的形成产生不良影响。“互联网 +”时代的班主任如何通过班集体建设解决学生理想信念缺失问题，如何解决网络时代审美能力和人文内涵逐渐缺失、审美娱乐化、从众化的问题，如何解决学生线上失控，缺少规范等问题？我们应引导学生树立起正确的价值观，系好人生的第一粒扣子——坚持立德树人，夯实理想信念教育、开展积极正向的审美情趣教育、指导学生确立网络规范等，这是“互联网 +”时代班集体建设的灵魂。

●破解成长困局：互联网 + 时代班集体建设的使命

互联网已经成为当前青少年学生学习、人际交往、休闲娱乐等活动的重要方式。然而，面对互联网，学生成长却面临着一系列困局：网络使用不当行为频发，不良的上网行为和习惯影响着学生身心健康和学业进步；习惯碎片化学习，缺少深度学习；网络交际辨别力不足，在线交往依赖严重、上网安全难以保障等。我们要破解学生成长的困局，“互联网 +”时代班集体建设要营造出有利于学生网络行为健康生长的小生态；引导学生正确使用互联网，制定科学合理的学习计划，激发学习兴趣，增进交流与互动；要多角度助力学生人际交往最优和形成最有效化的联合对策与方法；培养学生网络自我保护意识，学校要联合家长、呼吁发动社会力量，共同为学生上网安全保驾护航。

●提升教师素养：互联网 + 时代班集体建设的保障

学校班集体建设，受多方面因素影响，但班主任是班集体建设的关键因素，是“互联网 + 时代”学校班集体建设的基本保障。班主任的素养，直接影响着其班集体建设和学生教育目标的达成，影响着主题教育活动和家庭教育指导的落实等。“互联网 +”时代社会的发展日新月异，然而，与时代高速发展形成鲜明对比的是班主任专业发展有裹足不前之嫌。本编聚焦班主任专业素养提升的问题，就如何促进班主任专业发展；如何提升学生在主题教育活动中的获得感，让主题教育活动贴近学生现状与需求，真正彰显教育价值和作用；如何用好微信群这个家校沟通的平台，整合多方资源，形成家校共育的合力等一系列问题，开展了积极的探索和实践。

●用好新兴工具：互联网 + 时代班集体建设的平台

“互联网 +”时代，随着网络的迅速发展，QQ、微信、小黑板、钉钉等信息交流平台已广泛应用于校园中，给班级管理带来了便利，也为班集体建设注入了新时代的品质和特征，班主任建班育人模式也随之发生着可喜的变化。但这一过程中，也出现了一些新问题和新挑战，要求班主任在提升信息素养的同时，更要树立与时俱进的理念，携手学生、家长与时代发展同步。我们针对家长 QQ 群、家长微信群在家校沟通中出现的质疑老师、抨击学校等棘手问题；班级学生微信群的管理混乱、学生沉迷虚拟世界的问题；网络文化对班级文化的冲击问题；微信公众号、手机终端 App 来助力班集体管理模式的革新问题进行讨论，在创新建班育人途径，打造“互联网 +”班级方面进行了有效的探索。

随着项目的推进，我们认识到教育工作要主动适应社会发展的需要，避免只见树木不见森林的现象。要用积极的态度接纳时代带给班主任工作的新命题，用因势利导的策略来破解互联网时代背景下班主任工作的难题。努力探索现实班集体建设和网络班集体建设双管齐下，相互补充、相互影响的模式，创建一个有自由而不失规范、有个性发展而懂得互相尊重、有网络社区而能与现实生活互动延展、注重学生自主发展却也重视教师的主导作用和同伴的互助作用的健康绿色的网络环境。

因此，本编的“17 个怎么办”，不仅提出了互联网时代班主任建班育人过程中的困惑，也就问题进行了积极的探索和实践，详细阐述了班主任应对“互联网+”时代的举措与思考，为新时代班主任工作的育人智慧，以及积极转型提供了一个新的视角，对广大中小学班主任具有很大的参考、借鉴价值。

同济大学第二附属中学　李　岩

“互联网 +” 时代学生理想信念缺失，怎么办？

——坚持立德树人，夯实理想信念教育

刘礼平

问题扫描

笔者针对学校六、七、八、九年级学生开展了一次网络问卷调查，共收回有效问卷 285 份。其中男生 157 份，女生 128 份。问卷主要针对以方泰中学为代表的郊区学生，调查他们在互联网时代背景下的理想信念以及受多元文化的影响。

如下图所示：随着“移动互联”时代的到来，自媒体开始在学生群体中流行，网络信息真假难辨，给意识形态工作带来了巨大挑战，理想信念缺失现象已经成为学校不容忽视的一个实际问题。在互联网和各种外来思想的冲击下，就有学生自信心不足，在人际关系处理上显得焦虑，部分学生花大量的时间和精力沉迷于游戏，甚至有学生还过早地涉及情感纠葛。学生的理想信念与生活实际是脱节的，加上社会实践不足和互联网的冲击，他们没有足够的信心和毅力实现自己的理想，如此发展下去，必将影响到学生的健康成长。对此我们该怎么办？

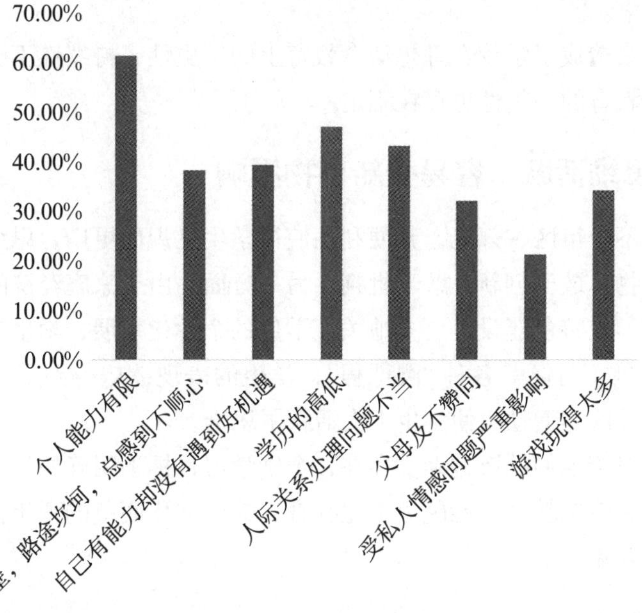

归因分析

面对互联网沟通时效性的提升，互联网文化中不良信息的出现频率较以前更多、更繁杂和更隐蔽，怎么引导学生树立正确的人生观、价值观和世界观，我们遇到新的困难和挑战。

一、理想信念教育历史性、持续性不够

近年来郊区的开发吸引了来自五湖四海的外来务工人员，学校农民家庭子女、外地务工人员子女比较多，单亲家庭学生比例比较高，仅外省市就读生比例就达 55%。由于生源情况复杂，学生个体素质参差不齐。

另外，由于独生子女生活条件比较优越，使他们养成了以自我为中心的心理。有些人义务意识淡薄，心理承受能力较弱，意志品质水平较低，生理、心理不够成熟。大部分学生家长包办得过多过细，学生自我防范意识和独立能力很差。

另外，学生在互联网中受多种思想影响也不容小觑。据有媒体调查发现，当前的社会中存在向学生传播历史虚无主义、个人主义甚至是西方资本主义流传过

来的社会思潮。[①]

以上因素造成了学校在理想信念教育上的历史性、持续性不够。学校对学生的理想信念教育的一贯性也存在不足。

二、思维活跃，容易受新事物影响

互联网不分市区、郊区，其便利性使得学生见识面更广，思维更活跃，更容易接受新事物、敢于创新、敢于批判。另一方面，由于家庭经济的提升，以及各校特别重视学校特色建设，更多地关注学生的个性化发展，学生有更多的机会接触街舞、击剑、射箭等各种"圆课程"，学生的表现欲望得到了进一步释放，多渠道的参与社区等活动也使学生大大活跃了思维。

互联网对于他们的影响确实存在，个别学习目标不明确的学生易受不良思想的误导。理想信念教育不能脱离文化教育，缺乏文化底蕴的青年很难成为有坚定理想信念的青年。

三、情感丰富，理想信念坚定性不够

郊区学生来源的复杂性和交融性使得学生见识广泛，再加上互联网的便利性，他们连通着各自家乡的所谓"朋友"。受功利主义和实用主义等各种思潮深深影响，学生更注重人际关系，用自己的方式增进同学间的感情，如过生日不再是简单的写张贺卡，说句祝福，唱首生日歌，取而代之的是去酒店聚餐、KTV包厢大联欢。在很多家长看来理想信念教育已经过时，只是顺从孩子的意愿，而忽视更远大的规划和坚守。

四、网络时代多元文化，难于形成稳定、正确的思想

学生的价值观处于不成熟阶段，对社会的发展还不能很明确地做出判断，理想信念还没有明确形成。在相对宽松的校园环境，他们有更多的机会接触网络、接触周边的社会，心里汇集了不同的价值观念和意识形态。这些尚在懵懵懂懂、认知水平和辨别能力都不够成熟的少男少女们，其判断能力和价值思维都存在前所未有的挑战，影响着他们的理想信念的树立和养成。社会中的各色各样思潮，以及西方国家和他们的代理人利用互联网文化千方百计宣传所谓的自由，这就导

① 原黎黎．新媒体背景下大学生理想信念教育有效路径研究 [D]. 石家庄：河北师范大学，2017.

致学生不可避免地受到侵染，思想变得极其不稳定。

理论阐述

习近平同志指出："理想信念是'主心骨'，纪律规矩是'顶梁柱'，没有了这两样，必然背离党的宗旨，做人做事就会走偏走邪，思想就会百病丛生，人生就会迷失方向。"坚定理想信念不能停留在"说教"层面，需要纪律规矩这样的"硬约束"，需要体制机制等方面的支撑与保障。

有些青少年缺乏理想和信念，学习目的不明确；他们有上进心，也想努力学习，但有时却不能专心；有荣誉感，却缺乏自信，消极情绪较多；有独立意识，不爱受约束，对家庭和学校的教育有时持轻蔑态度；他们思想早熟，有胆略，善于表现自我，有一定的是非辨别能力，但自控能力较差；有着对于自己未来和关于人生的美好理想，但也看到了社会上仍有许多不尽如人意的地方。学校应当从培养什么样的接班人、怎样培养接班人出发，切实加强当代青少年的理想信念教育，引导他们在实现中华民族伟大复兴的进程中承担起自己的责任。

实践支招

正因为学生的理想信念存在这样或那样的问题，既源于学生自身的特点，更是源于家庭教育的缺失。多元文化、地域观念、接受教育的程度的不一样，学校应采取针对性的措施对学生开展理想信念教育。

一、坚守筑牢理想信念　坚持立德树人

互联网给学校的理想信念教育带来了挑战的同时更带来了不一样的机遇，学校在开展理想信念教育的过程中要把握时代的机遇、应对挑战。在互联网时代背景下，郊区学校要大力推进思想政治教育工作者队伍建设，推进思想政治的教育方式的改变，培养政治觉悟高、理论储备足、网络技术强的思想政治教育队伍。培养他们具有互联网时代的媒介基本操作能力，提升网络教育模式的新探索，才能将自我理想信念的追求辐射到网络受众，拓宽理想信念教育的途径。

新媒体时代正在深刻影响着学生的价值观念以及理想信念的形成和巩固，进

而影响学生的行为习惯和行为取向，实现“行胜于言”的积极效果。理想信念教育的有力推进者一定是我们基层的学校和一线教师。学校要将“思品课”作为学生理想信念的主阵地，“思品课”教师是学校思想政治教育的主力军，要守好马克思主义阵地。教师要更新观念、及时适应新条件下的角色转变，扮演好引导者的角色，引导学生利用正确的有益信息，同时更要充分认识互联网对于加强理想信念教育的重要意义。

教师可以结合时事主题，契合时代背景开展“筑牢理想信念　坚持立德树人”主题教育系列课。通过活动引导学生自发地树立理想信念意识。学校要改变“以教师为中心、课堂为中心、教材为中心”的传统课堂模式。学校领导更要引领老师们奉行“全员育人、人人都是德育工作者”的思路，各学科间协同作战，进行互联网立体化教学，坚守筑牢理想信念，坚持立德树人，让理想信念教育四处开花。

二、充分利用学校教育与网络教育的合力

课堂教育是指教师通过课堂这一载体向学生传授知识和技能，把学生培育成社会所需要的人的一种教育方式，是学校教育的主要表现形式。学校要改变传统的思想教育形式，不断探索有针对性和实效性强的教育方式。引入形式分析、讨论，开展有组织的时事评论，把历史时期的典型人物和当下的理想信念教育有机结合，特别突出英雄人物、时代人物典型事迹。

互联网教育是以网络为教学载体进行的无时空和地域限制的交互式教育方式。因为网络的互联互通逐渐成为一种新型的手段，教育工作者不能忽略它在新时代给我们教育的助力。因此，教育工作者要在充分利用好课堂载体的基础上，实现课堂教育与网络教育的密切融合。理想信念是学生崇高的追求，是学校和学生前进的动力。新形势下，面对意识形态加剧的经济全球化，网络媒体信息爆炸化、秒传化，迫切需要课堂教育与网络教育的合力，重视学生在学习过程中的思考。学校，尤其是班主任要高度重视“游戏”，“博客”，“微信”等App，尤其是新出现的网络直播等手段和它的作用，引导学生提高网络素养，文明上网，同时学校的公众号也要抓住理想信念教育的主阵地。班主任要走进学生的内心世界，通过培养班级中的网络监督员加大对网络信息的监督和引导，提高网上重大舆情的快速反应能力，有效化解班级QQ群、微信群等敏感、偏激言论，帮助他们自觉摒弃错误的人生观。

三、充分利用家庭教育与社会教育的合力

家长是孩子的第一任教师，社会教育是理想信念教育的依托，开展理想信念教育不仅要重视学校教育的作用，更要充分发挥家庭教育与社会教育的合力。

家庭是孩子成长的第一块沃土，家长更是孩子启蒙的第一任责任人。家庭教育对于子女的理想信念的形成和发展具有不可替代的作用。父母要事事以身作则，遵纪守法、坚守道德底线。在日常生活中约束自己的行为，同时要教育子女拥有足够的智慧应对繁杂的网络信息，自我过滤、净化和吸纳。网络安全常挂嘴边，时时提醒、督促孩子能遵守线上线下交友的规则和注意事项。

社会教育的作用也不容忽视。互联网作为社会新生事物，已经成为社会信息发布的新窗口。首先，作为国家机关，应组建高水平的信息技术团队守卫我们的青少年的成长，提高网络道德，健全网络法律规范，净化网络环境，给学生们一个安全、健康的上网秩序。其次，相关的法律法规制定部门也应该与时俱进，不断推进和时代相关的法律法规细则，同时走进校园加强普法宣传，用专业的角度教育学生哪些是可以触碰，哪些是高压线。精确打击利用网络犯罪或利益寻租者，加大惩恶扬善的社会宣传，凸显社会正能量，为学生理想信念的培养创建更美好的环境。最后，以网吧和网络游戏为代表的网络新型产业应该承担为学生提供良好网络环境的主要责任，切实推进道德和法律规范的宣传与落实。增强网络实名制的具体实施效果。

总之，充分发挥家庭教育和社会教育的合力，郊区学校在开展理想信念教育的道路上才会越来越顺。

四、激发学生自我潜能，完善自身素质

“天生我才必有用”，从学生的内在需要出发，帮助学生树立正确的思想观、道德观和法制观，明确自身存在的价值和意义。理想信念是学生崇高的追求也是他们前进的精神动力。学生要为实现个人理想，实现伟大的“中国梦”而努力奋斗。在实际生活中把握个人知识积累的机会，主动抵制不良诱惑，谨防网络陷阱和网络诈骗，远离低俗趣味和不良网站。在追求理想的过程中积极寻求自身的闪光点，积极主动参加学校各种社团和兴趣活动小组，在活动中积极表现，从而谋求自身发展。当然丰富的社会实践也是丰富自己校园文化生活的一项主要内容，学生也应积极融入社会以适应各种变化。

作者介绍

刘礼平，嘉定区第七届优秀骨干教师，嘉定区第八届优秀班主任。在年级组长、教研组长岗位上经过历练。“学高为师，身正为范”的母校校训一直谨记在他心里。他以身作则，严以律己，为学生树立学习的好榜样。在培养学生的过程中，他严格要求学生认真对待学习、端正学习态度。工作期间获得很多荣誉：区新秀教师“新蕾奖”；区“热爱本职，奉献教育”演讲比赛一等奖；数次评选“师德标兵”称号，区教育系统“记功”“记大功”；连续多年获得学校“我心目中的好老师”荣誉称号等。

网络时代学生审美娱乐化、从众化，怎么办？

——雅俗分析启智，经典滋养润德

龙骋华

问题扫描

在网络文化中，一些短、平、快，甚至庸俗化的文化产品，以及崇尚欲望释放、感官娱悦的流行文化作为时代洪潮的衍生物，给青少年的审美导向和价值观塑造，以及经典文化的传承都带来巨大的冲击。在这样的文化背景下，青少年的审美开始出现审丑、奢靡、虚无等现象，个人审美能力和人文内涵逐渐缺失，忽视了对自身的塑造和提升。

一、审美认知力偏差

调查显示，动漫已成为大部分学生休闲娱乐的第一选择，名著经典鲜少涉猎，时事新闻更是无人问津。

一名被访学生谈道："在这个网络时代，我们越来越习惯于接受那些碎片化的信息，比如刷微博、微信，我们越来越爱接受那些简单直白而且搞笑的东西，而对于那些较有深度的文章我们很难看得下去。"可见学生在审美认知上出现了偏差，对美的认识不全面，甚至走入了以乐为美的误区。

二、审美感受力肤浅

网络文化在不知不觉地消解着传统文化的权威，使得高雅严肃的文学艺术受到冷落，经典文化的传承被抛诸脑后，通俗浅薄的文艺作品在青少年中流行。如影视，喜欢色彩鲜艳灿烂但过目即忘的画面，而不喜欢“隐喻式”的黑白片；音乐则喜欢即时感性发泄的摇滚，而拒绝抽象深刻的古典音乐；意韵深远的中国画遭到冷落，而直观感性的各类图片却纷纷涌现在朋友圈里。

这是因为，大部分学生对“美”的理解是直观、片面的，很少有人能从美的内涵、价值、本质等来对美进行解释。动漫影视、综艺节目等通俗文艺带来视觉冲击和感官愉悦，是一种直觉性的“美”；而经典名著、高雅艺术的鉴赏是需要审美想象力、审美感悟能力和审美认知能力等理性思维的，才能对事物美的内涵进行深层次发掘与鉴赏。后者的缺乏使得学生不断感受体验碎片短暂的美，却在那些恒久、崇高的美面前无动于衷。

三、审美发现力受限

在信息技术高度发达的今天，足不出户就能够了解天下事，网络图片、视频、音乐更是丰富了学生的生活。调查发现，大部分学生缺乏从生活中发现美的能力。闲暇时，相对于外出旅游、欣赏风景，他们更愿意待在室内看电影、上网。被访学生表示：“上上网、看看小说和视频，比外出更有趣。”由于长期处在网络的虚拟环境中，无法带来更多的真实体验与互动，大部分学生只专注于网络世界的审美体验，而忽略了在真实世界中发现美和感受美。

四、审美判断力从众

大部分学生会根据热搜、排行榜、系统推荐、标题等进行信息筛选，“看到网上讨论那么热烈，同学都在看，自己也就跟着看；大家说好看，我也说好看”。由于缺乏积极的、优秀的审美鉴赏能力，学生也就不能对自己所需要的“美”以及真正的美作出选择，无法分辨和抵制流行但低俗无聊之“丑”。盲目跟风降低了学生的审美品位，审美判断力较弱。

五、审美创造力下降

大部分学生除了完成课堂作业外，很少参加绘画、书法、写作、文艺演出等有关的活动，而是通过网络获取他人的审美创造。“现在百度一下你就知道答案，很多东西都不需要你自己想就可以得到。”模仿取代原创，复制替换创新。审美创造力的不足，直接影响到学生自我审美情感的表达与审美素养的提高，也不利于学生创新能力与综合素质的发展。

归因分析

为什么青少年极易受到网络文化“潜移默化”的影响，对“美好事物”的判断、选择与追求呈现出趋于娱乐化、世俗化、肤浅化的倾向呢？网络文化的特点、时代背景以及青少年心理，都是造成此现象的原因。

一、泛滥化的娱乐范围影响了学生的审美认知

从层出不穷的选秀节目到无厘头的恶搞经典，从穿越神剧到不明真相的微博转发，网络文化越发向“娱乐化”发展。经典是可以调侃的，历史是可以戏说的，甚至新闻也可以制造。这些网络文化以满足受众的一时视觉享受与精神快感为目的，缺乏精英文化所具备的文化内涵，只能给人短暂的感官刺激，而无法给人真正的精神享受。

长期靠这种文化快餐或调味品长大的青少年，习惯于用娱乐化的方式获取身心的愉悦与快感，纯粹是为了娱乐而娱乐，仅仅以“让我快乐就是美”的感官化为标准，缺乏自我的真实的情感体验，从而导致审美情感的单调与空虚，阻碍了对审美的正确认知。

二、零距离的交互参与降低了学生的审美感受力

布洛的“审美距离说”体现了古典美学的根本原则——艺术世界和现实世界的适度分离。古典艺术的画框、舞台或雕塑的底座阻断了艺术与现实的直接连接，增加了审美距离。网络媒介的互动性却创造了大众参与、交互共享的行动美学。这种审美形式消解了古典美学的审美距离，直接融入我们的现实生活，导致了经典作品的消解，审美倾向世俗化。

在网络时代的审美领域，人们的交互参与度无限提高了，但追求的深度感却降低了，审美文化趋向平庸化、功利化、世俗化。变化无常的审美时尚体现了消费主义与功利主义的审美倾向，人们不再理性而庄严地追寻生命的终极意义，而是把崇高的英雄主义、浪漫主义的审美理想转化为对平凡日常生活中的实在性、功利性、愉快感的现实感受。

三、虚拟化的媒介技术淡化了学生的审美发现力

网络媒介技术对审美文化的介入，使虚拟艺术成为后现代审美文化的一个基本特征。譬如，任何一部文学作品中描绘的空间场景在传统艺术视野下，只能通过读者的理解和想象存在于意识中，而引入了媒介技术的网络审美艺术却可以将人类的幻想世界通过技术手段虚拟出来，并可以带着读者身临其境地去体验和感受，甚至可以角色扮演，将艺术变成可以直接感知的现实，淡化了学生的审美发现力。网络的虚拟性符合了当代学生追求独立的愿望，满足了学生对于自由、理想空间的向往。而诸如网络游戏之类的角色扮演却容易使学生沉迷于其中，对社会现实反而漠不关心，社会交往出现障碍，无形中增加了他们的现实孤独感。

四、去理性的文化理念干扰了学生的审美判断力

在娱乐范围的泛滥化的影响下，有的媒体丢弃了道德使命和伦理认同等社会责任，忽视了内容的整体水平，进入了什么都可以开涮、什么都可以恶搞、什么都敢娱乐的去理性化时代。李白成功地“预测”了马航失踪，“杜甫很忙”，抗日剧中可以徒手撕鬼子，就连孙悟空的墓地也已经找到。不合常理的事件被疯狂转发并热议，网络谣言四起混淆了人们的视听；各种无厘头的信息被疯狂传播，阻碍了理性思维。在泛娱乐化时代，娱乐成了“愚乐”。学生在这样的信息环境中，极易丧失自己的判断力，容易在审美判断中随波逐流，将无厘头的恶搞、网络红人的炒作当做一种美，而不加思考地接收“丑”的内容，从而进一步影响着学生的审美判断力，甚至以丑为美。

五、同质化的娱乐形式弱化了学生的审美创造力

信息技术的飞速发展，逐渐缩小了人与人之间的距离，但也日益让人同质化，尤其是在大众传媒泛娱乐化影响下，网络文化争相向大众传播具有吸引力的同质化的内容，导致受众接受的内容单一化，也使得受众习惯于单一化的审美模式。很多娱乐节目在形式和内容上都是单纯地模仿，缺乏实质的创新，在形式上同质化严重；电视剧以“宫廷剧”“穿越剧”、翻拍经典为代表，也引起了一股影视创作的模仿之风；各类直播平台风生水起，制造了大批“网红”。学生在这种同质化的影响下，逐渐依赖于他人的审美创造，并形成了“路径依赖”，在大环境下不是以自我的情感体验为基础进行审美创造，而是以模仿他人所谓的“美”

为美，从而弱化了自身的审美创造力。

理论阐述

审美是一种主观的心理活动过程，是人们根据自身对某事物的要求而作出的看法与评价，因此具有很大的主观性。但它同时也受制于客观因素，尤其是人们所处的时代背景会对人们的评判标准起到很大的影响。网络传递多样化的信息，为青少年群体提供了更加广阔的审美空间，同时这些信息也影响着他们的审美素养。据美国发展心理学家加德纳的研究，13—20 岁是个体审美发展的“危机阶段”，这时期的特点是缺乏批判性的相对主义，不能进行辨证的分析。青少年的求知欲强，自我意识迅速发展，但他们的身心发展还不够成熟，人生观、价值观、世界观尚未最终形成。

《中共中央、国务院关于进一步加强和改进未成年人思想道德建设的若干意见》提出：互联网等新兴媒体的快速发展，给未成年人学习和娱乐开辟了新的渠道。与此同时，腐朽落后文化和有害信息也通过网络传播，腐蚀未成年人的心灵。在各种消极因素影响下，少数未成年人精神空虚、行为失范，有的甚至走上违法犯罪的歧途。这些新情况新问题的出现，使未成年人思想道德建设面临一系列新课题。

一个人的审美素养和其价值观、人生观相连。低俗的审美会导致学生“以乐为美”“以形为美”；而错误的审美，甚至会导致他们“以丑为美”。如何对学生的审美情趣进行积极正向的教育和引导呢？《教育部关于完善中华优秀传统文化教育指导纲要》指出：加强中华优秀传统文化教育，对于引导青少年学生增强民族文化自信和价值观自信，自觉践行社会主义核心价值观具有重要作用。《中小学德育工作指南》提出“文化育人”的德育实施途径：营造文化氛围、建设班级文化、推进书香班级、书香校园建设等。美育能通过情感渗透和心灵陶冶，启迪人生智慧，树立高尚情操，促使人的全面发展。孔子云：“兴于诗，立于礼，成于乐。”因此，审美教育是班主任德育的重要内容之一。

实践支招

美育具有认知、教育、审美等功能，它能满足个体的审美需求、尊重个性发展，通过情感渗透和心灵陶冶，启迪人生智慧，树立高尚情操，促使人的全面发展。在网络时代，加强对学生的审美教育是十分重要的。教师应引导学生发现生活中真正的“美”，培养他们健康、优雅、高尚的兴趣爱好，进而创造有意义、有价值的“美”之事物。

一、客观批判，批而有理

在泛娱乐化的大趋势下，一些娱乐节目一味追求挑逗、搞笑，低级趣味十足；有的以八卦、恶搞为主打内容；有的宣扬一夜暴富……这些对青少年影响极大。青少年阅历浅，经验少，判别真善美和假恶丑能力不强，会自觉或不自觉地走入低俗腐朽的娱乐误区，去尝试、效仿。把“一曲”成名、“一脱”成名、“一语”成名当做生活中追求的目标，久而久之，形成了错误的价值观、人生观。在矫正青年学生的审美认知中，“立”固然是一种方式，但“破”也是一种手法。

二、雅俗分析，启而有思

娱乐并不可怕，最让人担忧的是在泛娱乐化影响下，学生的审美发现局限于低俗、浅薄、幼稚的事物，进而难以发现与辨别生活中真正的、高雅的美。教师可以适当选择学生热爱的节目，与学生一起交流、讨论，分析节目中“真善美”的成分，启发他们深度思考为什么它们会带给人美感。在这个分析的过程里，慢慢培养学生思维的深度化、立体化，以及内在的人文精神。

三、艺术熏陶，感而有雅

罗曼·罗兰说：“艺术是生命的帝王。”艺术修养是一个人审美情趣和思想品位的综合体现，也能培养高尚的道德情操和深厚的文化涵养。“居移气，养移体”，环境可以改变人的气质，修养可以改变人的素质。教师可以利用课间、午休、班会等时间播放高雅音乐、组织学生观看经典电影，还可以带领学生走进音乐厅、电影院、美术展等，在增加他们艺术相关知识的同时，潜移默化地引导学生感受高雅艺术作品的“真善美”。

四、优雅环境，润而有情

教育家苏霍姆林斯基说过：“无论是种植花草树木，还是悬挂图片标语，或是利用墙报，我们都将从审美的高度深入规划，以便挖掘其潜移默化的育人功能，并最终连学校的墙壁也在说话。”绿意盎然的植物、整洁有序的布置、鲜艳绚丽的画作、清新典雅的丹青、精美灵巧的板报……整洁、明丽、温馨的教室环境可以让学生获得最直观的美的体验，陶冶情操，激发性情，提升审美品位。良好的班级文化环境会对学生的成长产生春风化雨般的影响，能愉悦身心、启迪智慧，营造积极向上、文明和谐的校园氛围。

五、经典滋养，化而有才

梭罗在《瓦尔登湖》一书中说：“（经典）是从街头巷尾的琐碎平凡之中被提炼出来的语言，是永久的暗示，具有永恒的激发力量。古典作品如果不是最崇高的人类思想的记录，那又是什么呢？它们是唯一的，不朽的神示卜辞。”经典作品中的人文精神、思想智慧与美学意蕴，都是流行作品中不可比拟的。尤其是中国的经典文学艺术作品，更传承着中国传统文化精髓与价值观。在《语文新课程标准》中，古诗文的阅读比重大幅增加。这些都体现了阅读经典的重要性。

教师可以开展以“经典”为核心的阅读、观摩活动，引导学生认识、理解中华优秀文化，它是中华文明的智慧结晶和精华所在，蕴藏着中国社会赖以生存发展的价值观和中华民族日用而不觉的文化基因。在以开放的胸怀拥抱整个世界时，传统的力量能让我们“修仁德之美，彰歌舞之美，享吉福之美，抒玄妙之美，绘雅韵之美”，更加睿智、坚定地走向更远的未来。

六、体验活动，行而有得

学生通过实践活动获得的认知、感受、理解，相较于单向的视听，更能留下深刻的印象。而审美创造活动，能让学生更积极地去发现美、辨别美、创作美。

教师可以组织学生开展丰富多彩的艺术活动，如歌唱演绎、舞蹈表演、诗歌朗诵、戏剧表演、器乐演奏、诗文写作、绘画、摄影……让学生多多投身关于“美”的活动，这不仅能培养他们的艺术技能，展现自己风采，还能培养学生健康的审美情趣和良好的艺术素养，锻炼艺术活动过程中必要的意志力、合作能力，更能把学生从虚拟的网络世界拉回真实世界，体验到创作的充实与幸福。教师还可以利用网络技术，开展关于艺术创作的评比或线上交流，不仅开拓了活动内容，更可以激励学生的创作热情，促进班级团结和谐的氛围。

作者简介

龙骋华，同济大学第二附属中学语文教师、班主任，曾获第八届长三角地区中小学班主任基本功大赛论文奖高中组一等奖、高中组三等奖，上海市"普陀杯"班主任基本功大赛高中组一等奖，2020年上海市优秀班主任称号，所带班级获得2021年上海市先进班级称号。在《现代教学》等刊物上发表4篇案例、论文。

网络时代学生线上失控，缺少规范，怎么办？

——创新思想教育方式，完善道德教育体系

牛嘉琦

问题扫描

正值青春期的学生个性张扬，且勇于表现，在自由、开放、匿名的网络空间里，他们畅所欲言，尽情释放喜怒哀乐，发表自己对他人、集体、社会的各种见解。但是，当一些不当言论在班级群中传播时，一些学生在没有调查取证、独立思考的前提下，未能对人物或事件的真实性、合理性做出思考和判断，就盲目从众地受其影响，迅速转发。不良的网络言论伤己害人，影响学生身心健康发展，更不利于班级的和谐稳定。运用积极有效的手段对学生的网络言论进行积极的教育和引导，营造和谐健康的网络交往环境。这已经成为"互联网 +"时代的班主任必须关注的问题。聚焦网络时代，学生在网络方面的失控表现主要集中在三个方面：

一是暴力信息的刺激和黄色信息的污染。由于在网络中没有显形的教育者存在，道德教育的过程就要在实践中互动完成，在会意中实现。

二是道德价值的影响和扭曲。互联网提供了个独特的虚拟世界，现实世界的一些规则在这里不能发挥作用。由于没有相应秩序的制约，每个人都可以在网络上充分暴露内心深处的需要和欲望，都可以按照主观的意愿来做自己想做的事。

三是对于身心健康发展的不良影响。网络生活的主体行为是在"虚拟存在"的情形下进行的，过分依恋网络的心理障碍、人格障碍、行为异常等损害身心健

康的症状也就极易在学生身上出现。

归因分析

针对以上问题的存在，本文对当前学生未形成道德规范，难以自控的原因进行具体分析。

一、学校网络道德教育薄弱

当前，学校和教师对学生道德教育主要还是以道德指令或道德提倡形式进行，重在约束学生不良的道德行为，还没有发挥网络道德教育的优势。有的教师对网络知识和技术的了解较少，很难适应网络环境下的学生的道德教育工作。

二、家长难以实施有效监控

未成年学生通过网络获取大量的信息，完全可以在他人不知情的情况下进行。家长很难了解和掌握孩子在网络上究竟受到哪些不良及有害信息的影响，以及究竟在网络上实施了哪些不正当的行为。

三、学生网络道德认知停滞不前

当个人利益与道德规范发生冲突时，可能会选择以个人利益为中心，违背道德规范。部分学生网络道德认知只是停留在观念层次上，并没有形成良好的网络道德行为。

四、社会网络道德教育优秀资源匮乏

网络上各类资源虽然丰富，但缺少未成年学生道德教育网站、缺乏适合青少年年龄、心理特点的网上资源和鲜活的教育案例。

理论阐述

教育方式的创新是一项持久而又复杂的工程，是“育人为本　德育为先”教育理念的深化，是构建“全员育人　全时育人”德育体系的要求。

从理论上来说，学生网络道德教育方式的创新有助于拓展学校的德育理念。要用社会主义核心价值体系影响网络环境、主导网络文化，改善新形势下学生网络道德教育的现状；充分发挥学校教育在网络道德建设中的主渠道和主阵地作用，发挥核心价值观在学生思想领域的引领作用，从而凝聚学生奋发向上的精神力量，建构科学的、先进的、符合实际的网络道德体系。

从现实来说，学生网络道德素质的提升离不开和谐有序的网络环境。人是社会环境的创造者，同时又是社会环境的产物。多元文化交织的、多种思想碰撞的网络环境直接影响学生的身心发展。在新媒体环境下，改善学生网络道德教育状况必须重视和加快校园网络文化建设，占领网络道德教育阵地。

从对学生的影响来说，根据网络自身特点和学生个性发展特点，把握网络教育虚拟性与现实性、普遍性与特殊性的统一。要充分借助外部力量积极营造良好的网络道德教育环境，打造贴近学生学习和生活需求、获取信息和交流思想的网络平台，架起学生与学生、学生与老师之间沟通的桥梁。要充分认识到网络道德教育在培育学生社会主义核心价值观过程中的重要作用及突出优势，对已有的教育模式进行补充和完善。

实践支招

网络上的信息丰富多彩，包罗万象；教育者需要引导学生开拓思维，积极地自我调节，用理智控制感情。多角度全方位规范网络道德教育需注重培养学生在价值观形成初期所必备的规则意识；在要求学生遵守规则与葆有创新精神之间，培养其思维模式——客观、全面地看待自己与他人、万物，更是“互联网 +”时代的老师们所要思考的问题。

一、明确网络道德教育原则

（一）网上与网下教育相结合原则

网上的思想道德教育是不可忽视的战场，要利用好网络开展好思想道德教育。网下的道德教育是基础，要充分发挥好传统的道德教育的内容和方法。“网上教育”与“网下教育”之间相互融合、相互补充、相互促进，才能真正做好学生的思想道德教育工作。

（二）技术性与人文性相统一原则

教育工作者要通过网络技术拓展新的思想道德教育领域，主动占领思想道德教育阵地，实现思想道德教育工作的科学化和现代化。要给网络添加更多的人文色彩，使网络技术与网络道德之间相互影响、相互作用、相互提高。

（三）自律与他律教育相结合原则

学生根据自己的需要选择网络服务的项目和内容，接受和发布相关信息，学生要自己管理自己，自己对自己负责，其行为的是非善恶，很大程度上取决于自己的“道德自律”。这就要求学生在网络空间要积极构筑网上自律防线养成“慎独”的习惯。

二、发挥学校教育的主导作用

（一）打造高素质网络德育队伍

造就一支高素质的网络德育队伍，加强对未成年学生网络道德的认知教育。良好的网络道德认知是正确的网络行为的先导，要加强对学生的网络认知教育，只有对网络知识充分了解，形成科学的网络道德价值观，才会有正确的网络行为。学校应创造条件来提高学生对网络的认识，辨别网络的双面作用，提高学生道德修养和意志力，抵制不良网络信息的诱惑的能力，培养学生科学的网络道德观。

（二）开发丰富网络道德课程

网络交流的平等性和多极性，更能促进教师、家长和孩子平等交往，让他们在开放的网络环境和多元化的价值体系下，学会鉴别，学会选择，培养他们的是非判断能力，自觉远离不文明言行和不健康网站，努力提高个人修养，逐步养成道德自律的习惯。可以定期在学生中开设专门的网络道德和网络法制课程，用大量生动的案例向学生传播正确的网络价值和行为规则，讲解相关的网络法律条文，帮助学生明辨是非，增强抵御网络不良信息的能力。

（三）关注学生网络心理

关注学生在成长时期的特殊性，并有意识地引导学生正确利用网络，是学生养成正确道德观念教育的一个重要的基础环节。努力加大力度建设校园网络文化，使校园网不只是提供信息的中介，也可成为德育工作的工具；设立网络心理咨询室，为出现网络心理问题的学生进行开导。

（四）营造和谐网络环境

当班级群中出现不妥当的言论时，班主任要及时制止，不让其他同学跟风盲从，可以避免负面信息的进一步发酵，让事件处于可控制范围之内。运用各种积极有效的手段对学生的网络言论进行积极的引导，营造一个和谐健康的网络交往环境。制定“网络言论规范”之后，学生了解并实践网络言论的要求与规则，在看到已有信息时也会先独立思考。在突发事件发生时，老师应冷静分析，不宜“急中出错”。始终以平等、尊重的态度呵护每一名学生的成长，以包容的胸怀去接受学生的每一次迷茫与错误。

三、引导家长重视网络教育

（一）监督者——合理使用网络

在平时家庭网络道德教育中，家长要改变自身极端的态度，既不能不允许孩子上网，也不能不管不问，不负责。而是要对孩子的上网行为进行合理的监督和指导。在孩子上网之前，父母应在电脑上设置防火墙阻隔垃圾软件，扫除不良的网络信息，控制孩子的上网时间，引导和教育孩子正确、文明上网。

（二）陪伴者——促成良好习惯

家长应该结合子女的心理特点，在很多问题上应该多多沟通，知道对方的想法，理解对方的苦衷，体会对方的心情，最好和孩子做知心朋友。当孩子遇到问题时，父母和孩子们交流，增加父母和子女的共同话题，拉近父母与子女的心理距离，使孩子感受到更多的关注、理解，同时还可以避孩子在虚拟的网络上与陌生人交往，减少网络对孩子造成的危害。

综上所述，针对孩子在家上网的情况提出以下建议：

（1）不要将电脑安装在孩子的卧室，最好放在家中明显的位置。

（2）控制孩子使用电脑的时间和方式。

（3）了解孩子网上交友的情况。

（4）在电脑上安装禁止访问不良网址的软件。
（5）教育孩子不要轻易公布个人隐私信息。
（6）非经父母许可，不要让孩子与网上结识的陌生人会面。
（7）与孩子一起上网，共同学习。

四、优化网络社会环境

网络是一个开放的世界，网络教育必须面向全社会。不能只满足于在校园内给学生创建一个安全的空间，更需要把目光放到全社会。要在对青少年进行系统网络道德教育的同时，注重敦促全社会加强绿色网络空间的建设。

（一）舆论监督，形成道德力量

舆论监督作用有别于道德和法律，法律具有外部强制性，道德具有内部约束性，舆论监督就综合了二者的作用。可以发挥舆论引导和监督的作用，弘扬美德，谴责错误的网络行为。将网络道德渗透到舆论中，从而对广大网络受众进行教育，形成良好的道德力量。

（二）加强认识，提升自我教育

学习网络道德知识，增强判断和选择的能力，抵御网络危害，学习必要的网络知识是基础。学生不仅要在课堂上学习网络知识，还需要积极学习网络道德，努力将网络道德知识与生活实际相联系，并运用于生活。使他们知道自己在网上的所有行为都遵守网络道德规范和法律、法规，形成科学的网络道德意识和自觉遵守网络法律、法规观念。同时要加强培养学生对网络信息的判断和选择能力。

（三）锻炼意志，养成良好习惯

老子云：“知人者智，自知者明；胜人者有力，自胜者强。”学生应有坚强的道德意志力，才能克服各种困难，减少不良网络道德行为的发生。规范和引导学生的网络道德行为是发挥道德他律的作用，在强调道德他律的同时，也要强调道德的自律。增强学生的网络道德自律能力，自愿认同网络道德规范，并结合个人的实际情况去践行，把被动的服从变成主动的律己。

学校建立自己的校园网，不仅是展示校园文化、校容校貌，做宣传辐射。同时，也应当是学生的“家园”。在网页设计和版面上要符合学生的审美特点，形式多样化，不能陈旧老套；内容要及时更新，反映国内外、校内外大事，贴近学生的生活：开通论坛，针对学生关心的问题，开设多个板块如国际形势、心理健康、人际交往，让学生在不违反相关规定的原则下能充分地交流。在老师的指导下开通学生自建栏目，如团委、学生会、广播站、电视台、学生社团；在学校网站上让学生自己建立“博客”，展示个人风采；通过学生与教师和各职能部门的双向沟通渠道，及时反馈信息，少些说教，多留点空间，信任学生，提高学生管理能力，充分发挥个性特长，让他们真正喜爱自己的“精神家园”。

快速发展的网络时代，未成年人的道德教育是个新话题，但同时也是不能回避的话题，需要不断探索，积极作为，获得更成熟的经验。

作者简介

牛嘉琦，上海市崇明区长兴中学教师，曾获得上海市“嘉定杯”班主任基本功大赛三等奖，崇明区班主任基本功一等奖、区班主任新蕾奖；区记功、嘉奖、青年岗位能手等荣誉；上海市李岩班主任工作室学员，区班主任工作室学员，曾撰写多篇文章先后发表在《现代教学》《上海教育》等杂志。

面对被网络短视频偷走精力的学生，怎么办？

——用正面管教激发成长的内驱力

陆　琦

问题扫描

我班的小林同学经常在课上打瞌睡，脸色苍白，双眼赤红，上课不能集中注意力听讲，作业不能按时完成，成绩越来越糟糕。晚上，她趁父母睡着了，偷偷爬起来制作短视频，目前在抖音平台已经拥有 32 万粉丝了，她的理想是做一个“网红女主播”。

归因分析

小林的父母平时工作繁忙，无暇照顾到孩子，小林无心学习，沉迷于短视频制作使得家庭矛盾频发。我与小林谈心后，发现她正沉迷短视频制作，希望以这种不恰当的方式宣泄自己的负面情绪。如何排解她心中的负面情绪？该如何缓解他们的亲子关系？又该如何帮助小林激发她的学习内驱力？

理论阐述

正面管教是以阿德勒的“个体心理学”为理论基础，由简·尼尔森和琳·洛特开发，帮助老师和家长找到一条既不骄纵也不惩罚的教育方式——在和善而坚定的氛围中，用正面的方式与孩子交心，帮助孩子养成自律、担责、合作的品质以及自己解决问题的能力。

内驱力是在需要的基础上的一种内部唤醒状态，它表现为推动有机体活动以达到满足需要的内部动力。它分成三个层次：第一层次是认知内驱力，源于学习者自身需要的内部动机，需要以共情来驱动；第二个层次是附属内驱力，为了获得他人的赞许和认可，表现出来的一种认真学习积极表现的动机；第三个层次是自我提高内驱力，通过自身的努力能胜任一定的工作，从而取得一定的成绩，赢得一定地位。

实践支招

我深切地感受到小林身上这些问题的严重性，决定通过正面管教来激发她的内驱力，帮助她走出困境，找回自我。

一、知心交流，激发成长的认知内驱力

心理学家简·尼尔森《正面管教》一书曾经提出这样一个方法，即用启发性的问题引导犯错的学生。其目的就是让学生进行自我反省和总结，能够减少学生因为错误而产生的负面情绪，使其能够从内心深处认识到所犯的错误，并且增强对解决方式的认同感。

（一）耐心倾听，共情理解，打开心灵的密码

在发现小林同学的问题之后，我定期找她谈心，就像朋友一样交流。首次谈话的时候，她的心理是防备的。我告诉她谈话内容是保密的，并在征得她的同意之后，同步做笔录。为了倾听她的心声，我用开放式的询问方式问她："你是否愿意告诉我，你是什么时候开始制作短视频的？""你制作的短视频是关于什么方面的内容？老师很关心，能否告诉我呢？"我用鼓励的眼神看着她，同时我给她剥了个橘子，让她有足够的时间和自己的内心对话。见我不是批评指责，她低声地告诉我："我是在疫情期间首次接触网络短视频的，刚开始只是没事刷刷短视频，后来自己尝试着去模仿制作。动漫配音是我短视频制作的主要内容。"我

微笑着注视着她，耐心地倾听她诉说。当我为她会熟练运用新媒体技术竖起大拇指的时候，她解除了戒备心理，向我打开了心扉。她骄傲地说：“我制作的短视频，一般都有数千人点赞，而且每天粉丝量也在不断增加。”这时我向她投去了佩服的眼神，我为小林在网络平台取得的成就感到由衷的自豪。

共情是正面管教的有效性方法之一。这并不表示认同她的行为，而只是单纯意味着我对她现在的感受有一种理解。在她的眼中，我并没有因为她的学习成绩不理想而批评她；相反我很认同她的兴趣爱好。有时候，我还会还放下老师的身段，虚心向她请教有关制作视频的问题。请她推荐好看的动漫给我的女儿看，让她有成就感和尊重感，师生之间建立起了信任的桥梁。

（二）正确引导，合理认知，树立学习目标

通过几次谈心之后，小林感受到了我对她真切的关心，开始向我袒露心声。进入初中以来，因为她的学习目标不清晰，习惯懒散，缺乏自律，造成了学习上反复失败，渐渐地对自己失去信心，害怕同学会看不起自己，从而产生自卑心理。再加上制作短视频比学习要轻松很多，因此沉迷更深了。了解到她内心的想法后，我正确地引导她，帮助她找到前进的方向和学习的动力。

首先，我引导她要正确认识并接纳自我，让她在纸上列举自己的优点和缺点，并给自己一个客观的评价，信任自己，给自己心理支持；其次，我鼓励她行动起来，认真对待每一门功课，要求她制定一个学习计划，从而增强她在学习上的目标感；最后，要求她建立合理的信念：学习上遇到的困难，拿出制作短视频的精神努力克服和解决。

沉迷于网络短视频的小林，心理其实十分脆弱，她制作的短视频，评论区有许多负面的评论，让她无法接受。我借助心理导师的力量，一起帮助小林制定有效的疏导计划，帮助树立正确的网络观。同时引导小林同学合理利用网络媒介，安全上网，提升学生自控力、心理承受力和心理素质，提高她自我保护意识，培养她积极的心理品质。

二、团队助力，激发附属内驱力

德雷克斯说过：“孩子们需要鼓励，正如植物需要水。没有鼓励，他们就无法生存。”正面管教所倡导的鼓励，主要关注学生努力的过程，而不是关注学生最终的成果。有效地运用鼓励，能够帮助学生找到归属感和价值感，消除失望

感，也有助于消除不良行为的动机。我以班干部带动非班干部，以优秀生带动后进生，以特长发挥带动全面发力的同伴互助模式，强化群体的合作意识，激发小林参与的热情。在日常管理中我充分挖掘了学生的潜能，使学生学会学习，学会合作。

（一）同伴帮扶，互学共进

初中的学生处于心理断乳期，一方面想摆脱对成人的依赖，转而又去依赖了同伴。他们非常在乎同伴的评价，所以在日常的教育当中，我通过同伴教育，对学生本人施以影响，来转化问题学生或者学生的问题行为。我利用班级每个学生的资源，成立学习互助小组，发动同伴的力量，帮助、带动小林学习。学习互助小组的小王是班委干部，且自律性强、成绩优异、综合素质较好。她和小林彼此熟悉了解，面对的学习、环境相同，有着更多的共同话题。让小王经常主动邀请小林去图书馆学习，遇到不懂的及时提问；同时请班长和学习委员关注小林听课、完成课堂作业等情况，鼓励小林学习上多努力，迎头赶上，争取各门功课能顺利通过期末考试。

（二）班队活动，直面问题

同时组织召开形式多样的主题班会和心理健康教育，引导她和其他学生能够找到自己沉迷网络、沉迷游戏等的根源，和老师一起寻找问题解决的方法，鼓励他们思考如何避免类似的问题再次发生。从告诉学生“不能做什么”，到问学生“可以做些什么”，引导学生将注意力从负面情绪体验中转移开来，专注于“问题解决”上，对纠正不良行为起到长期有效的作用，引导学生正确对待新媒体，树立积极健康的媒介观念，获得调节自己心理的精神力量。从而对短视频逐渐形成一种科学认识，学会管理自己的时间，约束自己的上网行为。

用自己的语言系统来唤醒自我认识比老师的说教更有说服力。在积极丰富、有自我成长价值的班级活动中，可以有效干预小林沉迷短视频的需求与心理，小林在大家的关心和帮助下，感到了集体的友爱和同学的珍贵，学习的劲头更足了。

（三）特长发挥，增强自信

对于学生而言，使用手机比管理手机更有诱惑力。于是我和学生们一起商量讨论，决定成立“宝教院附中蒲公英中队”班级微信公众号。在同学们的推荐和小林的自荐相结合下，她被成功地选为班级微信公众号的管理员。小林同学的才能得到了发挥。在不影响学习的情况下，她主要负责视频剪辑和审核工作。在一次班会上，我邀请她给同学们做公众号视频制作的科普，和更多的同学分享自己是如何制作短视频的。在她的带领和指导下，班级全员参与，分工合作，为班级公众号的建设出谋划策。至今我班已在微信公众号上推送了三十期围绕校园生活和主题教育活动的亲子活动信息。她把同学们参加活动的过程，制作成小视频，得到了同学和家长们的认可和赞扬，每一期的推送都能获得数百的点击量，家长们也纷纷把班级微信公众号推送的内容转发到自己的朋友圈。线上班级风采的展示，不仅是学生美好活动的回忆、学生能力的见证，更能够让家长了解学校活动和班级文化建设。在此过程中小林的制作技能得到了提高，同时也增强了自信。

三、家校合作，自我提升内驱力

与家长取得联系，共同发力，促使小林回归正常的学习生活，不再沉迷短视频制作。

（一）亲子沟通方法指导，缓解亲子矛盾，转变教养观念

为了缓解小林家长在养育过程中产生的焦虑，我多次去小林家家访，向她父母解释马斯洛需要层次理论，希望家长能关注小林“问题行为”背后的心理原因，让他们认识到青春期的孩子因自我意识唤醒，尤其渴望爱和友谊，渴望获得自尊等，引导家长树立正确的教育观。小林沉迷短视频的根源在于成功感和被尊重感的缺失，且选择了错误的方式来满足自己的愿望。因此，她需要老师和家长的帮助，认同她的心理缺失并找到连接点，满足孩子的基本需要，让她重获安全感。

小林爸爸平时忙于工作，回家后看到小林不努力学习，经常谩骂甚至动手。平时以命令的语气与孩子沟通，让孩子觉得不被尊重，因此孩子在制作短视频的问题上会变本加厉地对抗家长。于是我向小林家长分享正面管教的“非暴力沟通”技巧。在沟通的过程中，要先与孩子共情，再以相互尊重的态度把问题谈开，互相说感受、认真倾听，用正确的沟通方式和孩子对话。

通过正面教养的学习，小林父母的家庭教育方式得到了改善。他们不仅改变

了自己的教育方式，了解了青春期孩子各种“问题行为”背后的原因，还学习了如何与孩子更有效地沟通，学会“和善而坚定”地与孩子相处，学会用鼓励代替表扬、以赋权代替控制，帮助孩子建立自尊和自信。小林家长表示最大的收获不仅是改善了亲子关系，还完成自我的一次蜕变。

（二）家庭养育方式指导，重塑亲子关系，强化亲子陪伴

小林父母认识到工作忙碌不是忽视孩子的理由，他们愿意调整安排，抽出足够的时间陪伴孩子，融入孩子的生活和学习中，多陪伴孩子参与一些有意义的活动，努力重塑亲子关系。同时对于孩子制作短视频的爱好也表示尊重。

亲子关系缓解后，家长和孩子就在手机的问题上达成了共识，在我的见证下，他们制定了个性化的手机使用协议，并且在协议上签上了自己的名字。孩子必须按照规定，晚上九点半关机，并且上床睡觉。因为全面落实到书面上，有据可查，大大缓解了家长和小林因为手机问题产生的矛盾。

四、成效与反思

经过一段时间后，我发现小林脸上的笑容增多了，上课不再打瞌睡，并开始主动记笔记。我还经常创造让她参与班级事务的机会，让她体会到自己被集体需要，体验存在感，获得关注和表扬。任课老师用宽容之心接纳她的不足，在她注意力不集中时避免当众批评，多引导她自我教育，避免负强化。在父母的关怀下，小林的转变更加明显了，学习成绩有了提高。但是偶尔也有反复的情况。

造成沉迷短视频的原因有很多，如环境的影响和自身成长的内需等。在互联网＋时代，学生对于新媒体技术的运用比教师还要熟练，因此需要教师主动自觉地学习，提高自身认识、评判、运用传媒的态度和能力，以及面对各种信息时的选择能力、理解能力、质疑能力、评估能力等，有效地发挥新媒体在班级建设中的作用。同时需要家校联动，用正面管教理念，正确地看待学生不当行为背后的心理原因，看到事件背后的情感需求，找准心理和成长需求的连接点，纠正孩子的错误行为。同时还应顺应学生成长需求，智寻符合学生成长需求的途径，开展基于生活场景的、贴近学生生活实际的系列活动，让学生在实践中进行思考、收获认知、从而导向行为，达到知行合一的教育效果。以一种合作的方式与学生们共同努力，帮助他们学会自我帮助，自我教育，并自我成长。

作者简介

陆琦，上海市宝山区教育学院附属中学英语教师，工作以来一直担任班主任工作，她爱岗敬业，锐意进取，用自己的智慧和爱心为学生打开了一扇扇通向成功的大门。她曾获宝山区教育系统优秀青年；区优秀辅导员的称号；宝山区班主任基本功大赛二等奖，银奖班主任等荣誉称号。所带班级先后被评为区“先进集体”。现为上海市第五期班主任带头人李莹工作室成员，宝山区三星级（乐馨）工作室主持人。

学生网络行为隐患多且问题大，怎么办？

——面对复杂大环境，营造健康小生态

陈雪琴

问题扫描

近些年来，学生由于手机被没收或限制使用等问题，引发情绪激动引发自杀、跳楼等过激行为的新闻频频出现。统计数据表明，网络依赖在我国的青少年中有较高的发病率，青少年的患者约占 8% 到 13.7%。青少年因网络成瘾对手机产生依赖带来的问题越来越多，也越来越严重。

一、引发心理失控和行为过激

在智能手机普及的情况下，“手机依赖症”也相应出现，严重影响到青少年学生的心理健康和情绪行为。中学生手机依赖与减肥行为、吸烟行为、饮酒行为、不良情绪、网络成瘾等危害健康等行为显著相关。青少年产生手机依赖后，一旦手机被限制使用或者被没收，他们要么消极抵抗，要么情绪失控，产生过激行为。

二、占有休息时间影响志趣

中国互联网信息中心（CNNIC）发布的《2015年中国青少年上网行为研究报告》显示，青少年网民对网络娱乐类应用存在明显偏好，且中学生网络游戏使用率最高，达到70%。许多青少年玩网络游戏能不眠不休，为了游戏能升级不惜一掷千金，不仅得不到健康的休息，且对身边其他事物和休闲活动也提不起兴趣。

三、危险隐私及生命安全

2015年，俄罗斯有130名年轻人的自杀，这些年轻人大多接触过网络游戏“蓝鲸”。这种情况反映了年轻人对网络过于信任，安全防范意识薄弱。CNNIC发布的《中国互联网络发展状况统计报告》显示，60.1%的青少年网民信任互联网上的信息，对互联网信任度高，安全意识较低，从而容易上当受骗乃至受害。如大学生的校园贷、个人隐私泄露等现象。

四、误导人生观、世界观

福建漳浦县的两名五年级小学生一起自杀，在遗书中说盼望“穿越时空，回到清朝去跟皇帝拍电影”。面对死亡，两名12岁的学生心生向往，原因是她们认为死亡能让自己穿越重生。究竟是谁给了她们这样的认知呢？

《中国互联网络发展状况统计报告》显示，网络娱乐文化在青少年日常生活中扮演的角色越来越重要，其中有大量穿越重生类小说、漫画等，以及以动画、游戏为形式的“二次元”网络文化。突破世界观的小说内容，其创新和想象力超乎寻常，唯美的动漫人物具有强大的吸引力，二次元的架空及超能力等，让认知不成熟的青少年轻易就被误导了人生观和世界观。

归因分析

一、网络设备普及与功能多元化

根据CNNIC《2015年中国青少年上网行为研究报告》得知，2015年，青少年网民使用手机上网的比例达到90%；使用台式电脑和笔记本电脑上网的占比分别为69%和39.5%。多种数据反映了这样一个社会情况：网络基础建设飞速发展，WiFi 全覆盖以及移动设备更新，尤其是智能手机的普及，如今，拥有一台智能手机对青少年并不难。同时，各类功能的手机 App 涌现让手机功能更加多元化，这些因素综合在一起，容易致使青少年学生依赖并沉迷手机。

二、政府制度尚不全、企业责任仍不足

CNNIC 发布的第 41 次《中国互联网发展状况统计报告》显示，截至 2017 年年底，我国网民规模达到 7. 72 亿，网民人数持续攀升。然而，对于科学用网、健康上网、安全上网等相关行为尚没有进行普适性的引导和规范。2018 年 4 月，《教育部办公厅关于做好预防中小学生沉迷网络教育引导工作的紧急通知》强调，要做好预防青少年学生网络沉迷工作。尽管，政府部门已经强烈呼吁并提出要求，但肃清不了网络上的不良信息，依然有无良公司因利益制造含色情暴力内容的网站。即便某些正规企业，也欠缺保护青少年的责任和担当意识。在市场经济的狂潮中，以利益为先，为吸引各种玩家和用户，极尽可能地让网络内容具有吸引力，如游戏充满刺激，画面充满诱惑等，极少考虑其对青少年的不良影响与负面作用。

三、学校生活显单调，班级管理欠智慧

学校是个小社会，网络是个大世界。学校以学业为主的生活环境，在多姿多彩的网络世界面前明显单调，不仅抵不过网络生活的魅力，也满足不了青少年好奇多动的生长需求。两相对比，青少年学生极易沉迷网络世界。且当前学校班级管理中，班主任很难有足够的经验和智慧，在关注到学生网络行为变化时，有创造性地开展富有针对性的班级活动来吸引学生；班主任也很难既能创造性地开展班级集体教育，又能针对性地搞好学生个体教育，及时合理地引导教育学生远离网络沉迷，教会学生有意识地杜绝不良网络行为。

四、家长重视度不足、家庭教育缺管理

研究报告显示，未成年网民在家里上网的比例为 95. 1%。可见，家庭是未成年网民上网的主要环境。青少年学生在校行为有管束，即使携带手机也无法自由使用。相对而言，学生在家中想要拿到一部手机并上网更为方便。另外，当前很多家庭中，家长对孩子使用手机上网行为的认识不足，往往会因无暇陪伴子女而让孩子自己玩 IPAD 或手机。同时，家长由于能力与精力等因素，对孩子上网内

容以及时间也缺乏有效的监管。有关研究反映，父母采取积极的教养方式及亲子关系良好的家庭中，学生沉迷网络游戏的情况比较少见。可见青少年的网络行为出现不当，与家长和家庭的督管及教育密切关联。

理论阐述

美国人类学家、生态心理学家尤·布朗芬布伦纳提出了著名的发展生态理论，指出环境对于个体行为、心理发展有着重要的影响。他认为人类发展有几大重要环境因素：学校、家庭和社会因素。针对青少年网络行为问题，在纷繁复杂的多种成因中，社会是个大系统，学校则是个相对封闭的小“社会”，班级就是个“微生态”，而家庭更是“小环境”。对当前青少年学生来说，他们主要的学习场所和活动的范围集中在班级和家庭之间，无论是时间、空间还是内容上，这二者都对青少年学生的教育产生极大的影响力。为此，打造好班级这个“微生态”和家庭这个“小环境”，是影响并解决青少年网络问题的主要阵地。

马卡连柯说：“即使是最好的儿童，如果生活在组织得不好的集体里，也会很快地变成一群小野兽。”班主任有责任充分发挥教育智慧，积极采取多种措施来创造良好的班集体“微生态”，有利于转变青少年学生养成良好的网络行为。

2015年《教育部关于加强家庭教育工作的指导意见》指出，“家庭是社会的基本细胞”，家长要“创设适合孩子成长的必要条件和生活情境”、“要对孩子开展媒介素养教育”。家庭是孩子的第一个课堂，家长也有义务创造出良好的家庭氛围，努力营造出适合青少年学生成长的优质家庭小环境，预防青少年学生远离病态网络行为问题，养成健康的网络行为。

实践支招

一、班级创设微生态

要创设班级良好的微生态环境，防范学生远离网络的不良侵害，班主任可以怎样做？

（一）特色活动，集体引领

1. 建立班规制度

组织学生建立班集体的网络行为制度，用班规来约束和引导。如组织学生讨论商议形成班级上网公约，对上网的内容、时间、网络文明、诚信等方面制定相应规则，从而达成班集体网络行为共识。

2. 开展专题教育

开展多样化的主题班会。如健康网络行为宣传介绍类、网络行为自控法探讨类等系列多样的专题教育，引导学生树立健康上网的意识，形成良好的班级舆论氛围。

3. 组织特色活动

组织班级开展集体网络活动来进行正面引导，利用班级活动的群体性以及学生间交往需求引导学生建立健康的网络行为。班级是学生在校学习生活主要场所，班级内多彩且特色的活动能增添学生乐趣，提高学生对生活、对伙伴交往的热爱，从而降低沉迷网络的概率。班级可利用各种机会举办特色活动：如利用校园文化节组织网络行为剧本表演活动、网络作品创意大赛等。

4. 丰富实践体验

积极组织社会实践活动带领学生走进大自然，感受自然的魅力，利用自然的力量帮助学生体验现实与虚拟的差异，从而增加抵御网络诱惑的力量。如“在我眼中的家乡美景”实践寻访活动，“我家小区的四季之美”探寻等活动。

（二）常规干预，个别辅导

1. 早发现、早预防

班主任是学校中与学生相处更多、了解更全的人，故班主任若多留心可以早发现学生存在的问题。如通过日常观察、同学汇报或者任课老师反馈以及学生主动倾诉等机会，掌握学生的变化或异常，并及时疏导，防止学生依赖网络寻找解决方法，从而预防问题行为发生。

2. 充分了解、对症下药

当学生发生问题时则需多调查了解，多角度分析原因，然后对症下药。班主任在日常应充分了解学生的个性特长以及兴趣爱好，以此为基础再集合所有资源和力量，去寻找突破点。如发现家庭教育的失当是主因，就要对于家长进行指导或建议。另外，班主任还可根据学生成长过程，针对不同年段典型问题开展对应的教育，如学习压力、情绪控制、人际交往及挫折等方面，引导学生如何认识问题并学会如何应对等，从知识和技能方法上消除学生沉迷网络的心理根源。

（三）联合力量，多方共育

1. 联合任课教师的力量

青少年学生在校时会与不同任课老师接触，这些老师往往能第一时间看出学生异常。不仅如此，任课老师也能发挥个性化特点，配合班主任共同辅导和关怀学生，防范学生过度依赖网络。

2. 联合家长的力量

班主任要积极建立家校沟通的平台，与家长紧密沟通，调动家长的力量，督促学生养成良好的上网习惯。也可以指导家长进行有效的家庭教育，与家长联合齐心协力地共育学生。

二、家庭打造小氛围

“父母是孩子第一任老师”，家庭是青少年健康成长的根基，那么，家长该如何营造良好的家庭小氛围呢？

（一）家立家规

家中建立家庭网络使用规则。首先，明确孩子居家上网的内容和范围，防止不良内容影响孩子。如小学阶段的儿童，家长可以指导他们听故事、练口语，适当玩益智类小游戏等，远离网络色情、赌博等内容。其次，约定上网的时长及时段。坚持监督使用时长，帮助孩子形成自律自觉的习惯；约定使用时段，如饭前、周末等休息时段，避免孩子熬夜上网的行为。最后，要关注并引导，避免孩子用网络抄袭作业。常与孩子交流上网信息，从中发现孩子是否受到不良影响，及时给予引导或纠正。

（二）家常交流

孩子最需要来自父母的陪伴和交流，家长应注重孩子心理需求，要积极创造与孩子相处交流的机会，以避免孩子因无聊和孤独而沉迷于网络。首先，创造好相处时间与空间。可以与孩子在一个空间里学习、工作；如家长做家务时让孩子帮忙一起做，既共处也便于交流；还可以在就餐时，与孩子聊天。其次，亲子交流多样化。如通过电话或者网络平台与孩子谈心，或者留纸条等来表达关心和想法等。总之，不因忙碌而忽视对孩子的关注，从而将孩子推向了网络。

（三）家造氛围

打造和谐家庭氛围。首先，夫妻关系要和谐。感受到父母关系和睦的孩子更有安全感，就不会因为内心不安而向网络寻安慰。其次，亲子关系要融洽。被包容和接纳的孩子，让孩子依赖并相信的父母，才会在需要时向父母倾诉或求助，从而避免了向网络求助并依赖上网络。

（四）家树表率

家长是孩子的第一任老师，是孩子模仿的首要对象。首先，家长要以身作则，避免给孩子做不良示范。在孩子面前减少或避免追剧、打游戏等的网络行为；其次，家长要做榜样引领，多表现正确使用网络的行为，如以网络搜索资料、学习技能、读书成长等，给孩子积极示范。还可以指导孩子用电脑学技能、制作作品等，帮助孩子养成健康上网的好习惯。

（五）家校互通

注重与学校沟通。首先，定期与老师沟通，与任课老师、班主任保持积极的沟通。不仅能尽早发现孩子可能的变化，也让孩子感到父母对自己成长的关注。其次，与班级其他家长交流。不仅了解同龄人的特点，更可以关注到孩子的人际交往情况，以预防孩子因交往挫折而沉迷于网络。

青少年学生网络行为问题的成因虽复杂多样，但青少年是未来的希望，他们的发展及成长过程需要多方共同关注。为此，无论是社会管理部门、企业还是学校与家庭都应当明确各自的责任，发挥各自领域独特的教育功能，以培育出合格的社会主义建设者和接班人。而作为青少年学习成长的主要阵地——学校和家庭更是责无旁贷，更需主动利用多方力量，发挥各自阵地特点，充分关注学生成长过程，积极预防及时引导，为他们的健康成长营造出良好的微生态、小环境。

作者简介

陈雪琴，华东政法大学附属松江实验学校德育高级教师，松江区第二、三期中小学班主任工作室带头人，松江区第六、七届德育名师。曾获得上海市园丁奖、上海市优秀班主任、松江区十佳班主任、园丁奖等荣誉称号。参加“崇明杯”上海市班主任基本功大赛并获得二等奖。曾撰写多篇德育案例及论文参与出版并获奖等。

“奇点”将临，学生学习力不足，怎么办？

——利用新手段，提高初中生学习力

王　冰

问题扫描

2016年以来，李克强总理在多个场合畅谈“互联网+”，极力推进互联网与各行各业的结合，“互联网+”顿时成为关注和讨论的热点。“从娃娃抓起”的教育行业，自然成为“互联网+”话题下的焦点。“教育”到底该怎样跟“互联网”结合从而也变得“智能”起来呢？这恐怕是中国目前的教育工作者都在苦苦思考的问题。

归因分析

从现状来看，引导学生恰当使用互联网是当务之急。以多媒体技术、网络技术、通信技术为代表的信息技术飞速发展，计算机和互联网技术在社会各个领域得到了广泛应用，同时也对人们的素质和能力提出了新要求。当代初中生作为信息时代的原住民，其学习习惯和方式首当其冲受到影响。

首先，学生的学习动力可能会被削弱。据艾瑞咨询《2018中国网红经济发展洞察报告》显示，53.9%的网红粉丝年龄在25岁以下，也就是说，超过半数的网红粉丝，是心智尚未完全成熟的青少年。近年来，“抖音”“快手”等娱乐工具大行其道，许多所谓的“主播”晋升为网络红人，也就是“网红”。一时网红遍地，为数不少的“网红”为了博取眼球和所谓的“流量”，言行之出格令人咋舌。三观健全、有较高分辨能力的成年人，对这样的行为自然不屑一顾，可在心智不成熟的未成年人尤其是初中生眼中，他们代表着“网红成功学”：不用千辛万苦地做作业考取好的大学，也不用把美好的青春时光用在教室里，反正只要当了网红，就可以轻轻松松开跑车，背 LV 包。那么学生不禁要问，我们努力学习的意义何在呢？

其次，学生的学习毅力可能会被吸干。“抖音”“快手”短视频、140 字以内的微博、最多十几分钟的一局“王者”“吃鸡”游戏便是一颗颗可以随手抓一把的瓜子，让我们可以一天手机不离手。这对于很多成年人来说都是常态，更别说意志力薄弱的中学生了。然而这种对短期利益的追求最终会不断强化他们的路径依赖。一旦他们习惯了去追求这种没有营养的短期回报，那么在这些缺乏有效反馈的长期奋斗项目上（对于中学生来说是学习）就会迅速失去热情。这就是“网络成瘾”最基本的逻辑。

最后，学生的学习能力可能会被剥夺。当下的教师，恐怕没有不为学生抄袭作业头疼的。而写作业时不加独立思考，使用网络“借鉴”甚至抄袭，这又是近些年新现的问题。学生作业独立完成，是教师获取教学成效真实回馈的有效保证。网络手段的不规范使用，使得这种回馈变得无效；更严重的是，这会逐渐使得学生失去独立的人格，在人云亦云的道路上一去不返。

如何引导学生在互联网的洪流中形成完善的人格素养和学习素养，的确成了当代教育者工作密切关注的一个重要课题。

理论阐述

当代中学生最重要的、对其成长成才至关重要的能力之一，便是学习力。学习力包括学习动力、学习毅力、学习能力。传统的教育非常注重知识的传授，而对学习力的关注力度相对薄弱。而在当今这个信息飞速发展的时代，对学习力的培养不仅要求学生具有必备的知识和技能，还要有终身的学习技能，学会如何学习比死记硬背更重要。只有不断丰富自己的学习力才能应对未来的发展变化。学习力的提升可以帮助学生学会学习，适应多样化的环境和不同的挑战，也即所谓的“授之以渔”。

对于教育工作者来说，培养学生的学习力应是素质教育的核心内容。它对教育教学质量的不断提升与持续进步起着关键的作用。教师作为课堂教学的引领者、引导者、组织者、激励者，最终要让学生在学习方面的潜力得以充分挖掘，学习的毅力大为增强、学习的动力不断提升、学习的能力持续提高，使“学习力”得到空前的释放。当下的教育工作者必定会在探索和适应新的教育方式、应对新时代受教育者的过程中彷徨、接受、学习、大悟、成功。

实践支招

一、开阔学生视野，推进信息科技的“未来化”

早在 2016 年，人民网的《中国智能手机使用调查报告》就已经显示，智能手机使用者中的青少年占比已达到 35.23%，而初中生智能手机用户占初中生人数的比例更是已达到惊人的 88.42%。这一方面说明互联网时代潮流的势不可挡，另一方面也给初中阶段的教育从业者提出了相当严峻的挑战。一套新型的教育模式也亟待研发。

反观现在的教育方式，中学教育阶段依然存在应试教育的理念模式；学校和家长更看重的是成绩和学业，激烈的竞争和沉重的课业负担带给学生的更多是烦躁、紧张的心理状态。这无形中造成了学生的学习动机单一，学习范围也仅限于书本知识的探索。这样的模式让学生逐渐失去了对知识的好奇，只是机械性地记忆和练习。他们学习的目标不明确，认为学习只是为了考试。同时，对知识的认识还处于表层阶段，在获取知识的同时无法感知到学习的快乐，也没有强烈的求知欲。最终，学生学习动力丢失，形成一种“为了学习而学习”的怪圈。很多学生便在此过程中产生厌倦和疲乏，在学习上渐渐得过且过。

以上这种矛盾短时期内还找不到有效的解决方法，但是教育方式的质变也是在一点一滴的量变之后诞生的。传统教育惯有的一种思维模式，往往将互联网视为危害学生学习的洪水猛兽，殊不知只要善加引导，对学生的科技观念予以指点和启发，学生也有成为马克·扎克伯格、埃隆·马斯克的潜质。初中生对于信息的吸收和渴求是强烈的。教育工作者在平时的教育教学中，应让学生脚踏实地的同时也要仰望星空，看到我们所处的时代是一个凡事皆有可能发生的时代，而他们就是属于未来的那一万种可能，从而激发他们的学习动力和热情。

二、推进多方合力，实现网络使用的合理化

不可忽视的是，初中生在使用网络时针对时间管理的目的性、计划性及自我监控能力较差。为数不少的初中生上网前缺乏明确的目的，一进入网络世界，往往不考虑自己的时间和精力，深陷其中不能自拔，严重的甚至网络成瘾。具体表现为情绪障碍、社会退缩、耐受性增强等。因为滞留网上的时间太长，进而忽略原有的家庭与社交生活，耽误了学业，淡化了亲情友情，这样的现象绝不少见。过度沉迷的上网行为也导致现实生活中与家长的冲突，各种不良互动又进一步破坏与家人的关系，他们不再彼此信任；如果影响到学习，又会在学校造成一系列的问题，如迟到厌学、上课走神、作业拖沓等。

监督学生对网络的合理使用，提高他们的学习毅力，应从家庭、学校、社会三个角度来寻求解决办法。

（一）家庭方面

家长首先需要提高网络素养，提高自己的网络“技术”，帮助孩子进一步了解熟悉网络使用方法，缩小亲子代沟，增加共同话题。其次，家长要适当控制互联网的使用时间，对孩子的上网时间做出限制；若发现孩子有网络成瘾的征兆必须尽快将孩子与网络进行隔离，必要时在专业人士的帮助下给予其一定的心理辅导。

（二）学校方面

首先要加强道德教育，对于青春期的孩子有必要进行及时的生理卫生教育，这样可以有效消除部分学生浏览暴力色情等不健康信息的问题；其次要加强心理咨询和辅导，及时发现和疏导学生的不良情绪，避免其诉诸网络从而对网络产生依赖。

（三）社会方面

首先，信息提供商、网络产品开发者应恪守职业道德，内容要经过严格的筛选和监控；其次，应出台完备的保护中学生安全上网的法律法规，并且各部门要认真贯彻，严格执法，打击危害中学生身心健康发展的网络现象和行为。

三、紧随时代潮流，鼓励教育手段的“赛博化”

“赛博空间（Cyberspace）”是哲学和计算机领域中的一个抽象概念，指的是在计算机以及计算机网络里的虚拟现实。现在的教育者应意识到，完全将自己的教育教学与网络剥离开来是不现实的。因此有必要在工作中主动拥抱互联网，将信息技术充分利用在自己的课堂上和平时的教育工作中。

（一）培养浓厚的学习兴趣是提升学习能力的内在引擎

“兴趣是最好的老师”，一个人只要对所做、所学的事情有兴趣，他才会有毅力、有动力地去克服学习中遇到的困难，才会积极主动去学习，千方百计寻求解决的方法。学习是一件枯燥的事情，需要付出很大的努力，而一旦学生产生了兴趣，那么学习就成了他们内在的要求，这样学习起来就有动力。所幸网络时代的来临使得教师及学校在设置课程、布置作业、家校互动的时候可以很好地兼顾学生的兴趣点。

（二）营造活跃的学习氛围是提高学习能力的基本保障

学生的学习兴趣会随环境的变化而变化。一个具有团结向上，积极进取的浓厚学习氛围肯定会对每一个学生的学习力产生积极的影响。试想，在一个班里，人人都在学习，只有你一个没把心思放在学习上，自己玩起来都不起劲，你也会在这一环境的熏陶下自觉地学习。相反，一个纪律松散，不求上进的班级则会对学生学习力产生不良影响。所以，在教学过程中，我们应努力营造和谐的教学气氛，保持学生们兴致勃勃的情绪，让学生都有跃跃欲试的愿望，使课堂气氛浓郁，生动活泼，从而开发学生学习的潜能。

（三）形成和谐的师生关系是促进学习能力的有效方法

在教学过程中，情感与态度会影响到教学效果。如果老师能将友好的态度、微笑的表情传递给学生，表现出教师爱的真情，就会感动学生。学生的情绪也会跟着教师的情绪而波动，在情感上产生共鸣，学习积极性自然就会提高。同时，教师只有情绪饱满，和蔼可亲，才会给学生一种自然、明朗的感觉，学生也会以愉悦的心情对待学习。在这种轻松愉快的氛围下，学生不仅学起知识来比较轻松，也能够自觉而愉快地接受教师的教，激起自觉学习、乐于学习的愿望，接受知识的能力也可以大大提高。和谐的师生关系能激发学生高昂的学习情绪，是挖掘学生创造潜能的直接因素。它不仅会让学生对教师充满尊重与信任，而且还会使学生把对教师的爱迁移到教师所讲授的学科上来。

（四）养成主动的探究意识是培养学习能力的重要途径

中国的孩子普遍被认为缺乏创新能力，主要是因为孩子们的一切都被大人们承包了。在家他们“衣来伸手、饭来张口”。在学校，他们被老师的作业、考试牵着跑，没有思考的空间。上课时，知识只知道往学生的耳朵灌，却堵住他们的嘴，绑住他们的手脚，这样哪能培养出有创新思维的学生。因此在平常的教学中，根据实际情况，我们可以在课堂上创造机会让学生合作学习；课下布置相应的学习任务，让学生组成小队或者小组合作完成。网络时代的学生，如果有教师的合理指导，他们收集信息的能力总是会让他们的老师大为惊讶，甚至为老师的教学提供新的思路和角度，正所谓“教学相长”。

（五）探寻科学的学习方法是提高学习能力的关键因素

网络时代为我们提供了一种学习方法叫做“线上学习”。网络大潮是只可顺应，不可逆反的。现在的学生几乎都是网络大潮中的弄潮儿。他们接受信息的途径和方式和以前相比不仅大相径庭，而且五花八门。不过与他们相比，教师毕竟是具备成熟的学习能力和自律能力的成年人，学生在使用网络进行学习的时候还是需要教师的恰当指引。

作者简介

王冰，上海市普陀区兴陇中学青年骨干教师。2016 年获深圳市中国伦理学会中华传统美德研究中心“十三五”课题现场优质课竞赛活动一等奖；2019 年获上海市普陀区“关键教育事件”征文评选二等奖、“迦陵杯　诗教中国”诗词讲解大赛微课设计普陀赛区二等奖。

中学生交际网络化、多偏差，怎么办？

——校内校外携手，线上线下互动

洪　佳

问题扫描

鉴于目前互联网使用成普遍态势，笔者以调查了初中生交际主题的问卷，结果显示，初中生 75% 会选择网络聊天与交友，网络交际对学生吸引力很大，“聊天、交友”与“看电影、下载音乐、看动漫”都占比 75. 71%，比率不低不容忽视。

人际交往能力是学生在学校社会化发展过程里与他人交际、往来、沟通的基本能力，贯穿并影响每个学生一生的发展，并时常影响每个学生的生活与学习。互联网对当下学生时代人际交往的影响是显而易见的，而且其中的不良影响往往是一线老师、家长却不可控的。当下教育的目标是成才，初中生处在价值观、人生观和自我发展关键阶段，要格外重视培养他们的人际交往的应世能力。因为学生对网络的依赖递增不减，所以如何让网络这把双刃剑发挥积极作用，需要科学归因，找到适合的方式方法。

一、网络内容良莠不齐，交际辨别力不足，学生易上当

虽然对网络文化不断进行整顿，但一些不良网站屡禁不止，对学生的不良影响大大增加。由于他们有了自主上网交际的时间和机会，而又没有较强的识别能力与抵制意识，长此以往后果不堪设想。

二、在线交际依赖严重，轻视或较少进行线下交往

过去的交际大多发生在现实生活里，而网络让虚拟世界的交际占据了学生的更多空间。不少学生成为“手机控”“低头族”，忽视了身边的亲友，即使遇到难题或想吐露心事，也多选择向陌生的网友吐露。更有一些学生，无法分清现实和网络，沉迷于虚拟的网络交友，甚至被骗钱财。

三、线下社交能力弱化，学生缺乏沟通意识

由于学业重，所以大家通过微信私下联系便很常见了。现今的学生无人不知网络表情包、符号、网络流行语，却较少在乎现实社交里的礼仪、着装，与身边人交际时缺少一定的耐心、真诚和礼貌，社交表达与语言交际能力退化。

四、网络管理存在风险隐患，缺少安全保障

网络作案存在隐蔽、低成本、较容易取得对方信任等特点，所以网络交际中人身和财产安全系数较低，“两耳不闻窗外事”的学生见识不多、警惕心不强，很容易受到伤害，且对方也不能立即受到相应的惩罚。这些，都会使学生在交际过程里受到伤害。

五、网络交际缺少家长引导，加大安全隐患

很多家长对网络交际持反对态度，不支持孩子在网上认识陌生网友。网络交际中异性交往机会增加，甚至网恋成为一种“时髦”，家长与老师很难杜绝或控制，大大增加了家庭和学校的管理难度。网络游戏和不良交友网站对孩子的毒害也十分严重，学生沉迷网络而忽视了现实中的亲情、友情，在网络上受到身心伤害，却依旧无法自拔。另外，学习中遇到困难、有些学生直接百度抄袭答案而不再自己动脑，此类问题也十分普遍。

归因分析

网络时代学生的人际交往培养十分重要，因为这不仅关乎学生人格、价值观的培育，也关系到人生中必不可少的社交能力。学生出现重重问题，需要详细解

读、探究其成因。

一、初中生缺乏全面的人际交往能力

网络时代，学生的人际交往圈由线下不断扩大至线上，且初中阶段的学生与老师、同伴群体、家长的交往会比小学阶段更加复杂，与陌生人、异性、网友等交往机会也大大增加。实际上初中生大多处在“幼稚、依赖、偏激、封闭的状态”，由于一些舆论不良导向、不健全家庭影响，部分初中生的交际也不再“亲社会”和“利他”，会出现情绪不稳定、不善于口头表达和缺乏基本交际礼仪等问题。互联网的出现，也让学生更加喜欢网络交际的隐私、随性、自由、不用顾忌彼此情绪，而自我控制、情绪和关系管理、诚实守信恰巧是网络时代影响下初中生最薄弱的能力。

二、初中生渴望独立和被尊重的需求未被满足

网络交际满足了学生对自由独立和隐私的渴望。初中阶段的学生非常渴望独立、自由和私密的空间，网络交际恰好能满足他们的这个需求。如有些家长也发现孩子上网是为了查询学习信息，但是加了密码的手机能够避开父母、家长的监督，也使他们有了自己的隐蔽空间而更加自我放纵。

三、家庭教育缺失，学生逃离现实交际

在教育的过程里，家长对自身的问题认识不到，且利用蛮横阻断、反对初中生的网络交际、异性交往，这不利于学生网络交际的发展；而学生又非常喜欢网络交际，无论是 QQ 还是微信，愿意为之花更多的时间。因此需要师长和学生共同努力，为学生创造互联网 + 环境下更开放、民主、和谐的氛围。

理论阐述

一、引入需求理论

马斯洛的“需要理论”认为，需求分为“生理、安全、归属与爱、尊重和自我实现”。

初中生渴望通过交际结交朋友、获得同龄人的关注与肯定，这是尊重、归属

与爱的需求，也是发展关系的需求，如果这个需求不能在现实中得到满足，他们就会从网上、其他群体里得到满足。家长们要正视这个需求，给孩子交际空间，培养孩子良好的交际态度、能力，让他们有自由交际的场合，有互相良性影响的交际结果。

二、分析同龄群体

学校是学生进行社会化发展的重要场所，其在学生的生命历程中存在长久影响，家长要优化学生同龄群体的交际环境。同龄群体是同辈群体，在初中阶段的影响力是最大的，这是由一些年龄、兴趣、爱好、态度、价值观、社会地位等方面较为接近的人所组成的一种非正式初级群体，在青少年生活里必不可少。

实践支招

网络虽然对学生人际交往会产生一定的消极影响，但我们通过实践研究，从家校、个人等多角度去尝试解决这些问题。

一、管理网络交际风险，自查自省

网络交际带来的一系列风险，这些潜在危害不可小觑。以下办法有助于控制网络交际出现的问题。

（一）普及交际安全常识，分享案例以警示

学校应该把网络时代下的人际交往安全作为校园安全的内容之一，对于网络交际出现的“轻信他人、沉溺网络、网恋、网络语言暴力、法制薄弱”等情况，结合真实案例进行分版块的讲解，使学生提高警惕，明白网络也有陷阱。

（二）微信群知识讲堂，家校合力控网络交际风险

家长对待网络的态度会极大地影响孩子，引导家长正视网络的利弊，促使学生扬长避短地使用网络，则必不可少。特别是对于单亲离异家庭、父母外出打工不在身边、孩子内向不善于交际的特殊情况，要多多留心，重点跟进，引起家长

对孩子的关爱，形成良好的亲子交际，而避免孩子为寻找关注和认同去沉迷网络。

初中生处在叛逆时期，在家与在学校的表现可能出现较大的差异。特别是家庭不和谐，会让学生觉得在家非常压抑、不爱交流，久而久之会形成“人际交往退缩”“自闭”等情况。一些学生虽然在家沉默寡言，但在校更渴望与老师、知心好友接触交往，所以一旦这个需求不被重视与满足，那他们就会更孤独，转而进行网络交际或退缩为“孤僻、自闭”。家庭在人际交往中占据主导，因而，一旦需要解决交际问题，家庭的配合、支持尤为重要。

二、线上线下齐抓，提升社交能力

（一）垃圾吐槽平台，倾吐成长里的不良情绪

有数据表明，学生较喜欢运用网络的QQ和微信进行交际，而非官方的一些论坛、评论也深受学生喜爱。为了释放他们的不良情绪，为了让他们在非正式的交际里得到自由、放松和倾吐的快乐，一些专门的“吐槽平台”是应该被允许的。尽情倾吐自己的不良情绪，以幽默的态度解决交际中的“bad”也是可以的。

但凡事都有度，在这个吐槽平台里，必须引导学生自我讨论得出一些小群体的约束规范，例如脏话不能说、保护大家的隐私、不能发布不良信息等，如平台范围内有了大家约定成俗的规范，大家会乐意遵守，且不会越规。

（二）加强心理疏导，学会交际中自我调节

人际交往不总是一帆风顺的，受到“首因效应、近因效应、期待效应”等心理因素与家庭原生环境的诸多影响，初中生在交际里会出现这样那样的问题。因此在人际交往里，自我控制和自我调节能力有必要加强。但是学生喜欢把不良情绪隐藏于内心，对于心理疏导会有所排斥，建议心理老师就人际交往方面进行专业的讲解，以趣味活动引导学生增强自我调节意识与能力。

人际交往的自我控制能力关系较大，因为网络时代下网络的不良信息较多且家长、老师无法很好监控。所以，加强互评、自评是自我控制和调节的第一步。对自我的评价能够以典范的交际标准为参考，审视自己的在交际中的语言是否得当、行为方式是否得体、表达是否准确、效果是否如愿等。对待异性和交际中的障碍，是否做到了合理管理人际关系、情绪稳定、开朗健康，则是自我控制和调节的第二步。倘若可以让学生们做到心态积极健康且情绪稳定、良好，那

么人际交往无论是线上还是线下，都不会有太大问题。是否在人际交往里以“利他”“安全”原则下进行则是自我控制和调节的第三步，只有亲社会、主动利他且重视自己的安全，才能得到快乐的、有助于自己发展、和谐进步的交际。

（三）自述真实交际案例，信息共享共同进步

学生有自我表达与倾诉的能力，网络也让学生之间的信息能传递更快。因而建议在班会、班级的网络平台之上，可以允许学生之间匿名分享，一切由坏转好、真实生动的案例，将比说教有用得多，在人际交往的鲜活实例中学生也能实现共同进步。在分享的时候，老师要发挥引导、指挥作用，启发学生从小事、印象深刻的细节里去阐述，如交际语态、同理心的运用、倾听、理智与否、原谅与宽容的品质等，帮助学生塑造健全的人格与价值观。

三、推动教育的变革，搭建网络交际平台

（一）打造四全空间、和谐交际氛围

在网络时代的学生人际交往空间可以实现下面的“四全”：“全参与、全地域、全信息、全发展”。“全地域、全信息”旨在用开放的氛围，允许学生进行时间、空间不限制的交际自由，且能够借助校、班等一些平台与活动实现“交际知识、案例等的信息共享”。“全参与”则重视家校意识的觉醒，呼吁家长、老师等主体转变思想，积极参与与关注学生的较近发展；“全发展”则呼应了新课改要求的“以学生的全面发展为宗旨”，加强对学生现实和虚拟交际水平的全方位提升，打造虚拟的交际平台，也不能忽视校内现实交际活动的开展。

（二）增强研究、探索，阅读相关书籍

校内需要重视对交际现状的调查研究，力求用更科学、更真实的数据为依据，改进班级的交际管理方案或“交际现状测评”体系。班主任或老师也应该以典型案例为切入点，增强对网络时代人际交往的探索研究，使解决策划更加科学多样、有效。

（三）校内推广平台，加强专业知识

既然学生已经接触并喜欢一些网络交际平台，那么学校也可以用微信公众号

等为依托，设计并推广自己的交际平台，把老师的研讨成果、学校的交际校本课堂、学生的交际班会、学生的交际案例发布到自己的平台来，还能转发“心理常识、交际达人”的一些文章加以分享。图文并茂、幽默风趣、实用较强的内容，必然会博得学生的喜爱，家长和学生也能积极分享讨论，这何尝不是网络时代创造的分享机遇呢?

交际离不开生活，生活里融入交际知识，交际的水平实践于现实或网络，这必然能够对学生的交际产生更多的积极影响。网络已然对学生产生了影响，所以学生人际交往也不得不关注互联网＋时代的背景。本文以部分问卷调查为依据，了解了初中生喜欢网络交际的心理发展需求和原因，同时给出了诸多建议。但是，本文的调查尚不够深入，而且自己阅历与经验有限，所以可能并不适应于农村学校，且在与家长的合力的研究上不够深入。

作者简介

洪佳，上海市铜川学校教师，曾先后获“上海市第十三届金爱心教师三等奖”，“普陀区第5轮教育能手称号”，“普陀区十佳优秀少先队辅导员”称号，普陀区教育系统第七届“我心目中的好老师”十佳提名奖等，在2020年获得了市、区班主任基本功能力大赛三等奖。

网络时代学生上网安全难保障，怎么办？

——多方联动，综合整治，共建绿色网络环境

邹晓君

问题扫描

互联网的快速发展给人类的生活方式带来了前所未有的转变，网络成为人们生活中不可或缺的一部分。学生网民在上网群体中所占的比重日益增多。在这样的大背景下，中学生沉迷网络离家出走，轻信网友被骗，受蓝鲸游戏影响自杀等新闻报道屡见不鲜。面对学生因使用网络产生的种种问题，网络时代的学生安全教育已经成为一个刻不容缓的课题。

一、网络安全意识不强

个人网络信息关乎个人隐私安全，中学生缺乏相应的信息安全知识及技能，加之生理及心理的不成熟，自身网络信息容易使他人有机可乘。聊天软件的出现使得人与人之间的交流通过网络得以实现。中学生在聊天过程中容易轻信他人，将自己的真实身份、家庭住址、手机号码等私人信息告知对方。不法分子通过盗取微信、QQ 密码、向第三方购买学生网上信息等手段谋取不当利益，甚至对学生的人身安全造成威胁。

二、网络信息良莠不齐

网络中丰富的信息资源对于中学生来说有着强大的吸引力。中学生对于网络

信息的辨别能力较薄弱，在监管不到位的情况下很容易成为信息泛滥的受害者。学术信息、娱乐信息、时政信息与各类色情、暴力信息混杂在一起。学生在上网过程中有意无意地接触到这些不良信息，弱化了青少年的思想道德意识，沉迷于色情、暴力及其他非法网站中。身体、心理处于发育期，是非辨别能力、自我控制能力较为薄弱的中学生很难抵御这些不良信息严重影响他们的健康成长。

三、网络暴力泛滥严重

网络暴力是一种使用现代通信技术，例如电子邮件、计算机、手机、摄像机等进行的恶意骚扰，使对方无法进行有效的自我保护，从而在身心两方面造成了较大伤害的网络侵犯行为。近年来，随着微博、微信朋友圈等社交平台的流行，网络暴力不再仅仅针对成年人，青少年群体中的网络暴力现象也已经十分普遍，甚至极为严重。网络暴力的受害学生在心理上会感到愤怒、忧虑、尴尬等，在行为表现上更会使其思想不集中，学习成绩下降，甚至逃学、轻生。

四、网络游戏成瘾成患

中学生网络游戏成瘾是一个长久以来社会各界共同关心的话题。中学生面对繁重的课业压力、简单的课余生活，虚幻的游戏世界无疑是一个释放口。学生在这个虚拟世界里充当“英雄”“统治者”，满足了自我的虚荣心及成就感，实现了在现实生活中无法实现的感觉，这种感觉使得自我控制力还不够强大的中学生极易上瘾。

归因分析

一、学生心理需求未满足

马克思主义哲学认为，内因和外因是事物变化发展的两个必备条件。分析青少年网络安全问题的产生就必须先从青少年的内部因素进行分析。首先，中学生正处在生理和心理的变动时期，受到来自学业和家庭等各方面的压力。面对各种巨大的压力，他们在现实中很难找到可以舒缓压力的方式，因此需要寻找途径释放自己的消极情绪。丰富多彩的网络世界正好能让他们逃避现实的压力，短期内麻痹自己，忘记烦恼。部分自制力不够强的学生会越来越依赖网络，把它作为解决问题的唯一方式。其次，中学生渴望自我实现，有了强烈的独立意识，他们感到自己不再是小孩而是大人了，希望能脱离成人的束缚，体现自己的能力和价值。然而，受到秉赋能力、学习成绩、环境条件等各个因素的限制，一部分学生无法表现自我。网络这样一个虚拟的空间可以让他们呈现自我，或者塑造一个截然不同的自我，以此获得现实生活中所缺乏的尊重和关注，实现心理上的满足。网络暴力、网络成瘾、网络犯罪等诸多网络安全问题的产生与青少年心理需求缺失，从而在网络社会进行极端行为密不可分。

二、家长网络监管不到位

哈维格斯特在《社会》一书中说：“不同家庭所创造的环境，以不同的方式影响到儿童智力的发展的教育上的促动因素。”因此，青少年网络安全问题的产生与家庭教育的缺失密切相关。部分家长自身网络素养不高，虽然家中装有电脑，但不知道如何使用，更无法在家庭生活中指导孩子正确上网。有的家长盲目相信网络，认为网络资源丰富，可以帮助孩子学习，成为孩子学习的最佳辅助工具，因此对孩子上网放任自流，没有密切关注孩子的思想变化，忽视对孩子的有效监督、控制和引导。有的则极端地认为网络是祸根，充斥着大量不良垃圾信息，极力反对孩子接触网络，剥夺了孩子获取有用信息、融入网络社会的机会，最终被网络时代抛弃。少数家长甚至不以身作则，自身长期沉迷网络，对孩子的网络行为造成了严重的消极影响。此外，单亲家庭、再婚家庭等家庭结构的改变也会对心智发育还未成熟的青春期孩子造成心理上的安全感缺失，他们容易产生许多不良情绪并压抑自己的情感，逐渐变得敏感、自卑、孤僻。于是，网络正好提供了一个释放心理压力和满足需求的平台。

三、学校安全教育没同步

从当前的青少年网络使用情况来看，学校面对有可能来自网络的各种侵害，并没有进行针对性的教育，对于网络安全教育的重视程度比较有限。首先，学校没有设置专门的网络安全教育课程。随着计算机的普及，计算机课成为中学生的一门必修课。计算机课主要以教授 office 软件等基础知识为主，使学生掌握一些必要的计算机应用技能。然而，中学生的网络技术及上网知识却非常欠缺。在计算机课上，学生很难学到与网络安全相关的知识，例如在计算机中毒后该如何处理，什么是网络黑客，如何在上网时保护个人信息不泄露等。其次，开展网络安全教育的形式单一。学校开展的网络安全教育内容简单，通常以班主任开展主题班会的形式呈现，传统说教的方式很难引起学生的关注，效果不佳。最后，老师在网络安全教育方面的专业知识有待加强。部分教师在处理网络安全事件时方式简单，不关注学生的心理疏导。有些老师知道心理疏导的重要性，却由于缺乏相关心理知识而无从下手。

四、国家网络立法不健全

青少年作为主要的网络使用群体之一，由于其身心发展的特殊性，更容易受到网络不良信息的影响。因此，建立青少年网络行为的法律法规对于规范和指导青少年的网络行为至关重要。2001 年《全国青少年网络文明公约》颁布，对青少年的网络行为进行了明确的规定。除此之外，我国对于青少年健康、安全、文明上网的规范和指导还有巨大的缺失。目前为止，还没有一部法律法规能够真正意义上指导青少年的网络行为。因此，相关法律法规的不健全，执法力度不够的情况下，青少年网络安全问题频发。

理论阐述

马克思主义认为，实践是认识的基础，认识是主体对客体的能动反映，认识与实践是统一的。首先，在研究和解决网络安全问题的过程中，要从网络信息社会的存在和发展、青少年的思想行为发展的客观规律这两个实际出发，这样才能有利于网络安全问题的有效解决，并推进网络信息社会更快、更好地发展。其次，在实践中坚持和发展真理。马克思主义坚持在实践的基础上，对理论进行不断创新，再用新的理论指导新的实践，做到坚持和发展的统一。在研究和解决网络安全问题的过程中，就必须将理论和实际情况相结合，根据当前网络信息社会的实际发展情况进行理论创新，并以此来指导新的实践活动。最后，认识和改造世界是辩证统一的。认识世界的最终目的是为了改造世界，要改造世界就必须首先充分认识世界，二者相互联系、相互作用。

在青少年网络安全问题的研究过程中，必须深刻认识青少年思想行为发展特点和当前网络信息社会发展现状，合理地解决网络安全问题和网络信息社会发展要求之间的矛盾，实现网络信息社会健康、长效的发展。

实践支招

一、培养中学生网络自我保护意识

第一，网络是一个开放的空间，丰富多彩的网络世界隐藏着许多危险。中学生在上网时必须提高网络自我保护意识，预防来自外界的各种攻击。在掌握网络基本知识的同时，必须学会应用防火墙及杀毒软件，预防网络病毒对计算机的伤害及钓鱼网站对个人信息的盗取。养成良好的上网习惯，定期对计算机进行扫描查毒，排除可能存在的隐患。使用微信、QQ等聊天软件聊天时要注意自我保护。

第二，班主任应开展相应的主题教育，引导学生在网络聊天时要提高警惕，保持敏感，不随意向陌生人透露自己的个人信息，例如聊天时不要将私人电话、家庭住址、学校告诉对方，不要轻易点击他人发过来的链接并输入个人信息，尽量避免在微博和公众平台上发布自己的信息，保管好自己的密码，并定期更改，等等。同时，不要随意与网络中结识的人见面。

二、规范学校网络安全教育

(一)建立健全中学生网络信息安全长效机制

建立中学生网络信息安全的教育领导机构，专门负责针对中学生的网络信息安全教育，确定教育内容，制定教育计划，考评教育成效等。设置专门的网络安全教育课程，将系统的课堂教育与讲座等各类安全教育活动相结合，避免走过场，将网络安全教育课程正规化、系统化，使中学生的网络安全得到切实的保障，取得预期的效果，提高到新的水平。建立和完善一系列制度，确保中学生网络安全教育健康运行。从教育内容、时间、教师和考评等方面都应详尽地纳入制度。

(二)建立校园绿色网吧

通过设置防火墙实现对整个校园网的安全保障，为中学生提供一个安全健康的上网环境，从而阻止恶意破坏和攻击。同时应用相关技术，将色情、暴力、赌博等不良内容加以屏蔽，保障学生安全健康上网。校园绿色网吧应配备专业教师，专门负责管理网吧相关事宜，并对学生的上网情况进行监督、指导，提供符合教育特色的安全上网服务。

（三）鼓励、指导学生有效利用网络

中学生在上网时有着很大的盲目性，常常花费大量的时间在网络中搜索信息却一无所获，反而被一些无关甚至有害的信息吸引。班主任可以组织学生充分利用网络的便利进行各种学习，并鼓励中学生参与本校的信息化建设，比如：制作Flash动画、建设班级主页、建设校园网等。通过培养学生的信息素质，让学生享受到信息化成果，从而推动网络道德素养的建设，寓教于学。

三、呼吁多方联动教育

中学生网络安全教育不仅是学校的责任，也是家长应尽的义务，更关系到一个家庭的幸福。班主任要与家长联动，促使家长积极主动地关心自己孩子的上网情况，引导孩子正确上网。

针对家庭网络安全教育和监管，笔者提出以下几点具体建议：① 将电脑安置在家中的公共位置，例如书房、客厅等，家长可以观察到孩子上网的情况，并控制好孩子使用网络的时间和内容。② 学习和掌握一定的网络知识，掌握科学方法，帮助孩子正确使用网络。家长要尽快地通过各种途径学习网络技术，了解网络文化，从而对当前的网络环境有亲身的体验，更好地引导孩子使用网络。同时也要学习相关的网络法律知识，对孩子进行网络道德和法制教育，增强孩子的自我保护意识，避免网络不良行为。③ 经常了解孩子的上网情况，共同讨论网络趣事。网络世界丰富多彩，信息资讯日新月异，家长可以向孩子推荐一些优秀的青少年信息网站，给予孩子一个正确的向导，同时也给孩子更多的自我空间，树立正确的价值取向。

中学生网络安全教育仅靠学校和家庭两方面的力量是不够的，需要全社会多方面的力量合力开展。建议电信、移动、联通等企业研发网络安全技术，保障学生网络安全；向社会团体求助，组织开展各项网络安全教育公益活动，向学生宣传普及网络安全知识，提高他们的网络安全意识；借助网络警察的力量，利用身边活生生的案例警醒学生，防止他们走入迷途。

四、加强网络法制建设

当前我国互联网的法制建设相对比较滞后，对青少年的网络安全保护跟不上

当前形势的需要。国家应加快网络法制建设的步伐，完善网络立法，规范和保护青少年的网上行为和权益。同时，要建立和完善网络管理机制，为青少年打造一个健康、丰富、有益的网络空间。首先，政府有关部门应加强对网络公众平台发布内容的管理、审核力度，设立违规信息纠察、举报机制。同时，针对网络用语进行等级划分，对网络用语按规定标准划分为限制级、禁用级等。其次，有关部门应对一些游戏娱乐网站、聊天软件、BBS 论坛进行不定期的突击检查，及时删除不良信息，整治网站违规行为。再次，加强建设适合青少年的专门网络。为了青少年能够安全上网，政府部门应组织相关力量积极关注和参与到青少年网站的建设中去，让青少年有一片自己的网络天地。这样既满足了青少年对互联网浓厚的好奇心，又引导他们进入安全健康的网络家园，营造绿色网上空间。

作者简介

邹晓君，上海市中远实验学校教师，曾获得“普陀杯”教学评比一等奖，多次获得校“暑期优秀班主任”和“我心目中的好老师”称号，有论文发表于《普陀教育》杂志。作为一名年轻的班主任，每一次站上三尺讲台都感受到强烈的使命感与责任感，始终牢记自己的教育初心，尽自己所能成为学生人生发展路上重要的启蒙者与领航者，帮助他们点燃智慧的火花，培养学生成为一个人性意义上完整的人。

班主任工作与时代脱节，怎么办？

——增强“互联网 +”意识，与时代发展同行

李 岩

问题扫描

现在校园里的学生都是在网络环境下成长起来的，他们喜欢技术，依赖网络，习惯于碎片化的学习。网络为他们提供了广阔生动的学习空间，自由轻松的学习环境，互动合作的学习平台。它缩短了时空、拉近了距离，延伸了人类活动的时间和交往的空间，也拓展了我们班主任工作的时间和空间，丰富了德育工作的内容和途径。班主任应根据时代发展的特征和需求，根据学生的性格特征和身心发展特点，结合教育目标和内容，组织各种教育活动来实现立德树人的教育目标。但是，我们又不得不承认，网络的复杂性、虚拟性、隐蔽性等特性也造成了班级管理和学生发展的新问题。

在互联网时代，我们要用开放的心态接纳网络，但必须用谨慎态度对待网络。利用网络资源和思维进行班集体建设，为班集体建设注入时代性的品质，提高班集体建设水平和艺术，更好地促进师生互动、生生互动、家校互动、亲子互动是教师专业化的必备素养之一。同时，在使用网络技术进行教育教学过程中，教师必须全程参与、全面思考、全方位指导。

问题分析

变革扑面而来，我们必须加强学习和研究，更新教育教学理念、调整教育教学方法、丰富家校沟通渠道、拓宽育人时空界限等。作为班主任，要抓住互联网对班主任工作带来的机遇，合理利用先进的互联网技术，创新优化班主任工作模式，积极发挥学生主体地位。与此同时，还应该充分认识到互联网对班主任工作的挑战，从各方面进行积极的调整。

一、互联网时代给班主任工作带来的机遇

信息技术的发展与普及，使互联网渗透到社会生活的方方面面。互联网环境下班主任工作在时空上打破了传统模式，具有传统教育模式无法比拟的优越性，其主要表现为：

(一)教育时空无限性

以数字化、网络化、智能化为特征的互联网时代使班级趋于一种没有明显界限的教室，打破了明显的课内课外的分隔，这使师生、生生、家校之间的沟通更容易、更便捷。

(二)教育方式互动性

网络技术的快速发展催生了很多App，互联网技术和平台为师生互动、家校互动、生生互动创建了交流互动的空间，这使家庭教育指导更加一对一、一对多和多对多，也可以在“网上论坛”或“在线指导”上表达观点发表意见。

(三)教育内容趣味性

集文字、声音、图形图像和影视于一身的多媒体技术，给我们的网上班级活动带来了无穷无尽的乐趣。网络使学习生活变得轻松生动起来，学生可以自主选择学习内容，也可以互动。

(四)教育活动自主性

在网络上开展教育活动，学生可以自主选择感兴趣的话题或者方式，因此更

容易调动他们学习的主动性，更容易使教育目标和学生需求趋于一致。线下线上互动延展的活动，有利于发挥学生的主体作用，激发学生主动参与班级管理的热情，促进学生健全人格的发展。

二、互联网给班主任工作带来的挑战

网络是把双刃剑。一方面，互联网资源和技术给我们班主任工作带来了便捷和高效，极大地丰富了班集体建设的形式、途径和渠道，提高了班主任工作的生态性和时效性，不断为建班育人注入时代性的品质，在推动班集体特色化发展的同时，也使学生的发展需求和班集体建设愿景更好地契合，从而满足学生个性化发展需求，激发学生的内心自觉，实现自主发展。另一方面，由于互联网环境复杂、信息良莠不齐、网络监管不到位等因素，增大了班主任的工作的难度。网络的虚拟性、超时空性、信息传播的高速性、无限性等特性，对学生的成长也产生了消极的影响，对学校德育工作提出了新的挑战。

（一）学生的思想道德素质面临挑战

青少年时期的学生对新事物充满强烈的好奇心，愿意尝试和冒险。可是，他们三观尚未完全成熟，主观判别能力、自我控制能力还不完善，面对良莠不齐的网上信息、网络服务、有害网络游戏难以分辨和取舍，在不知不觉中受到腐蚀，导致思想道德上的偏差。

（二）学生的身心健康状况可能受到伤害

随着移动互联网终端的广泛使用，随时随地上网成为可能，学生可以在任何时间、任何地点浏览网页。家长和学校对学生使用网络的监管能力随之而下降，如果学生自身上网计划性不强，自我约束能力不够，就会发生因过度上网而影响骨骼和组织发育，引起视力、记忆力下降。更严重的是出现心理问题，产生焦虑、亢奋、幻觉等现象，甚至染上“网瘾”。

（三）学生的学习生活质量可能受到影响

由于学生过度上网，正常的学习、生活秩序遭受到破坏，情况严重会影响学习的态度，导致厌学、逃学等问题。与此同时，网络行为和语言缺少监管和规范管理，没有固定话题的散漫式聊天方式和不规范的言辞，容易影响逻辑思维能力和注意力。语意断裂的异化使用，也对传统文化的传承造成了不良影响。

理论阐述

为了积极推进"互联网+教育"发展，加快教育现代化和教育强国建设，教育部制定了《教育信息化2.0行动计划》，积极推进"互联网+教育"，坚持信息技术与教育教学深度融合的核心理念，提高师生信息化应用水平和信息素养，建成"互联网+教育"大平台，推动教师更新观念、重塑角色、提升素养、增强能力。

2018年，中共中央、国务院出台了《关于全面深化新时代教师队伍建设改革的意见》，明确要求：到2035年，教师综合素质、专业化水平和创新能力要大幅提升，教师要主动适应信息化、人工智能等新技术变革，积极有效开展教育教学。

实践支招

互联网时代的到来，对班主任工作的顺利展开既是机遇也是挑战，班主任要与时俱进，更新班级建设观念，优化班级管理策略。同时，要因势利导，用积极的心态面对时代发展的要求和学生发展的需求，引导学生正确使用网络，让互联网技术更好地为学生的成长助力。

一、多"+"点学习

网络时代，面对学生存在的新问题，我们虽然心存忧虑和不安，却不能阻止学生走向"互联网+"时代的步伐。

首先，我们要转变网络态度。接受时代的变化，学会信任自己的大多数学生。在每个人的成长过程中，都会有一些不如意，都会犯错，成长就是不断纠正错误，不断完善自我的过程。在我们身边，那些品学兼优的孩子往往也是网络上的弄潮儿，也是虚拟世界中的领袖。所以说，在这个时代谈网色变、因噎废食也不可取。

其次，我们要提升媒体素养。必须跟上时代步伐，跟上学生的思维，主动更新知识结构，用互联网思维和技术优化建班育人的过程和策略，为班集体建设注入现代性的品质，并具有能与学生在同一纬度、同一频度下沟通的能力，成为终身学习的榜样。

最后，我们要加强学习反思。学习政策法规，提高依法执教的能力；学习学生发展规律，遵循规律开展教育教学工作；学习知识和技能，关注学生心理需求，遵循认知规律，注重过程管理。简单粗暴的教育方法已经不能适应这个时代的需求，教育呼唤专业的指导和育人的智慧。

二、多“＋”点研究

用研究的意识去开展工作，会使我们的工作更具有时效性和适切性。在日常管理过程中，我们可能会从自己的视角看待学生的问题，高举一切为了学生的旗帜，要求学生和家长的配合。这样不可避免地会遭受家长对我们教育专业性的质疑，甚至有学生对教师付出的不认可。教育是激发学生内心的自觉，真正的爱也许是给他所需而非已所想。只有引发学生自主的行为、自我的要求，教育才会是有效的。面对互联网＋时代，我们要多研究时代特征、家长现状、学生需求，以及教师自身特点等，既不能穿新鞋走老路，更不能简单的复制粘贴。

要研究学生身心发展规律。不同年龄阶段的学生心理特点和认知规律各有特点，不同年级教育重点和教学任务也不同，所以只有遵循规律，尊重科学，在了解学生的现状和需求的基础上，开展有针对性和适切性的指导，教育才有可能产生应有的价值和效果。

要研究班级存在的问题。学生的问题其实就是学生发展的需求，在分析事情发生的原因之后，要学会顺水推舟因势利导，在化堵为导的原则下寻找解决问题的契机。我们要学会以发展的眼光看待学生的问题，小步走坚持做，扬长容短，帮助学生找到更多的出口，让学生幸福、快乐地有尊严地生活学习。

三、多“＋”点沟通

互联网的发展打破了传统学校与社会、家长沟通的单一模式。家校互动平台不仅具有沟通桥梁的作用，也是家长了解班级管理工作和学生学习状况的最便捷途径。班主任通过建立班级 QQ 群、微信群、博客、班级公共网页等方式来加强与家长的沟通，拓展了师生互动、生生互动、家校互动的时间和空间。然而，一些家校互动平台的管理和建设没有及时跟进，造成一些负面影响。因此，在班集体建设的过程中，建群先要建章立制，明确群规和要求，充分挖掘家委会的功能和作用，让家长更多地参与班级管理。

这种线上线下的有效沟通，保障了信息畅通，使得班主任、课任老师、学生、家长能够及时发现问题，第一时间沟通，帮助学生解决学习生活中遇到的困难，帮助家长全面了解孩子，提高家庭教育的有效性。与此同时，通过家校双方积极的参与和分享，能促进家校育人合力的形成，提高了班级管理的质量及效率，更使班级管理更趋合理化、更趋特色化。

四、多“+”点理解

互联网是学生学习和生活中必不可少的工具。学生生活在互联网时代，无可避免地需要用网络来学习、娱乐、交流，尤其是随着移动互联网终端的广泛应用，网络成了生活、学习组成部分。网络无处不在，信息素养也成为学生必备的知识和能力。所以，在“互联网+”时代，了解学生的现状，理解发展的需求，满足合理的要求，倡导绿色上网、教会正确使用网络才是解决问题的关键。

教育是未完成的事业。成长是一个不断尝试、不断纠偏、不断完善的过程，在新旧知识的融合迁移中，失败成功经验的交替更新中，优化了知识结构，建立了正确的三观，养成了良好的行为习惯，培养了优秀的品质。我们不能做惊弓之鸟，更不能画地为牢，怕自己和学生不能驾驭新的技术，不能适应新的环境而剥夺他们实践体验的权利。我们要陪伴着学生养成良好的电子产品使用习惯，提高自控能力和甄别能力，能用内心建立起的标准衡量和约束自我的行为。

五、多“+”点等待

互联网时代是速度与激情的时代。互联网加快了学生学习与生活的脚步，同时也对德育工作提出了更高的要求。学校面对着中高考的压力，面对焦虑的家长和追求个性发展的学生，我们更需要麦田守望，守住学生心中的真善美、守住我们教育的梦想。慢下脚步，等待灵魂的同步。摈弃浮华，静心陪着学生慢慢成长。

但是，等待不是任其自由发展，而是要换种方式来引导。首先，我们要用活动充实学生的现实生活，使线下生活丰富多彩，既满足他们发展的需求，又能培养高尚的情操，把他们从虚幻的网络世界吸引到现实生活中来。其次，我们要用知识智慧学生头脑，通过一系列寓教于乐的学习活动，如社会实践、实验操作、志愿者服务、亲子体验等，让学生具备驾驭和甄别网络的能力。最后，我们要用文化滋养学生的心灵，通过班集体文化建设和班级特色创建，让每个学生浸润在浓浓的班级文化中，进而在积极向上、团结进取、乐观有爱的环境潜移默化中找到自我、发展自我、实现自我。

六、多“+”点创新

互联网为学生了创造了一个不一样的世界。网络世界的新奇、缤纷、轻松的环境，不仅为学生提供了全新的体验，更满足了他们个性成长的需求。如何把他们从虚拟世界吸引到现实生活中来，就需要德育实践的创新。

首先，要创新德育内容。学校德育教育活动除了常规的内容，更要开发设计贴近日常生活的、富有时代气息的、能够激发内心共鸣的、寓教于乐的德育活动。如深受学生喜爱的校运动会、元旦迎新、校园歌手大赛等，没有反复动员，没有组织排练，却能吸引全校师生的注意力，即便是毕业的校友也会奔走相告前来相聚。只有策划出他们愿意参加的德育活动，才能产生教育效果。

其次，要创新德育形式。我们做什么很重要，但是怎么做更重要。德育活动的策划尤其要注意这个问题。比如家长会，作为最传统且最有效的家校沟通渠道，很多班主任都把它作为信息通报、任务布置、告状批评的最佳时机。但是也有班主任打破传统家长会的模式，把家长会策划成分享育儿经验的讲堂，进行亲子沟通交流的契机，形成家校合作的平台。家长会前后没有抱怨、没有批评，更没有家庭暴力和恶性事件，传递给学生和家长的是动力，是希望。

最后，要创新评价方法。我们要相信每个生命都是值得被尊重的，要允许他们扬长容短发展，特色化、个性化发展。当学生找到自己的增长点，获得成功的体验的时候，就会激发其他方面发展的需求。互联网技术为我们进行过程性评价提供了技术支撑，学生的成长都记录在学生电子成长档案里、记录在中学生综合素质评价里，记录在班级博客、微信公众号里，记录在班级空间教室里。所以，在评价时重视过程性评价和多维度评价，记录成长的过程是在孕育另一个成长。

七、多“+”点坚持

喧嚣的网络时代，迷失的不仅是孩子，成人的理想更容易被舍弃。当我们不再记得当年的梦想时，精神世界也在慢慢萎缩，小到没有放置理想的地方。一个狭小、疲惫的灵魂又能教导出怎样的灵魂呢?

所以，要坚持给自己的理想一点时间，珍惜自己的“热爱”，坚持自己的追求，尊重别人的选择。要坚持给学生的理想一点时间，珍惜他们的纯真，尊重他们的人生，静待花期的到来。也许经历多次失败后师生会失望，也许面对困难难免想放弃，但是要相信，每个学生都是一颗种子，有的很快能灿烂绽放，有的则需要等待。我们坚持的是梦想、是教育的纯粹。去功利化、去杂念，关注发展的需求，搭建发展的平台，提供发展支持，做心灵花园的守护者，让每个学生有尊严地成长，有终生感受幸福的能力。

用积极的心态接纳时代带给班主任工作的新命题，用因势利导的策略来破解互联网时代背景下班主任工作的难题，用现实班集体建设和网络班集体建设双管齐下，相互补充、相互影响，创建一个有自由却不失规范、有个性发展却懂得互相尊重、有网络社区却能与现实生活互动延展、注重学生自主发展却也重视教师的主导作用和同伴的互助作用的健康绿色的网络环境。在这互联网+的时代，让我们对话心灵，呵护成长，静默等待，携手同行，陪伴着学生在求真、求知、求善的道路上一路前行。

作者简介

李岩，同济大学第二附属中学英语教师，德育特级教师，曾获全国优秀教师、上海市优秀班主任、上海市家庭教育优秀指导者、上海市优秀志愿者、上海市金爱心教师等荣誉称号。现担任普陀区特级教师工作室主持人、上海市班主任带头人工作室导师、松江区陈雪琴班主任工作室导师、普陀区班主任教研中心组导师等。领衔多个市区级德育课题，参与多项德育项目和课程开发，多篇文章在报刊专著、平台上发表或推送。

网络时代，班主任专业发展裹足不前，怎么办？

——紧扣时代脉搏，提升教师个人素养

包　婧

问题扫描

最近几年，班主任普遍感到“现在的学生越来越难教了”。随着互联网的高速发展，学生的眼界更开阔，个性更鲜明，而我们的德育工作还在走老路、吃老本，这样不协调的发展态势使得班主任的育人工作面临诸多挑战。在这样一个网络时代，班主任的育人观念和手段都亟待更新。

归因分析

一、班主任缺乏多元化使用信息技术的意识

在班级日常管理中，大多班主任对信息技术的使用非常局限，仅停留在操作基本办公软件的水平上，如登记班级学生信息、制作主题班会的 PPT 等。究其原因，是大多数班主任缺乏使用信息技术的意识和习惯，每天面对高强度的工作，很少有时间和余力去研究信息技术与班级管理有机结合的方法，对多角度、多层面使用信息技术，开拓信息技术在班级管理中的新思路、开创信息技术在班级管理中的新路径着实心有余而力不足，长年累月，也就弱化了信息技术与班级管理相整合的意识。

二、班主任缺乏使用信息技术促进建班育人的能力

随着时代的飞速发展，科技的日新月异，每一个行业都在经历着一场变革，教育也并不例外。网络时代的特点之一就是新技术的层出不穷，班主任之所以在这时代的洪流中前进缓慢，原因之一就是缺乏信息素养。对新技术的学习、研究和使用，一方面要有学新用新的意识，另一方面要具有学习的能力。但面对工作的压力，多数班主任将大量的精力用在了教学工作上，对新技术的了解和学习是碎片化的，不成系统的，一旦遇到问题，没有专业的人员进行适时的帮助和指导，因此，在新媒体、新技术与建班育人工作的融合中，缺乏创新性、针对性和灵活性。

三、班主任缺乏运用信息技术提高工作效率的态度

在很长的一段时间里，班主任和学生保持着层级分明的关系，班主任对学生的了解流于表面，学生对班主任的态度充满敬畏，更别提沟通的有效性了。如今时代不同了，学生也不同了。学生是信息时代的学生，他们喜爱网络，依赖网络，在网络世界中展现着真实的自我，而班主任仍然采用陈旧的、非信息化的方法去了解他们，看到的依然是学生所呈现出来的表象，难以真正触碰到学生的心灵，获得学生对班主任的信赖与肯定，引起心意的互通和心灵的共鸣，从而使学生愿意接受班主任的引导，向正面的、积极的方向前进。班主任若能运用信息技术增进与学生的交流，以此增强学生的主人翁意识，促进其主动参与班集体建设，便有望提高教育教学工作的效率。

理论阐述

2018年1月，《中共中央国务院关于全面深化新时代教师队伍建设改革的意见》要求“教师主动适应信息化、人工智能等新技术变革，积极有效开展教育教学”。2018年4月，教育部启动实施教育信息化2.0行动计划，提出大力提升教师信息素养，就当前和今后一段时期提升教师信息技术应用能力工作作出新部署。

两份文件的连续出台，既向教师提出了学习信息技术的要求，也为教育工作

指明了一条道路——要适应时代的发展，教育必须信息化，教师也必须具备信息素养。同样的，班主任的育人工作也必须与信息技术相结合。

一、运用信息技术，能促进班级管理信息化

班主任要负责管理班级学生的各种信息，包括学籍信息、身份信息、家庭信息、成绩登记等。首先，这些数据量大又繁复，录入的过程耗时又耗力，若是信息技术不熟练，恐怕这会是劳心又劳力的一件事。其次，想要全面地了解一个学生，需要将其信息整合起来看，除了身份信息、家庭信息、成绩信息之外，还包括兴趣爱好、特长优势等，将这所有的信息综合起来，然后建立学生的档案数据库，就能帮助班主任较清晰地了解每一个学生。班主任只有对每一个学生做到心中有数，育人时才能有的放矢。第三，将学生每一阶段的学习表现电子化之后，班主任通过比对，更容易发现学生存在的问题，可以及时与家长沟通，在学校与家庭的共同努力下，帮助学生找到问题，解决问题。

二、运用信息技术，能促进育人工作高效化

班主任的育人工作是多方面的，育人手段也是多种多样的，定期开展主题班会就是班主任的一项重要工作。作为班主任向学生进行思想品德教育的一种有效形式和重要阵地，主题班会除了主题要适切、内容须充足之外，形式也同样重要。

主题班会大多以讲、听、议、思、悟为主，但对于现在的学生来说，“讲”的形式过于单调，对于主题没有切身的感受，代入感不强，这样自然收获不了预期的教育效果。如果加入视频、音频、图片等资源，既能给学生视觉上的冲击，令其印象更深刻，又能给学生心灵上的震撼，使其感悟更深化。笔者曾在主题班会的某一环节插入当时比较流行也适合主题的动画视频——“一禅小和尚”，学生体会故事的内涵、感悟其中的道理。视频虽短，但内涵丰富、耐人寻味，能激发起学生内心的共鸣，达到更好的育人效果。

三、运用信息技术，能促进家校联系多元化

信息技术不仅使师生关系密切了，同时也拉近了学校与家长的距离。这体现在两个方面：

其一，家校互动更密切。作为与学生关系最为密切的人，家长与老师往往是

从孩子口中认识彼此的。在家长会上的匆匆一面，每学期为数不多的面谈机会，使家校沟通很难有实质的效果。而现如今，发达的网络为班主任与家长提供了更多互动的平台，包括多个为教育量身定制的家校互动App以及微信、QQ等使用面更广泛的软件，无不为家校联系提供了便利。班主任能实时与家长取得联系，及时向家长反馈学生的学习情况和在校表现，同时对有需要的家长进行家庭教育指导，从而形成家校教育合力，以促进学生的全面发展。

其二，班级活动更透明。学校以活动为育人载体，每学期都会开展丰富多彩的活动。以往，家长只能从孩子的口中得知学校的活动开展情况，现在则能通过校园网、微信公众号等渠道获取相关信息。

实践支招

一、汇聚资源，提高自身的信息素养

（一）依托学校资源，提高自身素养

学校应提高对班主任工作信息化的重视程度，加强班主任工作与信息技术有机整合的管理。学校应尽可能地引进资源，为班主任搭建学习平台，定期开展信息技术的学习培训，为提高班主任的信息技术素养提供专业保障；及时安排专业的信息技术人员为班主任提供专业指导和技术支持，排除班主任工作信息化发展的后顾之忧，为提高班主任的信息技术素养提供技术支撑；适当减轻班主任的工作负担，给予班主任更多的时间和空间进行建班育人方面的思考和研究，结合信息技术进行更多的探索和实践，为提高班主任的信息技术素养提供时空支持；建立班主任使用信息技术的评价机制，结合适当的奖励措施，增强班主任学习、使用信息技术的主观能动性，为提高班主任的信息技术素养提供物质保证。

（二）利用网络资源，促进自身学习

网络是一个巨大的信息结合体，它拓宽了人们的视野，丰富了学习的渠道。班主任要善于利用网络资源，开展信息技术的学习，以提升个人的信息技术素养。网络中的多个搜索引擎能为我们找到解决信息技术问题的答案，只有边学习，边思考，不断摸索，不断实践，才能掌握新的信息技术。

二、拓宽思路，提升自身的信息意识

教师的信息意识是教师对信息、信息方法、信息技术重要性的认识和教师对相关信息的敏感度。信息意识是信息素养的重要组成部分，是信息素养的先导，决定了班主任利用信息资源的自觉程度。

（一）提高利用网络信息的意识

班主任对网络信息利用能力的提高，首先，要加强信息资源意识。班主任要有敏锐的嗅觉，对具有育人价值的信息能及时获取、适当甄别，并进行二次创新以使之适用于班级实际。其次，要强化班主任利用网络信息对学生进行教育的意识。这就要求班主任平时要有意识地关注和收集教育资源，如文本、图片、视频等。通过多角度、多渠道地去了解学生的心理特点、思想状况、行为模式，在合适的时机下，运用恰当的网络资源配合解决班级中出现的各种问题，让学生在思想碰撞和心灵的共鸣中，获得深刻的内心体验，以达到班主任营造良好班级氛围，学生健康成长的育人效果。

（二）拓宽运用信息技术的范围

信息技术的飞速发展为班主任工作的信息化提供了强有力的保障，班主任应主动探索将信息技术与班级管理相整合的有效路径，增加信息技术在班级工作中的使用频次，拓宽在班级管理中运用信息技术的范围，提升应用意识，切实提高班主任工作的效率。

（三）养成使用信息技术的习惯

人们常说，思想决定行动，行动决定习惯，习惯决定性格，性格决定命运。使用信息技术的意识是提高信息技术水平的先导因素，有了这样的使用意识才能催发使用的行为，坚持使用的行为才能养成使用的习惯。习惯的力量是巨大的，它是成功道路上不可缺乏的催化剂。

三、积极面对，摆正班主任的信息态度

（一）加强引导，引领学生的网络观念

在信息技术日益发展的今天，各种新技术、新平台的诞生为我们的工作、学

习和生活带来了前所未有的便利，而同时也带来了新的问题和挑战。尤其是对于中小学生来说，年龄小，缺乏辨别是非的能力，一些网络的不良信息很容易影响其世界观、价值观的形成。如果一味用明令禁止的态度杜绝学生接触网络，真的就能起到保护的作用吗？其实不然，学生是好奇的，越是禁止，他们反而会想尽一切办法去上网，甚至沉迷网络。因此，只有通过正确的引导，让学生明确是非观念，提高甄别网络信息的能力，吸取网络精华，摒弃网络糟粕，自觉规范自身网络言行，树立正确的网络道德观，才能使学生正确、合理地利用网络。

（二）以身为范，帮助学生形成网络行为观

互联网飞速发展的今天，学生身边的移动终端唾手可得，他们可以随时随地上网，信息的交流和对事物的评价模式与之前几十年有了翻天覆地的变化，原有的道德准则和规范已经不足以约束学生的网络行为。因此，网络时常出现一些“非正常”的行为。比如有些同学利用网络匿名的特点，人云亦云地大肆传播不实信息，对他人的生活、社会的稳定造成不良的影响。因此，我们应当以身为范，用自己的言行举止影响我们的学生，让学生尽早懂得正确的网络道理，养成遵守网络行为守则的规则意识，提高其对自身网络行为的分辨和控制能力，使学生在网上的行为符合法律规范和社会公德的要求。

（三）多面交流，促进师生建立有效互动观

网络时代的一个鲜明的特点就是人与人之间的交流方式发生了巨大的变化。网络交流有虚拟、平等和互动等特点。网络的虚拟性，能使师生在网络平台上匿名互动交流，让学生更自在地向老师表达自己的真实想法，班主任就能更及时地了解学生的所思所想。网络的平等性有利于拉近师生之间的距离，隔着手机屏幕，师生间仿佛消除了身份的隔膜，形成一种亦师亦友的交往模式，彼此成为学习上的伙伴，生活中的朋友。网络的互动性使得师生之间的沟通变得更及时、更通畅，班主任能容易走进学生的内心，了解学生的内在性格、兴趣爱好，获得学生的认同和信任，促进师生之间和谐关系的形成。这样，班主任在开展教育教学工作时就能更为顺利，达到事半功倍的效果。

互联网时代背景下，信息技术在辅助教育教学过程中发挥着愈加重要的作用。班主任只有紧扣时代脉搏，不断更新理念，努力提升个人素养，才能适应时代的发展、教育的发展、学生的发展。让我们携手前行，投入这场必修的“修

行”，切实提高建班育人的效率，为新时代的班集体建设开拓新思路、开创新方法。

作者简介

包婧，普陀区沙田学校大队辅导员，曾被评为普陀区第三轮教育指导团队教坛新秀，荣获第四届“普陀杯”教师专业能力评优活动数学学科（小学组）三等奖。自2012年开始担任班主任工作，始终本着“用爱心、耐心、责任心关爱每一个学生的成长”的育人理念，围绕“让每一个学生都有所发展”的信念开展建班育人工作，营造积极向上的班级氛围，促进班级良好班风、学风的形成，是学生信赖的老师、家长信任的朋友。

主题教育活动低效，与时代需求不符，怎么办？

——创新活动载体，贴近学生需求

倪丹花

问题扫描

笔者所带的班级曾发生这么一件事情：某一天女生小 A 向老师主动承认了自己通过班级的某个群抄作业的事实，还透露班里好几个成绩差的同学也经常这样。第二天因为同学们知道是小 A 告发了网上建群这件事，就对她产生了敌意，故意疏远她，还当面说一些风凉话。为此，笔者简单设计了一堂主题班会，先请全班谈谈建作业群的利弊及如何看待小 A 的"揭发"。很多同学都主动发了言，说建这样的作业群弊大于利，应删去。还表示不应该怪小 A。笔者肯定了大家的想法，最后做总结发言。

原本以为这堂教育课很成功，达到了教育目的。没想到，当天晚上还是有好几个同学在另一个群里骂小 A，说她经常死皮赖脸地问别人答案，最后自己还把网上建群这事捅出去，连累大家。语言粗俗带有很多脏字。骂小 A 的人里有的还是白天主动发言的同学们。

归因分析

这个案例中主题班会并没有起到教育作用，究其原因，主要存在以下问题：

① 在开主题班会前没有调查清楚。比如：学生为什么喜欢抄作业？是作业太多太难还是其他原因？建群的初衷是什么，又是怎样发展成抄作业群的？这个群还有其他功能吗？② 形式简单，主要采用让学生发言的形式，学生没有如实表达。在大庭广众面前，某些学生为了迎合老师需要，说一些“言不由衷”的话，变成“表面一套，背后一套”。最后，学生利用网络这个可以“畅所欲言”的平台，变本加厉地发泄内心不满，使得教育效果“南辕北辙”。

其实，像这样教师自以为教育“成功”，实际“失败”的案例并不少见。在主题教育活动中，存在诸多问题，常见的问题有以下几种：① 流于形式，落实不够：教育活动只是一个载体，如果不能将活动的内容和教育的目的紧密联系，活动只能是一个流于形式的空壳。② 活动堆砌，教育性不强：为了活动而活动，活动的目的不明确，各种活动间没有层次，造成教育性不强。③ 素材陈旧，时代性不显：网络时代，可以在网络上找到各种各样的资源，但老师用于教育的素材往往比较陈旧，不能与时俱进，缺乏新意的素材难以调动学生的积极性。④ 少数展示，参与面不广：一项活动内容布置下去后，那些外向积极的学生会去热情参与，而很多内向、不自信的孩子往往只做旁观者。⑤ 过程拖拉，反馈不及时：在设计活动环节时应一环扣一环，过程拖拉、反馈不及时会造成教育重点不突出，学生对活动的兴趣减弱，最终使得教育的效果大打折扣。

理论阐述

随着时代的发展和升学压力的增大，主题教育活动往往看似很热闹，但是没有达到期望的效果，有些活动甚至落地无声。尤其随着网络的迅猛发展，带来了很多学生品行的新问题，急需提高主题教育活动的实效性和针对性。分析主题教育活动处于低效的原因，主要有以下各方面。

一、信息爆炸影响学生价值观

学校教育活动遵从社会的主流价值观。一旦学生的价值观受到误导，是非模糊甚至颠倒将影响主题教育活动的教育效果。

这是一个信息爆炸的社会。互联网的普及率已经相当高。在这样的大环境背景下，作为愿意尝试各种新生事物的青少年群体逐渐成了网络使用的生力军。面对网络世界海量的资源，初中生缺乏判断力和理解力，无法甄别良莠不齐的各种资源信息。而整个网络环境并不规范，任何信息都可以上传、任何人都可以阅览、下载和传播。这样的低门槛使得很多影响学生身心健康的信息唾手可得，如果缺乏正确的引导，学生容易误入歧途，因此有时候学生“先入为主”，学校教育就变得很“弱势”。脆弱的外在约束在遇到自由的网络立刻出现土崩瓦解之势。

二、家庭教育缺少有效监管

家庭教育对子女可塑性心理变化、人格形成，具有重要作用。家庭教育有问题的学生往往对学校教育的配合度低，主题教育活动的教育效果也会打折扣。

现代社会由于工作节奏加快，有些家长没有足够的时间陪伴孩子。也有的家长自己沉迷网络，形同虚设的“陪伴”对孩子的教育起不到真正的作用。久而久之，有些孩子习惯了“宅”在家里，开始对网络情有独钟。很多家长对孩子上网问题容易忽视，对孩子网络方面的教育和引导也比较缺乏。长此以往，有些学生只喜欢虚拟世界，对现实社会的任何活动都提不起兴趣。学生对学校的传统教育模式越来越不感兴趣，有的学生甚至会产生厌学情绪。

三、中学生心理特点造成“阳奉阴违”

中学生正好进入人生的第二个叛逆期。他们会对主题教育活动中的教育内容持保留态度甚至是反对意见，主题教育如果没有触及学生的“内心”，就很难产生好的效果。

由于中学生受到学识、阅历等限制，有些人对老事物的否定带有较大片面性和盲目性，往往默认老事物等同于无用、过时、腐朽等。这些学生在年幼的时候，家长和老师是家庭和学校里绝对的权威。进入中学，他们随着身体的迅速变化，独立意识加强，开始对权威的言辞有所怀疑。网络世界的海量信息又成了他们心理的“催熟剂”，他们更倾向于认同网上陌生人的言论，那些不跟随主流的言论更容易博得喜欢新事物的中学生的青睐。传统的道德观、价值观常常被质疑。

四、学校教育未能迅速转型

主题教育活动如果从形式到内容没能紧跟时代、贴近学生，势必会产生教育低效的结果。在中学阶段由于有升学压力，很多主题活动的主题空泛或只是一个概念，没有贴近学生实际。教师对学生的思想教育往往是带有即兴性和碎片化特点，会不由自主地站在道德的高地，分清黑白界限、讲清是非道理即告完成。

事实上，绝大多数的是非标准在学生读小学时已经清楚，因此那些大龄学生表面上看被“说服”了，实质上可能并没有认同，甚至有抵触情绪。此外，教育活动形式的单一性也让教育效果打折扣。在网络世界，学生有很大自主权，有多种选择。传统的学校教育很难做到“私人定制”，更多采用的还是“老师确立一个主题，然后你说、他说、大家说”的模式。由于网络发展非常迅捷，学校方面对生活在网络时代的学生的教育策略由于没有更多的经验可借鉴，显得比较滞后。苏霍姆林斯基曾说：“能激发出自我教育的教育才是真正的教育。”

实践支招

网络的发展不会停滞，我们身处网络时代，无法回避网络给我们传统教育造成的某些困扰。面对现实问题，我们必须探寻解决问题的方法。利用网络的某些特点，对主题教育活动进行重新设计和实施，让这些活动更贴近学生需求与现状。

一、精准了解学生的需要

任何的主题教育活动应该契合学生的需要。陶行知曾说：“真教育是心心相印的活动，唯独从心里发出的，才能打到心的深处。”学生从本质上具有向他人敞开心扉，倾吐真情的需要。他们很愿意向信任的人倾诉。在网络时代，教师在设计教育活动前可以通过网络平台了解学生的情况。像问卷星、问卷网等 App 可以让学生在完成问卷时没有心理负担，能更真实地反映问题。教师收集问卷、数据处理的速度、准确率也大大增加。此外 QQ、微信等社交软件也可让学生畅所欲言。比起传统模式，教师利用网络资源后可以更迅速、更全面地了解学生情况，为主题教育活动内容、形式等选取做准备。

二、多方参与设计实施主题教育活动

初中阶段的学生应是处于充满活力、朝气蓬勃的人生阶段，而那些过于沉迷网络的学生已经被网住了思维和脚步。因此，作为教育工作者利用网络设计主题

教育活动，让网成为连接师生、生生和亲子之间心灵的纽带。使得学生在现实和虚拟中寻找到平衡点，真正地让网络“为我所用”。这里，主要介绍几种利用网络设计的主题教育活动。

（一）生生合作自主选择

学生在教育活动中的发展是通过自我设计、自我构建、自我努力实现的。只有同时把自己作为认识和改造的对象，解决自己主观世界的各种矛盾，它才能获得真正的发展。在网络不发达的年代，学生查找资料费时费力，因此教师给予学生的自主选择“权利”有限。网络的发展可以使学生足不出户就能搜索到海量资料，又方便又快捷。网络的这一特点为生生合作自主选择创设了有利条件，教师甚至可以放手让更多学生积极参与主题教育活动的设计。

比如组织学生利用纪念日开展主题教育活动。除了我国的固定节日，全世界每年有很多大大小小的纪念日，像国际护士节、国际警察日、世界森林日等。因此可以利用纪念日进行思想教育。学生可以轻而易举地利用网络收集和某个纪念日有关的各种内容。在我所带的班级，曾让学生分组，每个组自由选择某个纪念日，收集相关内容制成PPT，再利用班会为大家介绍，介绍的内容除了节日由来、节日活动内容还要有自己的感悟。像有的学生选择了“世界难民日”，学生们通过介绍看到了战火中难民的艰难生活，知道了设立这个纪念日的意义，感受到了和平的重要性。这样的主题班会把主动权完完全全交给了学生。我们常说：“说你行，你就行，不行也行；说你不行，你就不行，行也不行。”教师信任学生，就会产生“皮革马利翁”效应，教师对学生的期待不同，对他们使用的方法不同，学生受到的影响也不一样。学生在演讲时不仅是在表现自己也是在认识自己和教育自己。而且在活动中多信任学生，多放手，学生参与活动的积极性就会更高，自我教育的效果自然也更好。

（二）师生互动渗透美育

以网络为载体的新闻，具有快速、多面化、多渠道、多媒体、互动等特点。突破了传统的新闻传播概念，在视、听、感方面给受众全新的体验。但由于学生的社会经验少、心智还不成熟，容易受到不良舆论的左右，影响他们的审美。作为教师，可以利用网络设计一些活动，引导学生去发现美好、甄别美丑。

如今，科技的发展让拍照、拍摄变得非常简单，通过网络上传图片给他人看也是分分秒秒的事。比如清明节不仅是祭祖的日子也是踏青的好时节。可以以“春”为主题，让学生将眼中的春天拍下来上传到班级群中，一来可以“逼”着他们走出家门，看看大自然。二来让他们在拍摄时感受春天的美。桃红柳绿的色彩是美的，小草萌动的生命力是美的，脱去厚衣奔跑跳跃的活力是美的。妇女节时可以让学生寻找最“美”女性，每个人对“美”的定义是不一样的。有时这个“美”不是单纯的外貌。比如那些不怕脏不怕累奋战在工作岗位上的女性，她们的兢兢业业、尽职尽责也是美的。引导学生用镜头去捕捉“美”的身影，拍下并上传。当这些照片放在群里时，大家也可以分享众多的“美”。这个时候教师通过引导和评价，让学生通过这些活动感知美，提高审美修养；珍爱美，尊重保护一切美的东西。对于网上热点事件，教师可以设计一些辩论活动，通过思维碰撞求同存异。在讨论中，让学生辨别出什么是“真、善、美”。

（三）家校联动和谐施教

家庭教育是对孩子健康成长不可缺少的一种教育，起到了学校教育、社会教育不可代替的作用。但网络正改变着人们的生活方式，孩子可以通过网络获取知识、娱乐交友，他们对父母的依赖越来越少。很多父母的闲暇时光也是在网上度过。有了网络，亲子关系更加疏远。因此，学校可以利用网络设计一些活动，既能改善亲子关系，又能在和谐气氛下对孩子进行教育。

比如到每个年段，学校都会组织学生进行社会实践活动。七年级的社会实践课程是烹饪课。课程结束后我布置学生回去给父母做一道菜或点心并在“群”里晒出来。结果，很多学生不仅仅做了烹饪课上学做的菜，还额外加了很多拿手菜。笔者索性开展了一次“烹饪比赛”，请所有家长做评委，对网上晒出的菜进行评价。虽然这些菜“闻不到”“吃不到”，但家长们的关注激发起了孩子们的“烹饪热情”，家长们不仅仅是“围观”，他们还指导孩子完成作品，并品尝孩子的厨艺。这样的活动增进了亲子关系，也适时让孩子知道父母每天为家人买菜做饭的辛苦和幸福。到了八年级学农，学生有 3 天离开父母在基地活动。笔者将孩子们的每项活动时时传送给家长。家长们看到孩子们的表现会通过文字、语音留言、视频等方式进行肯定、鼓励，有些家长在现实生活中没有机会或是不好意思当面去赞扬孩子，有了网络他们能很自然地表达。孩子们自然也能感受到家长的关爱。这样把线下和线上活动整合在一起，让家长参与进来的形式，让家长在了解孩子在校生活的同时，也给亲子交流搭建了平台。

作者简介

倪丹花，就职于上海市北海中学教师。长期在一线担任班主任工作。曾多次获得校、区“优秀党员”“心目中的好老师”等荣誉称号。所带班级获得市优秀中队。撰写的德育案例曾获全国二等奖。纪念长征胜利 80 周年主题班会获区一等奖。辅导学生参加课本剧、朗诵比赛等获得过市、区各类奖项，评为“优秀指导教师”。

公私混杂，隐私泄露怎么办？

——增强安全保护意识，提升网络群组技能

许　琦

问题扫描

2016 年 8 月山东考生徐玉玉被电信诈骗导致不幸离世的新闻事件，使得社会对于电信诈骗以及相关个人信息泄露问题的关注达到顶峰。

据媒体披露：徐玉玉轻信电话内容并进行汇款的主要原因之一，就在于其申请助学金贷款的信息流入骗子之手，使其有机会进行“精准”行骗。

信息安全无小事，师生的隐私一旦泄露，往往会造成诸多不良影响。

近日，广州的李老师发现，自己的照片被人在网上随意发布，并放在了一些涉嫌有色情内容的宣传海报上。她感到非常气愤，这样的举动对她个人声誉造成了严重的损害。

李老师介绍，这张自拍照是自己一个月前拍的，随后发布在个人的微信朋友圈里，一个朋友在广州火车站搜索“附近的人”时竟然弹出附有自己照片的广告。令李老师困惑的是，自己作为一名教师，微信上的好友都是学生家长或者亲戚朋友，怎么就无缘无故被人盗取照片，并发在了这些交友色情广告中呢?

通过班群上传学生的姓名、性别、民族、身份证号、手机号码等个人信息，使不法分子非法使用个人信息时有机可乘。毕业班的小张老师为及时收集、汇总学生信息，将要求发布在班级微信群里。片刻工夫，家长们已纷纷将包括学生身份证号、家庭地址、家长联系方式等基本信息上传。

当小张老师还沉浸在高效完成工作的喜悦之中时，烦恼也随之而来——浩浩爸爸称他接到一家楼盘销售中心打来的电话，询问是否有购房需求。让浩浩爸爸

郁闷的是，在接下来的几天里，他又多次接到该楼盘销售中心的其他工作人员打来的电话，让他不堪其扰。更令浩浩爸爸忧心忡忡的是销售人员居然对他的家庭信息了如指掌。浩浩爸爸认为是班级社群将自己的家庭隐私泄露了。

是什么原因造成师生的隐私被泄露的呢？让我们一起来寻根溯源——

归因分析

一、法律法规的健全是保障

由于网络空间是虚拟的空间，具有开放性和易操作性，加之立法往往滞后于时代，现存立法无法对网络隐私权进行及时有效的规范。当然，随着法制化社会建设的不断深入推进，隐私权保护的完整法律体系也正在逐步形成。

二、应用程序的完善是前提

复旦大学安全中心对 Android 手机软件进行了监测，结果令人震惊，58% 以上具有隐私泄密的问题。更令人震惊的是，这些应用软件都是在用户毫不知情的情况下将隐私调离手机的。

三、网络安全技能的提升是关键

由于个人信息保护能力与网络安全基础技能的缺乏，如：多账户同密码、忽略用户协议、随意连接 WiFi 等不当操作，而造成个人账户“不锁门”，个人信息“送上门”，位置数据“常显示”等诸多安全隐患。

四、安全保护意识的改变是根本

在“互联网 +”时代，老师和家长的沟通可以借助于微信、QQ 等社交网络真正实现实时化、无障碍化，个人社交工具，与职业身份及为人父母的家庭角色存在一定的错位。家长与老师以及家长之间的个体交互，微信群里的互动，朋友圈信息的共享，这些“举手之劳”的便利往往麻痹了我们对于信息保护的意识，在缺少对话背景、沟通氛围的情况下，再加之维权意识和动力的不足，维权能力的有限，使不法之徒对个人信息侵害行为仍有机可乘，师生个人信息保护处于危急时刻。

理论阐述

一、为什么要保护班级社群中师生的隐私信息

由于网络具有高度开放性、流动性和交互性，使得个人信息的传递变得越来越容易，整个社会在新媒体环境中成为一个更加开放与平等、虚拟与现实高度融合的舆论场。网络中对师生隐私权的侵犯主要集中以下几个方面：① 非法收集、存储教师或学生资料等对个人隐私的直接侵害；② 滥用教师或学生资料，不当窥视、泄露、干涉教师及学生个人的私事，对个人隐私进行多手传播。

信息一经上网发布，就会被很多人阅读，一有风吹草动，容易形成群体事件。有人指出，现在家校社群就是一个江湖，看似和气，实际暗流涌动。

二、班级社群应保护师生哪些隐私信息

全国人大 2012 年 12 月《关于加强网络信息保护的决定》中明确："个人电子信息"是指能够识别公民个人身份和涉及公民个人隐私的电子信息。

网络环境下的隐私权包括：个人基本信息（真实的个人信息），社交活动信息（消费记录、聊天记录），登录位置信息，人际关系信息（好友信息、评论信息）等。

实践支招

法律制度上固然应建立起一道坚实的保护壁垒，但是，鉴于个人信息泄露的复杂性和隐匿性，我们不妨把关注的焦点从事后的惩处转移到事前的防范上来，从根本上治愈这一顽症。

一、我们不该这样做

1. 在班群中发布侵犯学生身心权利的信息。
2. 在班群中利用教师强势地位影响压制家长。
3. 在班群中传播不和谐信息，传递负面情绪。
4. 在班群中按考核成绩和相关评价给学生排队。

二、我们应该这样做

1. 用法治意识和法治思维约束和规范表达权，慎用“班级社群”。

2. 以平等和尊重的态度理性传播教育理念，善用“班级社群”。

3. 提升媒介素养，做一个充满正能量的优秀“群主”。

4. 建立良好群规，既讲究“公共属性”，又体现“私人订制”。教师应根据不同年段学生、家长的需求，主动制定满足班集体成长需求的社群公约，并在尊重的原则上进行个性化的实施。

在新媒体快速发展的今天，“键对键”有必要，而“面对面”同样不可或缺。

阿德勒说：“重要的不是拥有什么，而是如何活用拥有的东西。”微信群、QQ 群、企业微信……平台群组很多，各有胜场，也自然有其不足，但只要增强信息安全保护意识，掌握群组安全防护常识和技能，学会科学使用班级社群，减少甚至杜绝个人信息泄露，是完全有可能的。

“企业微信”建立的“星状沟通”模式，有效节约了教师的工作时间，提升了工作效率，同时将工作与生活隔离开，很好地保护了自己的私人空间和时间。老师发布“通知”可以设置“需家长点击确认”，既避免“爬楼”“刷屏”的尴尬，也可以建立起更高效的家校互动平台。

三、微信里如何保护隐私

不少老师微信里没有仔细进行设置，有的关于隐私的问题是打开的，有的保护隐私的却是关闭的，下面我们就来分享一下微信里应该进行哪些保护隐私的基本设置。

其基本方法 / 步骤如下：

1. 首先打开微信。

2. 点击右下角头像图标。

3. 点击“设置”。

4. 再点击“隐私”。

5. 将“加我为朋友时需要验证”后面的拖动条拖向右边，此时拖动条变成绿色。

6. 将“通过手机号搜索到我”、“通过 QQ 号搜索到我”、“允许陌生人查看十张照片”后面的拖动条拖向左边，将绿色变成灰色，为了更加保护我们的隐私，可设置为关闭状态。

如果曾经查看过附近的人，那么自己的位置会被系统保存，要进行关闭，返回到主菜单点击“发现”；点击“附近的人”，接着按“确定”，再按右上角的三个竖点位置，点击“清除位置并退出”即可。

许多小伙伴“不经意”间发现，身边有的朋友或同事已悄然进行了这样的设置——你最多只能看到其最近三天发布的朋友圈，如果对方碰巧最近都没有发朋友圈，你只会看到一行提示：朋友仅展示最近三天的朋友圈。其实，这是微信推出的一项隐私权限——允许朋友查看朋友圈的范围，从“最近半年”，增加到了“最近三天”。我们可以有更多的交流方式，在设置朋友圈时，参考关系亲疏远近，最好区别对待。

其实，启用分组就可最大限度维护我们身边的亲密关系。

启用分组，选择权限。发状态时可以设置某些分组可见，而某些好友不可见，个人的隐私需求瞬间得到了满足。

“分组可见”设置步骤如下：

1. 进入朋友圈，点击“拍照”按钮，在写配图文字的时候，点击“可见范围”。如果你未曾分组，那么点击左下的“编辑我的分组”链接。

2. 再点击“新建”，然后“选择联系人”，将要加入分组的好友一一选择，或者直接从群里导入也可以。

3. 最后将这组好友重新命名就可以了。

再次发朋友圈信息的时候，可以选择某一个朋友圈的分组，这样不在这个分组的好友就看不到你发的最新内容了。

这个方法是不是要比直接将某些人加入“朋友圈黑名单”更加温和呢？

我们还可以尝试为班级申请微信公众号，每个家长都参与订阅，老师们就可以随时将班级的重要事件发送给家长。

我们首先来分享如何申请班级公众号——

1. 进入微信公众平台。找到网页右上角的【立即注册】，单击开始注册微信公众号。

2. 填写基本信息。邮箱是我们以后登录时要使用的账号名称，并且要依靠这个邮箱来激活账号，所以老师们应尽量选择一个相对安全而且自己常用的邮箱。

各项信息填写完成后，单击【注册】，通过单击微信平台发送给邮箱的激活链接激活账号。

3. 选择订阅号。账号激活后，跳转到选择账号类型，班级使用建议选择【订阅号】（免费），老师们每天可以更新一条信息。

选择【订阅号】后出现温馨提示，单击【确定】按钮。

4. 登记申请人信息。在【主体类型】项选择【个人】，在【主体信息登记】中输入身份证姓名和身份证号码，正确输入后，就会出现一个二维码。要求申请人用已经绑定银行卡的微信扫描该二维码。扫描后，在手机的提示框上单击【确定】按钮，进行身份验证。

继续填写【运营者信息登记】，这是需输入申请人的手机号码，并通过短信验证码进行验证，单击【下一步】按钮。

5. 登记公众号信息。在【账号名称】中输入申请人的微信名称（需注意的是这个名称以后不能修改）。填写公众号的【功能介绍】，选择运营地区【国家】→【省份】→【城市】。单击下方【完成】，就可以直接进入公众号了。

接着，我们共同学习如何使用班级公众号——

1. 公布公众号。

老师们将申请的微信公众号名称告知家长，让家长通过微信搜索进行添加。或者协助家长在微信公众号管理平台的左边菜单上找到【公众号设置】，右边页面上会出现一个二维码，下载该二维码，让家长使用【扫一扫】功能关注该公众号。

2. 开启微信保护。

选择【群发功能】，在右边空白的文本框中输入信息。

第一次群发时系统会弹出对话框要求开启微信保护，单击【开始】，点击【选择验证方式】→【账号验证】→【绑定微信号】，依次进行群发验证。

3. 群发信息。

登录微信公众号后台，我们能看到左侧有菜单栏，选择“功能”——“群发功能”，在新建群发消息可以选择图文消息、文字、图片、语音、视频五种模式，

若群发图文消息，通过以下几步就可以轻松实现——

第一步，新建图文消息。

要新建图文消息，左侧图文列表处我们可以预览也可以点击下方的“+”添加图文信息，在右侧添加图文标题，编辑正文信息。

点击右侧多媒体一栏，选择红色方框处“图片”弹出添加上传图片对话框，

选择“本地上传”，将图片添加上，点击确认，添加图片至正文。

第二步，添加图文封面。

图片、文字都编辑完毕后，接下来我们要添加这篇图文的封面，下拉至下方点击“封面”，我们可以将图片上传至图片库从图片库中选择，也可以从正文里选择合适的图片，不设封面图片是不能预览也不能发布的哦。

封面设置完毕，我们可根据需求设置该篇图文的摘要，提升图文的品质。

第三步，发布图文消息。

将上述编辑完毕后，我们就可以预览该篇图文消息了。点击下方预览，随之会弹出一个手机版预览画面，我们首先能看到的是推送到微信公众号，读者看到的界面，这时我们就可以点击“阅读原文”，直接在网页预览该篇图文也可以发送至个人微信上进行预览。

预览完毕确定没有需要修改的地方后，我们就可以群发消息了，点击最下方“保存并群发”，点击“群发”，手机扫描二维码后，稍等片刻，该篇图文消息我们就发布成功了。

教师若能不断提高班级社群中的自我安全防范意识和技能，在与家长沟通的过程中积极、有效地利用新媒体，智慧、巧妙地保护师生的相关信息，就一定能真正地让班级社群成为一座“架起家校沟通的桥梁”，从而搭建起班集体“生命成长的共同体”。

作者简介

许琦，上海市沙田学校德育高级教师，是上海市班主任工作研究实训基地学员，普陀区德育团队高级指导教师。在建班育人过程中，许琦深入研究新时代中学生的特点和成长需要，不断寻找适合新时代学生的育德途径。她注重构建有特色的班级文化，善于利用网络阵地资源，将班级文化建设日常化；她注重整体构思和系统设计，坚持以美辅德，研发责任特色班集体创建的班本德育课程；她注重家班共育，借助微时代沟通工具，通过开展形式多样的亲子活动，协同家校合力育人。

家长群使用不当，烦恼不断，怎么办？

——坚持建章立制，注重情感沟通

周晓俊

问题扫描

“互联网 +”时代，家长微信群、QQ 群等班级群逐渐成为老师和家长沟通的重要阵地，其免费、方便、沟通直接、图文视频均可发送的优点自然不言而喻。但是由于教师的网络安全意识不强，对班级群的管理缺少可借鉴的经验，家长本身文化水平的高低、家长“跟风”现象等都直接影响着家长群的有效使用，笔者通过问卷调查和对本校教师的采访，发现班级家长群存在如下问题。

一、成为宣泄吐槽的释放平台

微信群、QQ 群中，不乏有些家长由于不明原因，冲动鲁莽，在群中发布一些中伤其他家长、老师、学校的言论，传播的是满满的负能量。这样的班级群不但影响班主任的工作，而且对班级管理也不利，对孩子和家长更没有多少帮助。

二、沦为垃圾信息的传播渠道

网络信息时代的到来，各种信息包括虚假信息同时存在于网络，由于没有专业机构对信息进行鉴定，导致家长们在家长群乱发各种未经证实的信息。如某某学校的学生离家出走、家长收到诈骗电话、各类推销广告、微信小游戏、小程序、拼团等，有时湮没了老师发在群中的通知。

三、变成家校矛盾的滋生场所

家长群发布信息的方便与快捷让老师和家长变成了手机“奴”，更大大延长了老师的工作时间。有的家长不分早晚，随意在群内发言，老师下班后仍要忙于回复家长群里的疑问，无形中增加了老师的工作量。有时因为老师没有及时回复家长的信息，从而引发家长的不满。

四、成为炫富摆阔的首选途径

班级群从家校沟通的平台，慢慢变味成家长炫富显摆的渠道。有的在群内晒自家孩子的成绩，有的晒旅游的照片，有的晒各种美食，各种炫富让人感到不舒服。家长群是学习交流平台，在这个平台中晒娃和炫富会影响老师和其他家长的正常交流。

除此之外，还存在代购的、买保险的、打广告拉生意的、某热门事件引发集体吐槽的、养生保健的垃圾信息、各种心灵鸡汤等。

归因分析

微信群确实便于老师和家长之间的沟通和交流，但由于诸多因素的干扰，使得老师和家长都厌倦家长群，老师疲于应付，家长也是叫苦连连，那么造成以上现象的原因是什么呢？笔者总结了以下原因。

一、家长缺乏规则意识

没有规矩，不成方圆。家长群在建群之初，在班级家委会和班主任老师的共同商议下制定了群规：如：何时发表言论、言论内容等方面做明确的规定，并设置在班级群公约中。但以上案例中，家长因为一时冲动而发表不和谐言论，实则是家长缺乏规则意识的一种体现，完全忽视了班主任建家长群的初衷。

二、家长缺乏安全意识

随着网络信息化时代的到来，各种信息鱼龙混杂，充斥在网络上，给一些不法分子提供了可乘之机。他们利用微信集赞送礼、扫二维码等手段迷惑家长。二维码一旦被扫，用户个人信息就会被盗取，为不法分子开展诈骗活动提供了机会。还有发布一些学生拐骗、走失等虚假信息，造成恐慌，殊不知这些言论都会给群内的家长造成干扰，而这些都是家长的网络安全意识淡薄造成的。

三、家长缺乏对老师工作的理解

自从有了班级群，老师们每天都被手机的“滴滴”声包围，有的家长甚至在深夜 11 点都在给老师发消息，影响了老师的正常休息。一方面，家长把老师当成“救世主”，凡是教育孩子过程中遇到的难题都抛给老师。另一方面，很多老师碍于面子，对于家长在群中提出的各类问题和要求，都有求必应，部分家长更因此得寸进尺。

四、群主缺乏对群的引导和管理

班级群出现的种种扰乱群规的现象，归根结底还是群主——班主任缺乏对班级群的正确引导和严格管理。当班级群中出现各种点赞和投票等链接时，与群主题无关的内容时要及时制止，并在群中发表声明，只有这样才能以儆效尤。班主任如果不作为，不自觉的家长就认为老师对这样的行为是默许的，长此以往，班级群就会越来越难掌控。

理论阐述

瑞士教育学家佩斯泰洛奇曾说过，教育要心理学化。所以，在家长群的建设和维护中，教师可以巧妙运用一些心理效应，优化与家长的沟通、交流，让家长群在家校沟通中发挥积极的作用。

随着时代的发展、科技的进步，师生间的沟通也从传统的面对面沟通，逐渐演变成运用信息手段进行交流。正确引导学生家长运用微信群等家长群与班主任沟通，能及时发现学生的问题，体现了“互联网 +”教育管理的同步性，对于提高班级管理水平有着重要的意义。

社会秩序正常发展需要法律保障，然而到目前为止，国家仍然没有正式的法律时针对微信新媒体，这给一些不法分子提供了可乘之机。因此，班主任首先要有强烈的法律意识和自我保护意识，通过建立班级群规章制度，规范家长在群中的言论，把控群舆论就显得尤为重要。

实践支招

“互联网 +”时代，班级家长群是家校互动的重要交流平台之一，如果能够对班级家长群加以规范的管理和引导，营造良好的群氛围，能在家校沟通中起到事半功倍的效果。

一、建章立制，把控群情

要想班级家长群内言论正常，就需要借助管理制度来规范家长群内的言论。因此，班主任在建群之初，应及时与班级中的家长们沟通商量，前期可以采用家长问卷的形式，了解对建家长群的建议和意见，以少数服从多数的形式，选择合理的 App 平台建群，可以是 QQ 群，微信群、钉钉群等。与班级家长委员会商量，由家长们以自荐和推荐的形式选择有责任心、公益心和正义感的家长代表作为家长群的管理员、与班主任一起制定班级家长群的群公约，明确制度。

（一）引导群成员明确群功能

班主任作为班级群的创建者和管理者，应该充分发挥班级群学习和沟通的主要作用，平时要有积极的图文发布，有正能量的宣传，要实时更新群公告，引领家长，避免家长发布无关或不健康内容。做到勤沟通，保障家长在心中有疑虑，或者在矛盾没有被激化的时候就得到解决。让班级群发挥正能量，建成家校沟通共育的桥梁。使用班级家长群时，班主任要合理规定规则。班级的活动、通知、学生的优秀作品、评优等共性话题可以在群里跟大家群聊，让大家都能知晓并积极配合班级开展工作。而关于个别学生的作业、行规、习惯问题等就应该私聊。

（二）引导群成员确定群对象

班级家长群的群主可以是班主任、也可以是班级家委会主任。群成员包括科任老师和每个学生的直系亲属。群内的科任教师可以及时与家长沟通、答疑解惑，在第一时间内解决学生学习的需求和家长对孩子情况了解的需求。笔者在建家长群之初，就规定每个学生只能对应一名家长，最好是直系亲属，如有特殊情况，须经群主同意。群成员进群后要改成实名制，便于班主任与家长联系。教师命名：学科 + 教师姓名；家长姓名：学生名 + 爸爸 / 妈妈。

（三）引导群成员规范群言论

班级家长群是家校及时互动的一个公共交流平台，如果要运用好这个平台，就要规范群成员的言论。对于教师发布的温馨提醒、分享的学生活动的信息、提供的教育资源等，家长收到知晓即可。教师发布的各类通知等，家长知晓、配合落实就好，无需感谢。这样可以避免群内刷屏，做到不影响重要信息的传递。对于群公告，个别家长不明确不清楚的，可以私信或电话联系教师。孩子的个别情况交流，家长之间的交流等，都应"小窗"私聊。科任教师在群内发布信息时也要斟酌，注意措辞，杜绝群内公布成绩或排名、通报点名、批评学生等现象。遇到一些突发情况、个别事件时，班主任应尽量以电话、面谈等方式与家长沟通，避免在群中辞不达意、引起误会。

（四）引导群成员遵守群时间

家长微信群、家长 QQ 群的交流，有时难免会影响到群成员的工作和生活，更会大大延长群内老师的工作时间。为了避免影响其他群成员的正常休息，群主在建群初期时应该形成规定要求群成员，包括科任老师，尽量在工作时间发布信息。早上七点以前，晚上九点以后，不要在群中留言。因为有约在先，如家长在超出规定时间的留言，老师不予回复，家长也不会抱怨。

（五）引导家长注重群监管

虽然每个群在建立之初，都已经建章立制，但是几乎每个群，都无法避免出现一些突发事件，或不和谐的声音，班主任很难在第一时间内关注到群内的每一个情况。如果突发情况得不到及时处理，就会带来负面影响。这个时候，就需要监管小组把控“群情”。笔者在班级家委会成立后，通过家委会招募群监督小组，选择一些有精力、有能力、有公益心的家长作为监督小组成员，密切关注班级群动态。协助班主任，关注群内动态，负责协商和监督、调和矛盾。他们可以从家长的角度，设身处地地分析，现身说法，比起教师和校方的解说，更具有说服力。有了群监督小组，不仅可以以点带面发挥正能量，而且可以协助学校与教师营造满满正能量的班群氛围，从而成就一个充满正能量的和谐群体。

二、引导“群舆”，营造和谐氛围

微信群、QQ 群最重要的功能之一就是家校互动交流。营造和谐、向上的沟通氛围，适时、巧妙发布各种信息，引导班群“舆论”风向标，是管理家长群、形成家校合力的锦囊。

（一）发布各类作品，树立成长信心

作为家长，最开心的事情莫过于在群中看到自己孩子的点滴进步。及时在群中发布学生参加校内外组织的活动，让家长了解除了学习之外，孩子在校的其他表现。如参加运动会、艺术节、阳光大课间、晨会等，老师可以将活动照片、视频上传到家长群中，让家长及时了解孩子的动态，实现家校之间的即时互动。也可以是一幅画、一份劳技作品、一次书写工整的作业……班主任应该与科任老师达成一致，每次作品的发布，要做到涵盖所有学生。让家长感受到老师是公平对待每一个学生的，否则会引起家长的非议。这样不仅展示了每个学生的成长，激发了学生的学习兴趣，还能树立学生的自信心，让家长传递给孩子这样的信息：每个学生都是一个潜在的天才，尤其要关注边缘化的学生。班级家长群是他们获得自信的园地。

（二）挖掘群中“智囊”，辐射各家之长

每个学生的家庭教育环境和能力各不相同，彼此之间存在着差距。有的家长缺少育儿理念，没有育儿经验。有的家长，倾注教育，钻研家庭教育，育儿经验丰富。班主任应该深入了解，发现和挖掘家长群内的“育儿智囊”，并在群中开展育儿经验分享和交流。在灵活使用家长群该功能的基础上，老师们也要有意识地引导家长学会群聊和私聊，借此平台相互探讨家庭教育、孩子学习辅导心得。除了利用家长会等线下的育儿交流，笔者还利用家长群开展线上的育儿心得交

流，家长间的交流比老师的说教可能更具说服力。萧伯纳曾说：你有一个苹果，我有一个苹果，彼此交换一下，我们仍然是各有一个苹果；但你有一种思想，我有一种思想，彼此交换，我们就都有了两种思想，甚至更多。这种线上的育儿交流很受家长的欢迎。

（三）宣扬家校配合成果，激发家校协作动力

学生的学习成长，离不开学校—家庭—社会——三位一体的教育模式。需要学校教师的教育和引导，更需要家长的配合。因此，班主任可以经常在群中上传给各类亲子活动的图片等影像资料。以树立榜样典型的方式，让其他的家长也能受到触动，重视亲子活动，重视亲子沟通，积极配合学校工作。比如校运动会上的亲子项目，小队开展的主题实践活动等，班主任及时在群中发布亲子项目的照片，是对参与活动家长的肯定和赞许，也调动了其他家长参与亲子活动的积极性。

总之，面对家长群中形形色色的家长，教师需要发挥引导作用，避免不必要的纷争，让家长能够在群中彼此尊重，从而更好地利用家长群的力量给班级建设出谋划策，增光添彩。

作者简介

周晓俊，上海市同凯中学教师，曾获金山区教育局记功和记大功，金山区教育系统“新长征突击手”、金山区“优秀班主任”，金山区第六、七、八届“明天的导师”工程骨干教师，并获“金苗奖”。金山区单元教学设计优秀案例评选英语学科一等奖、金山区线上教学案例评比三等奖；金山区“新苗杯”教学评比三等奖，撰写德育论文和案例获金山区德育论文评比一、二等奖等；多次申请教育教学课题研究并顺利结题。

“互联网 +”时代学生微信群难管，怎么办？

——家、校、生三方联动，“群”聚正能量

周玲玲

问题扫描

正是因为手机微信被更多的学生所接受，作为班主任的我们，在平时的班集体建设和管理中可以通过组建微信群，为教师与学生、教师与家长、学生与学生之间架起沟通的桥梁，从而既拓展了教育教学的时间和空间，又有利于营造自主学习的氛围，是对线下学生日常生活、学习的一种强而有效的补充。根据群内主体的不同，可以分为班级学生微信群和班级家长微信群。学生微信群以学生为主体，是学生了解周围世界、体验生活快乐的“私有空间”，也是他们宣泄情绪、寻求心理支持、与同伴一起成长的精神家园。在这一微信群中，学生是主体，起着主导作用。

笔者班级遇到了这样一个故事：

“老师，小 S 同学昨天又在微信群里说脏话了！”一下课，班长就跟在我后面悄悄地告状，“而且，她还发了一些恶搞同学的图片！”“老师，小 S 同学在朋友圈里晒她和别的班级男生合照，还说那是她男朋友！”学习委员也凑过来补充……

提及小 S，她一直是班级里我最头疼的女生。她家住在学校附近的工人新村，一室户里住着爸爸、奶奶和她，小 S 的父母早已离婚，双方都各自组建了家庭，她从出生就由不识字的奶奶带大，由于缺少经济来源，她们生活一直很节

俭。平时在学校里小S总是低着头走路，不太愿意和班级同学讲话，但是放学后，她总是沉迷在虚拟的网络世界，通宵打游戏、网络视频聊天，同时还经常在班级的微信群和朋友圈里说脏话、散布谣言、给老师和同学起外号、恶搞别人的照片等，引来家长和学生的投诉。同学们都不喜欢她，看到她像躲避细菌一样的闪开，而她就像“折翼”的天使，偷偷地躲在一边黯然神伤。

归因分析

不难发现小S存在的问题主要原因在于其心理需求未被满足，加上学生的微信群交流缺乏监管、学生的自律和安全意识发展滞后等。

一、学生的心理需求未被满足

从家庭层面来看，在现实生活中，一些学生生活在离异的单亲家庭或者由祖父母独自抚养，父爱和母爱长期缺失，使得他们存在强烈的“爱与归属”的需要，一旦这种需要在现实生活中长期积累且不能得到满足，学生就会寻求其他途径来满足。

从学校层面来看，学生的性格特点、学习状况、兴趣爱好等都是影响学生之间人际交往的重要因素。那些性格孤僻、学习糟糕、兴趣单一的学生往往不受欢迎，甚至成为同学间取笑的对象，他们渴望被“尊重”的需要往往不能得到满足。

班级微信群作为学生人际交往的网上平台，就会被他们无限制地利用，从而出现沉迷虚拟网络世界的问题。

二、学生的微信群交流缺乏监管

学生的微信群主要以学生为主体发起建立，群成员中没有家长，甚至没有任课教师和班主任。然而中学生的世界观、人生观、价值观尚处在形成期，对外界信息的鉴别力和判断力相对缺乏，通过微信进行社交往往无法“过滤”有害信息。在缺少成人监管的情况下，班级微信群中就会出现部分同学不顾后果地宣泄自己的情感，发泄对学校、老师、同学的不满并获得相互支持，一些不良的思想和价值观在微信群中大行其道。久而久之，在班级微信群中就会形成一种“圈子”文化，排斥其他文化，甚至使不健康的文化成为主流。

三、学生的自律和安全意识发展滞后

中学生的身心发展不够成熟，知识和社会阅历还不够丰富，在体能和心理素质等方面不及成年人，他们易冲动、法律意识淡薄、自律意识不强。另外，由于这个年龄段的中学生多是独生子女，集万千宠爱于一身，平时家长对其过度保护，使他们失去自我锻炼的机会，难以形成自我保护的能力。同时，父母工作繁忙、压力较大，平时缺乏与孩子的沟通以及对孩子进行系统的自我保护教育。

理论阐述

一、心理需要的满足

心理学家马斯洛将人类的需求层次从低到高分为五种，即生理需要、安全需要、归属与爱的需要、尊重需要和自我实现需要。其中，归属与爱的需要包括与他人建立亲密关系的渴求，成为某个群体的一员，或者是一种我们“属于”的感受，也就是人际交往的需要。尊重的需要是一种对自我积极和高度评价的需要，这种评价被分为两类：自尊的需要和他人尊重的需要。

在现实生活中，生活在离异的单亲家庭或性格孤僻的学生，他们“归属与爱的需要”“尊重需要”无法得到满足，但是他们又渴望与人交往，渴望得到别人的认同与信任。因此，从家庭和学校双方加强对问题学生的心理疏导与关注，可以有效解决学生微信群难管的问题。

二、青春期的特殊性

12—15 岁这个年龄段的初中学生正值青春期，正处于从儿童到少年的转变，心理和生理上都会发生巨大变化。首先是身体的急速增长、第二性征的成熟，正因为身体上发生了巨大的变化，在青春期，孩子的心理也开始产生微妙的变化，如自我意识增强、情绪波动、对异性产生好感、兴趣易转移等。由于青春期求知欲强，以及强烈的好奇心，他们渴望了解一些新鲜的刺激的信息，但要获取相关的知识必须通过正规的渠道，否则很容易误入歧途。同时，这一阶段的学生存在明显的逆反心理。人们在接受教育过程中产生的一种内发的反向力量，这种不接受教育或“反教育”的心理，也即逆反心理。表现在初中学生身上比较突出，尤其反映于初中学生在接受思想教育的过程中。

学生青春期的特殊性需要教育者和家长既要肯定他们的主动性，又要及时对于他们的心理变化和行为变化进行正确引导和监管。

实践支招

在“互联网+”时代，班级学生的微信群作为网络交流平台，是班集体建设的重要组成部分。在这样的微信群中，如果能正确引导，营造教育的良好氛围和环境，效果必然是事半功倍的。从社会层面来说，制定网络规范和净化网络环境，可以为学生网络交流提供良好的保障。

一、引导家长重视家庭教育，合理控制微信使用

现实生活中，很多父母忙于工作，无暇顾及孩子，殊不知家庭教育是学生教育的重要组成部分，影响着学生的终身发展。作为班主任，我们要引导家长重视家庭教育，真正承担家庭教育的责任，并定位好父母的角色。

作为父母，在平时繁忙的工作之余应多抽出时间，给予孩子足够的关爱，与孩子沟通，从精神层面满足孩子“归属与爱”的需要。可以指导孩子合理使用手机，从时间上进行控制。同时，可以通过与孩子的沟通了解班级学生微信群的聊天内容，及时发现问题并解决。父母还要对孩子进行安全意识教育，尤其是网络安全意识的培养，指导孩子树立正确的人生观和价值观，使孩子对于微信群中出现的不良信息和不和谐现象能够主动站出来制止。

二、充分利用学校教育资源，加强学生心理辅导和网络监管

（一）加强对青少年的心理健康辅导和道德教育

处于青春期的青少年，生理、心理都没有成熟，有着很强的塑造性，缺乏必要的社会知识和实践能力，特别是网络上瘾会给青少年带来严重的心理问题，如情绪低落、睡眠障碍、生物钟紊乱，思维迟缓、社会活动减少等。因此，学校要重视和强化对学生的心理健康教育，对于未成年人容易产生的逆反心理、盲从心理、攀比心理和报复心理等不正确的心理状态，要及时正确疏导和教育。

（二）加强校园网络监管

目前很多学校都在使用校园网，学校要设立网络信息管理的专门机构和专业人员，制定相应的网络规范，并且要求学生以自己的真实姓名和班级信息登记入网，记录学生的访问地址、时间、操作行为等，对记录进行分析，及时发现学生中存在的网络道德问题和心理问题，及时进行针对性处理，做到“防微杜渐”。

三、班主任转变自身认识，发挥教育智慧

（一）尊重学生隐私，赢得相互信任

初中阶段的青少年，他们的自尊心和叛逆心较强，往往不会在公共场合和教师面前表达自己的真实想法。班级的学生微信群是以学生为主体建立的，学生往往希望在群中畅所欲言、发表自己的真实想法。班主任首先要充分尊重学生的隐私，在学生未允许的情况下不加入班级的学生微信群，这样会让学生有“被尊重”的感觉。

当然，这并不意味着班主任就不对班级学生微信群进行监管了，毕竟学生还缺乏坚定的意志力和正确的辨识力，可以通过引导、培养学生自主管理和监督。

（二）发挥教育智慧，弘扬“正”能量

班主任可以利用微信群“分享”的功能，把一些优秀的成长案例、学习方法、充满正能量的故事、感想等文章发到学生群里，引导学生阅读、评价和讨论，形成积极向上的班级文化氛围的同时，增强班级凝聚力。

当班主任发现学生问题后，可以借助微信平台，以好友的名义发表一些充满“正能量”的言语，引导同学们彼此信任、尊重和包容，用建设性的、友好的方式解决问题。还可以通过一系列生动、有趣的故事文章或者视频，引导青少年尊敬父母、师长，主动与人交往，学会与他人相处；对人要热情、诚恳、宽容；要关心、帮助他人，尊重别人的意见；严于律己，宽以待人，多作自我批评，避免与他人发生不必要的冲突，建立良好的人际关系等。

（三）及时家校沟通，形成教育合力

在班级微信群出现问题时，班主任应该及时了解情况，与相关的学生家长进

行沟通，共同探讨解决办法，形成家校合力。

四、调动学生积极性，鼓励参与群管理

学生作为班级微信群的主体，在群中起到自我约束、自我管理、自我监督的作用。班主任应充分调动学生的积极性，鼓励群成员都能参与群管理。

（一）班级微信群内人人有事做，事事有人做

首先，群名的要求。建立班级学生微信群，群名非常重要。它既要有创意，又要能体现班级精神，形成班级凝聚力，还要充满正能量。群名不应该过长，而应是简明扼要。

其次，群主的要求。群主是班级学生微信群的建立发起人、召集人和负责人，必须是在全班学生自愿投票的基础上选出的，并且征得本人同意，方为有效。群主既要有一定的信息技术基础，能够解决群内成员的技术问题；还要有一定的号召力，能够发动、组织群内的成员积极参与班级的各项网上交流活动；更重要的是群主本人应具备正确的是非观和价值观，是班主任进行班级管理的得力助手，这样才能更好地对班级微信群进行监管。

最后，群成员的要求。班级学生微信群内的成员，一定是本班级的在籍在册学生，其他班级的学生不可以进入。同时，群内成员的加入一定是自觉自愿的，而且每个群成员都有自己的职责，做到“人人有事做”“事事有人做”，在平时能够积极主动地参与群管理，并对班级发展献计献策。群内的各成员一定要使用实名，不可以采用昵称、外号等，这样可以方便班级群的管理。当然，学生根据自身的需要还可以邀请班主任和任课教师进入该群，同样双方都应该以自愿为原则。

（二）班级微信群公约全员参与制定

经过以上三个步骤之后，班级学生微信群就建立起来了。接下来最重要的一个环节就是制定班级学生微信群公约。在班级学生微信群中存在着很多问题，一方面它需要家长和教师等成人的监管，但另一方面，更需要学生自身的自我约束和自律，学生的自主管理起着重要的作用。

首先，班级微信群公约由群主带领，全体群成员共同商量讨论。其次，群公约的制定应从时间、内容和形式三个方面着重考虑。第一，时间。班级学生微信

群应规定在休息时间不要发布信息。比如：晚上 9:30 至次日清晨 6:00 之前，不要发布信息，以免影响班级成员的正常休息。第二，内容。班级微信群中发布的信息应是健康向上的，杜绝"黄、赌、毒"等不良信息，同时不能出现谩骂学生、老师或者家长的内容，个别同学有特殊问题的可以私信交流，不能在群中出现言语冲突。第三，形式。班级微信群可以转发文章、照片、视频等，但必须是充满正能量的。微信群中不能发布广告、不涉及敏感话题，不发、抢红包，不发布鼓动群成员参与网络投票等。

作者简介

周玲玲，上海市曹杨第二中学附属学校年级部主任。"为了一切的孩子，为了孩子的一切，一切为了孩子"是她工作的宗旨。曾被评为"上海市家庭教育优秀指导者""上海市优秀中队辅导员"，获得普陀区主题班会一等奖，区教学（教育）能手，全国说课展示三等奖，"普陀杯"教师专业能力评优二等奖。参加上海市第三期名班主任李岩工作室学习。撰写的文章先后收录于《德育叙事》《"互联网 +"时代的班集体建设》等书。

班级文化遭遇网络文化冲击，怎么办？

——建立班级网站，优化网络文化

高　璐

问题扫描

初中阶段是青少年发展的重要时期，在此期间，学生的观察力、想象力、记忆力、逻辑思维能力得到提升，为今后的发展奠定了基础。中学生的思想和行为受“从众心理”的影响，既会受身边优秀正面典型的积极带动，也会受到“负面信息”的影响，有可能在班内滋生歪风邪气。网络文化的冲击，对班级文化建设也产生了一系列的负面效应。

小韩同学比较内向，学习成绩一般，也很少与父母、同学交流。一次，在他的随笔中，他觉得读书实在没有意思，想去北京做“北漂”当明星。笔者随后和他父母进行了沟通，父母说他自从参加了网络上某明星的粉丝后援团之后，就像变了一个人。成天念叨着自己去闯北京，说不定就能像某明星一样一炮而红。他平时不言不语，笔者试图让班干部帮助他。谁知问下来，大家说他其实可活跃了，在微信群里常引入网络热议话题，晚上还在刷屏讨论。看到平日里默默不语的小韩，成了同学们口中的网络活跃分子，笔者决定找小韩聊聊。通过聊天沟通，小韩流露出对明星光鲜生活的向往，觉得很多明星学历不高，却过着众所瞩目、光鲜亮丽的生活，所以不如去外面闯荡一下，没准会成功。小韩是个典型案例，其实班级里的其他同学或多或少都会受到网络文化的影响，这给班级文化的创建带来很大冲击。

问题一：网络中充斥着大量的虚假、不良信息。在商业利益的刺激下，一些媒体为追求看点与卖点，进行恶意炒作，网络“神剧”层出不穷，娱乐八卦让人眼花缭乱，“穿越”修改历史成为一种时尚，改编古诗成为一种“才能”。这些信息虽然满足了大众寻找刺激与好奇心、娱乐身心的心理需求，但是在与此同时大众媒体也将通俗变成了庸俗与低俗，制造了大量的垃圾信息，在很大程度上误导着青少年的人生观、价值观和世界观。

问题二：一部分学生由于意志力弱，沉迷于虚拟的网络空间，流露出较强的逃避现实的思想倾向，常表现为线上线下判若两人，即常说的“两面派”。

问题三：一部分同学在求学的过程中，但凡遇到问题就会在网上简单地获取，如论文下载、手机作弊，学生“知道的多了，知识却少了”。网络在帮助学生的同时，也在逐步扼杀学生的学习、探究精神，使得青少年养成一种浮躁的求知心态。

归因分析

一、网络文化从业者缺乏思想道德教育的意识

由于网络的趋利性及市场性，部分网络工作者失去了最基本的道德底线，没有坚守正确的思想道德价值观。他们通过网络平台制造和传播大量的垃圾信息，甚至为了迎合人们的低级趣味制造出大量的有害信息。中学生的三观尚未形成，缺乏辨别是非的能力，极易在不良文化的诱惑面前失去理智。

二、网络环境宽松，网上舆论自由，缺乏必要的监管

网络文化具有即时性和开放性、共享性的特点，在网络平台中，各类思想可以相互交流互动。在网络中人人平等，没有高低贵贱之分，从而任何信息与想法都可以通过网络来发表，中学生也无需因为某一方面的原因感到自卑或者羞于说出自己的想法。往往在民主的环境下，学生才更有勇气与机会表达出自己的真情实感。学生生活网络化、言论表达自由化、言论权利扁平化和文化模式前喻化，都颠覆了传统教育的影响，导致了教育权威失灵、教学控制失效及人格魅力弱化等问题。

三、网络资源丰富，网上搜题使学生缺乏独立思考

由于网络文化具有可选择性，学生只需要通过搜索引擎就能够获取自己想要信息。在这样的条件下，学生由于缺乏自制力，极易对于感兴趣的内容如游戏、聊天工具等产生依赖，甚至上瘾。这种不同的文化形式，以及丰富多样的内容，同时又能够按照自己的需要而任意获得，这就大大改变了学生的行为习惯。从学习的角度来说，由于网络文化极其丰富，只需要输入几个字就能够搜索出上万条的信息。尤其是随着在线学习的发展，网络学习资源更是不胜枚举。新兴教学方式的兴起，如慕课、公开课，改变着人们的学习方式；同时轻而易举地获得知识，又使得学生在学习中的思考能力下降，甚至不愿意思考。因为很多问题只需要在网上提问就能够很快地解决。因此，但凡学生遇到学习上的难题，第一时间就是想着上网解决，长此以往，会缺乏独立思考的能力。

理论阐述

在新的教育教学形势下，要积极营造和谐的校园文化氛围，必须发展好、建设好班级网络文化，以优秀的网络文化新产品吸引学生的眼球，克服不良网络文化的影响，提高班级审美品位，提高学生综合素质，增强班级凝聚力。

一、优化网络资源利用，开拓班级管理的新阵地

许多学生上网，大多在游戏和聊天上浪费很多时间。网络资源丰富，传播速度快等优势如果可以用于班级管理上，可大大提高工作效率，缩短信息交流所需的时间，达到事半功倍的效果。班主任可以利用班级网站实现宣传教育、班务公开、公共信息资源共享等功能。

1. 通过班级网站平台及时发布班级工作通知、发起投票、共享各种表格，方便学生在第一时间浏览、下载，免除了手工摘抄、复印、修改等一系列繁杂的流程，可大大提高班级工作效率。

2. 将班级的考勤记录、各类评选活动结果、课业学习情况等信息，在班级网站上公示，可实现班级各类竞评工作的公平性、公正性，同时在学习上可以自主学习，互相讨论。

3. 充分利用网络的宣传教育功能，开辟宣传教育专栏对优秀的学生和事迹进行宣传，让大量正确、积极、健康的信息围绕在学生周围，积极建设网络主流文化，主动占领网络阵地，以增强对学生的感染力、吸引力和教育引导力，从而化抽象为具体，起到潜移默化的思想教育作用。

二、优化网络沟通平台，创建凝聚班级之魂的新家园

网络时代下的学生群体，讲求效率、反对权威、崇尚新奇、突出自主。而处于青春期、叛逆期的学生富有想法，渴望有一个沟通交流、展示自我的空间。育人的需要与现实的矛盾迫切要求我们为学生搭建一个知识学习、素质养成的平台，营造一种人人参与、互相关心的集体氛围，创设一个思想交流、情感互动的育人环境。班级网站，这个貌似虚无却真实存在的空间，为学生构建了一个精神家园，使学生有了一种归属感。

三、优化家班共育途径，创造家校互动的新渠道

传统家访、家校联系主要是老师登门拜访、家长到校交流或电话联系。这些是至今都不可忽视的方式。但是，随着时代的发展，沟通方式的多元化，传统的师生、生生、家校、校际、区域文化的沟通往往存在时空的限制，逐渐暴露出诸多不便。很多家长希望更加全面地了解孩子的情况，而班级网站的运行轻松解决了这些沟通的瓶颈。如今只要点开网站，便可了解到班级活动、子女的思想动态，学习状况等诸多信息。

实践支招

一、建立网站之前的规划

建立网站是一个系统的工程，需要认真规划。

（一）建立网站的可行性分析

笔者在建立网站之前，就做了一个小调查，班级中有多少学生家里有能上网的电脑，父母对子女上网的态度，平时一周上网时间；同时和学校的信息教师交流，了解学生的网络知识状况，分析建立网站的途径，要花费的时间，网站的空

间收费等。

（二）网站栏目内容的规划

网站栏目内容的规划，不仅要考虑建立网站的目的，更要考虑浏览者的需求，不妨也做个调查，依据班级同学的需求来确定栏目内容。

（三）网站表现形式的设计

内容决定形式，网站的表现形式也影响着网站的效果。笔者在建立班级网站之前就大量浏览了许多优秀的教育网站，分析它们的表现形式，如版面的设计，色彩的搭配等，从中吸取好的设计理念，加以借鉴，同时发动班级里有艺术才能的学生对班级网站进行版面设计。

二、班级网站的建立和班级文化的创建

建设班级网站是个系统的工程，管理更是一个持久的工作。单靠老师一个人，显然会牵扯太多的精力，所以在班级网站的建立和管理中要充分发挥班级学生的作用。在实际建立班级网站中，教师们可以根据自己班级的特点设立栏目，构建班级网站文化。

（一）制度文化建设

“无以规矩，不成方圆”，只有健全的班级管理制度，才能保证班级工作的顺利开展和落实。建立班级网站，也需要建立网站公约，发挥规章制度的规范作用和激励作用，使班级形成“事事有人做，人人有事做，时时有事做，事事有时做”的局面。

为此，班级成立“网站管理小组”，小组成员 5—7 人。管理小组由班主任担任第一责任人，对班级网站进行把关。班级网站管理员协助班主任老师负责本班网站，同时下设信息采集员、信息核对员和技术协调员。班级全体学生商讨网站公约，建立网络使用规范、小组学习、网络活动评价等制度，并一起签订《承诺书》，共同遵守和维护班级网站秩序。

班级网站成为公布、推行和监督各项班级制度的第二阵地，弥补了传统班级制度文化在传播媒介、交流方式、参与群体等方面的缺陷和不足，为班级精神文化和物质文化建设提供强有力的保障。

（二）活动文化建设

班级网站实质上可以用做数字化班集体，实现对班级的数字化管理。班级数字化管理是班级管理的趋势之一。利用班级网站实施班级管理，可以实现学生、家长和教师主体作用的三位一体化。

笔者的做法是在网站中通过“主题活动”“班级荣誉”“班级记事”“班级相册”等栏目，将学生的各项常规表现和学习情况有选择性地加以公布，以鼓励学生和尊重学生自尊心为原则。将班级的一些杂务细化为若干个小项目，对学生进行监督和表彰。老师还可以在班级网站上公布当天的学习情况。同时，把班级参加学校体育、艺术、科技、社会考察等活动，以及班级自行设计组织的班会、板报活动在网站中以视频、照片、图片、文字等形式展示，进行班级活动文化建设。

（三）思想文化建设

班级网站为教师、学生、家长提供了广阔的互动交流平台。在这里，在家长的帮助下，学生可以在“交流平台”对班级中某些现象、学生关心的热点问题展开讨论，也可以向老师敞开心扉，诉说当面说不出口的困惑，如果学生不愿将自己的留言公开，还可以设置个性化交流方式；学生不愿将自己的姓名公开，也可在网站上以新用户名留言。教师可以记录班级日志来与学生、家长交流沟通。教师可以把生活中的平常小事记录在班级日志上，用班级日志来记载快乐、舒缓焦虑，或直接对学生表达希望。家长还可以在网站上，表达家长心声，交流家教经验，共聊育儿话题，同时也可以提出班级建设的意见或建议。

（四）行为文化建设

班级网站会展示与学生相关的大量信息。在“班级日志”“班级新闻”中，除了日常表现外，还有好人好事、作业完成情况、考试情况分析，以及迟到、早退等情况。实际上，网站记录了学生成长的足迹，相当于学生们每天都在书写着自己的历史。教师、学生和家长都可以定期了解各个阶段的学习情况，教师能够针对学生的学习进程做出及时、综合和更加全面的评价，或做出方向性的引导，帮助学生改进学习的方法和态度。同样，各任课教师、学校管理者也可以通过班级网站了解班级的日常行为习惯、班级活动等现状。

（五）延展课堂空间

在网站上，可以发表一些各科的扩展知识或相关故事，在学生阅读的同时又渗透品德教育。也可以将自己日常的生活感悟、教学心得、教案设计、课堂实录、课件等上传发表，超越传统时空局限（课堂范畴、讲课时间等），促进教师个人隐性知识显性化，并让全社会可以共享知识和思想。学生也可以把自己的作业、作文等上传到网站中，供大家阅读、评论，会有一定的成就感、被认同感，也可以在互相比较中找到差距，更好地激发学生的学习兴趣。

班级网站是进行班级数字化管理的有效工具，也是一个平等的德育平台，它实现了学生的自主管理、自主学习和协作学习，同时也促进了学生、家长、教师在网络的空间中深度沟通交流。

作者简介

高璐，同济大学第二附属中学教师，中共党员，她面对工作，积极上进，面对生活，乐观进取，充分展示着青春的活力和风采，深受学校师生、家长的喜爱。她热爱学习，先后参加上海市李岩班主任工作室和上海市班主任实训基地学习。她教育教学工作优秀，课堂教学评比多次获区一等奖，2021 年获“崇明杯”班主任基本功大赛区一等奖。她勇于创新，带领班级创建班级网站、微信公众号，所带历届班级多次获区“优秀红旗中队”称号。

德育遇上微时代，传统管理团队陷困境，怎么办？

——携班级微信公众号，创班集体管理共同体

孙丽凤

问题扫描

六年级班集体组建初期，在一次班级寒假作业中，笔者布置班级学生为父母亲制作一份新年贺卡，以此来表达对父母的感恩和新年的祝福。班级女生手工绘制了精美的卡片，男生则用手机软件绘制了电子贺卡，还有的男生使用手机 App 制作了动态头像和新年表情包，正当笔者美滋滋地欣赏着学生们的无限创意，准备验收教育成果时，在班级学生微信群中，突然出现了不和谐的声音。“真无聊，这种活动从小做到大，我爸妈都已经收了我一抽屉的卡片了，这电子贺卡还是我小学时候做的，改了个日期罢了。”“就是就是，现在的班主任好幼稚哦！”“班级女生也是，都什么年代了，还在手工制作贺卡，好 low！”“那可不可以不做啊？”笔者的处境有些尴尬，由于笔者也在群里，有些话看来是学生故意让笔者看到的。德育遇到新时代，传统班集体建设与管理陷困境，怎么办？

归因分析

一、新时代学生新特点

笔者发现新时代学生性格张扬、爱表现；挑战权威、敢批判；爱好科技、喜

创新。尤其是班级男生，他们对于微信、博客、脸书、推特等互联网沟通媒介的了解远超过我们的认知。游戏资讯、社会热点、娱乐热词更是他们茶余饭后的谈资。但是，他们缺乏规则意识、辩证思维和发展的眼光。在班集体管理和建设中，他们会形成一股不和谐的势力。

二、新时代德育老办法

遇到新时代新学生，我们的德育手段和途径还是老方式，不能满足学生的成长需求。我们仍然在以“师者”本位的角度去设计德育活动并且进行思想教育，这违背了德育需要贴近学生生活实际、符合学生年龄特征和性格特点的原理。同时，也没有做到真正的班集体“民主”，不够民主的集体，也无法唤醒学生们的班集体主人翁意识。只有很好地站在学生的角度，去思考他们需要的时候，才能更好地起到教育的效果并且达到与学生的共鸣。时代在改变，学生在变化，我们的德育途径也应该做出相应的调整。

理论阐述

面对新时代学生的特点，笔者开始矛盾了。这些性格鲜明的学生无疑今后会成为班集体建设和管理中的一股逆流。可是，笔者又想保护这些男生敢于创新、大胆质疑的精神，这是当下很多“妈宝男”身上缺乏的品质。同时，在如今班集体学生管理团队中，男女生比例严重失调。也许，让男生以他们擅长的方式参与班集体管理和建设，是解决这一问题的很好途径之一。于是，针对班级的学生情况，笔者带领学生建立了“Sunflower”微信公众号男生管理团队。这是一支主要由男生参与、负责运作微信公众号平台并最终实现对班集体进行民主管理的学生团队。

一、理论依据

学校生活是学生最重要的生活，也是学生未来走向社会生活的基础。“民主”是成人社会发展的重要目标之一，因此，学校生活中学生团队（包括班集体、各类学生社团组织等）建设的基本追求是“引导学生学过民主生活”。团队建设是学生学校生活的重要内容之一，也是学生初步奠定社会主义核心价值观的基本手段。教师应引导学生把民主作为团队的基本生活方式。在学生团队生活中，民主主要体现在两个基本方面：一是学生个体对于团队集体生活的参与，二是学生个体之间的自由交往。

《教育部关于培育和践行社会主义核心价值观进一步加强中小学德育工作的意见》中要求加强网络环境下的德育工作，并指出改进文化育人和实践育人，鼓励广大德育工作者通过文艺活动、体育活动来帮助未成年人树立其主流精神世界，使学生通过实践内化感知，从而以体验育人。

二、实践依据

体验式学习理论专家大卫．科尔博认为，任何学习应该从体验开始，进而发表看法，然后进行反思，再总结形成理论，最后将理论应用于实践当中。育人的基本使命是引导学生学会认知、做事、相处、生存，在彰显个性的同时，又富有团队合作精神，成为有价值的优秀社会人。有效的德育应该是基于生活场景的、活生生的实践活动。班级微信公众号的创建正是基于上述认识，以育人为宗旨，以特色活动引领学生经历、体验、感悟、反思，尊重学生差异，实现学生德性的培育，进而通过特色的彰显，营造稳定的特色班集体。

实践支招

一、耐心引导　初建管理团队

（一）网络投票，三方推选公众号名称和图标

团队建设初期，学生和家长在班级微信群内提名公众号的名称并进行图标设计。最终将班名“Sunflower”加上“我们的青春正飞扬”确立为班级公众号名称。再利用微信公众号的推送功能，在线展示一些入围图标的设计和思路。最后利用平台的投票功能，集合班级学生、家长和任课教师的三方力量，共同参与班级微信公众号的图标推选。

（二）挂牌宣誓，齐谋公众号管理岗位

之后，班集体进行了微信公众号的揭牌仪式。同时，这支微信平台管理队伍

由男生作为团队建设的先行者，在学生自荐，班级推荐的基础上，完成了岗位竞聘和上任宣誓。初期的微信管理团队共设立一名主编、一名文字编辑、一名文字校对、一名摄影师和一名图文编辑。

(三)家长讲坛，学生公众号编辑教程

笔者邀请了班中一名有表达能力、对公众号有操作技术支持的学生家长走进教室、站上讲台，为班级学生培训如何使用微信公众号编辑平台。接着再利用两次班会课的时间让学生在电脑教室实践操作。

二、悉心浇灌　管理意识“萌芽”

(一)“一期一会”，班级舆论有导向

在主编定期召开民主议事活动的基础上，团队成员先后提出了许多不同的推送主题。

主题	推送内容
刚柔并济好少年	班级榜样学生的感人事迹
幸福就在我身边	征文活动中的一些美文美句
我的舞台我做主	班歌、班训的征集和竞选
智慧碰撞辩一辩	班级辩论赛的精彩瞬间和实事报道
我们青春正飞扬	学生自创的校园小说
热火朝天班会课	学生共议班级课间一些不良现象
校园生活你我他	学校和班级召开的一些重要活动
时事政治通讯站	社会热点和重大时事政治事件

随着这些班级、学校活动内容的推送，学生之间的话题渐渐从明星、游戏、娱乐热词、社会热点转换到了班级活动中，也在无形中慢慢引导和控制了班级的舆论导向。

(二)“一演一议”，班级管理有新招

团队成员不断思考着如何将所见所闻变成团队的推送主题。在此过程中，也发现了一些不良的班级现象。于是，他们提议用小品表演的形式在班会上进行情

景再现，鼓励学生自由发表看法并进行讨论。在学生对班级的一些不良现象自由发表看法的同时，个别学生通过聆听同伴的话语，达到审视自己言行，转变自己行动，从而实现自我教育。

三、倾情呵护　滋长管理效能

（一）“三军”会师，催生管理共同体

微信公众平台管理团队的建设充分发挥了男生的主观能动性、调动了男生在班级民主管理中的积极性。在建设中，这支队伍的管理理念日趋成熟，管理能力不断提升。富有冒险精神、敢于创新的男生们又为班集体管理提出了新的设想，最终班委干部队伍、值日班长队伍和微信管理队伍“三军”会师，完善了班级的管理机制，革新了班级的管理模式。形成了“三军”合力，协同进行班集体管理。

（二）“四方”首脑，齐聚圆桌会议共谋事

1. 民主议事自主化

微信公众号管理队伍的出现弥补了班级日常行规和班集体文化创建的后续管理以及教育延伸的空白，也为落实德育的认知有效性提供了活动的载体和平台，还促使班级管理民主议事呈现常态化和自主化。学生自觉、自主、自发组织和定期召开班级圆桌会议。

2. 民主议事主体化

在定期召开圆桌会议时，班主任的角色已从主导者变成了聆听者和辅助者。期间，学生成为会议的主要主持人并且主导着会议的进程。圆桌会议的内容主要是针对班级微信公众号的推送主题进行多方管理意见的汇总，此过程既是对日常班集体管理情况的梳理和汇总，也是班级管理团队制定决策和执行的依据。

3. 民主议事职能化

借助班级微信公众号的管理团队已日渐成熟，班集体民主议事的管理氛围也日渐浓厚。在完善班级公众号栏目的同时，也赋予了每一个栏目具体的班集体建设目标——关注学生的心理健康问题、榜样引领控制班级舆论、多方参与共建民主班集体、培养学生集体荣誉感和归属感、依托公众平台塑造崇德尚学的良好班精神风貌。

<table>
<tr><th>活动依据</th><th>活动过程</th><th>公众号栏目</th><th>评价方式</th><th>后续活动</th></tr>
<tr><td rowspan="6">值日班长、班委干部每周小结</td><td>推荐五星玫瑰少年候选人</td><td>五星玫瑰少年栏目（撰写候选人事迹、制作网络投票通道并推送）</td><td rowspan="2">学生、家长、任课老师通过公众号平台进行网络投票</td><td rowspan="2">“星星典登”文化主题墙布置</td></tr>
<tr><td>1. 讨论班级存在的不足和分析突发事件背后的成因
2. 提出班级辩论赛的每一期论题</td><td>“辩”寻真理栏目（活动摄录像、通讯稿撰写）</td></tr>
<tr><td>组织并筹划班级、学校的主题活动（如：教师节、科技节、英语周、体育节、爱心义卖、社会实践等）</td><td>班级时事热点播报栏目（通讯稿撰写、活动摄录像）</td><td>学生、家长平台留言谈活动感受</td><td>班级活动图册的创建</td></tr>
<tr><td>1. 了解班集体学生最近心理发展区
2. 收集名人名言和成长故事</td><td>心灵鸡汤栏目（推送名人名言或成长故事）</td><td>学生平台留言谈成长</td><td>班级成长故事绘本制作</td></tr>
<tr><td>1. 记录并汇总学生学习中遇到的难点和问题
2. 分工完成电子版笔记和错题整理</td><td>班级学习报栏目（推送学生制作的电子笔记和错题整理）</td><td>学生平台留言释疑解惑</td><td>学生上课讲评错题</td></tr>
<tr><td>1. 定期催稿
2. 文字校对
3. 内容审核</td><td>自创小说栏目——《我们的青春正飞扬》</td><td>学生平台点评促进步</td><td>为班级小说设计插图</td></tr>
</table>

（三）“五维”素养，实施有效的科学评价

1. 绘成长图——省个体

结合活动初期所设想的育人目标，每一个学生在团队创建的中期和后期绘制

了自己的五维素养图。分别根据团结合作、组织策划、大胆创新、踏实进取、团队贡献五个维度进行班级评价，并且选出每一个维度中的佼佼者。

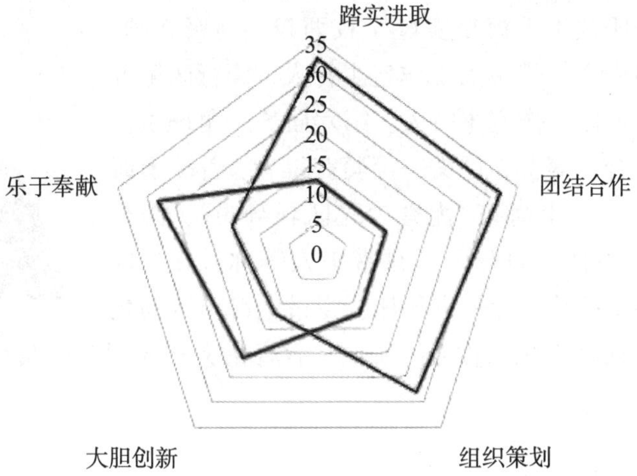

五维素养图

2. **网络投票——推优秀**

每一个维度推选三名优秀者，利用公众号中的投票功能，结合学生的活动表现、在家表现和学习表现，由班级学生、家长和任课教师共同投票选出年度最佳班级之星。

3. **多元评价——促成长**

在整合线上、线下评价机制，集合传统、互联网＋技术评价手段，通过学生互评、教师评价和家长评价的多方评价联动，最终凭借多元化的评价方式，促使学生全方位地迅速成长。

总之，新时代背景下呼吁新型人才的储备，班级微信编辑部是在职业体验的基础上，使学生在通过角色体验和意识形成来提升综合素养的同时，关注到学生成长的新素养培育。正所谓在成事中成就自我，在成人中重塑自我。

依托微信公众平台的团队建设是基于生活场景下的德育实施载体，凸显了学生在德育中的主体地位，彰显了学生的个性，保护了学生的主动性和创新性，成就了学生的个体发展，也带动了学生集体的良性发展；整个团队建设过程既有基于学生素养成长的目标设计，又有系列育德活动的巧妙实施；它不仅培育了学生的核心素养，也为团队和集体建设提供了纯净的舆论氛围，和谐了生生、师生，乃至家校的联动关系。

作者简介

孙丽凤，任教于上海市实验学校西校，高级教师，上海市第五期班主任带头人工作室主持人、闵行区第五期、第六期班主任工作室主持人。第六届长三角班主任基本功大赛综合一等奖、论文一等奖获得者。曾获上海市“十佳班主任”、上海市“优秀少先队辅导员”、闵行区十佳金奖班主任、闵行区学科带头人等称号。多次闵行区记大功、记功。所带班集体获得过上海市自动化优秀小队及区红旗中队等称号。所撰写教育论文和案例多次获奖并积集出版。

班级建设缺乏新意和活力，怎么办？

——合理使用新兴技术，创新建班育人途径

唐　燕

问题扫描

利用手机 App 进行班级管理和建设已经普及，不少班主任已经感受到其带来的方便。笔者对嘉定区 7 所初中学校进行了问卷调查，数据显示，比起传统的家访和面谈，现在的家长更愿意在网上与老师交流。一些专业家校平台的建立更是方便了家校之间的交流，为班级建设注入了新的能量。

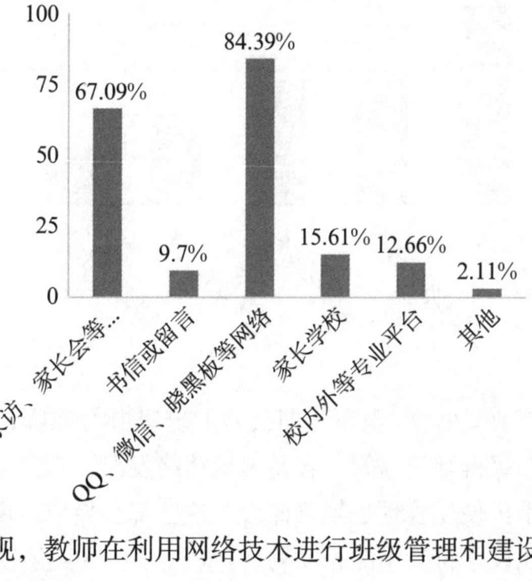

但在调查中发现，教师在利用网络技术进行班级管理和建设中，依然存在不少问题：

一、教师主观上不愿接受

部分教师习惯传统教育方式，排斥互联网技术，对手机 App 的使用也抱有迟疑态度。调查结果显示，超过 1/3 的老师担心学生自控力不够，长期使用手机会产生依赖甚至迷恋网络的现象。超过 20% 的教师认为手机应用和网络的使用无形中延长了自己的工作时间，增加了工作负担，对此怨声不断。

二、教师操作能力不足

不少教师仅将手机作为管理工具，无法在网络上与学生和家长进行深入的情感沟通，无法达到弥补传统班级建设不足的效果。有些年轻教师则一味追求时尚，存在滥用 App 的现象。所以，在使用手机 App 进行班级建设的过程中，需要教师对 App 工具仔细分析和挑选，避免单一或滥用现象，提高 App 使用的效果。

三、班群管理混乱

班级的 QQ 群、微信群基本是由班主任创建并进行管理，只有极少部分是学生或家长参与管理。

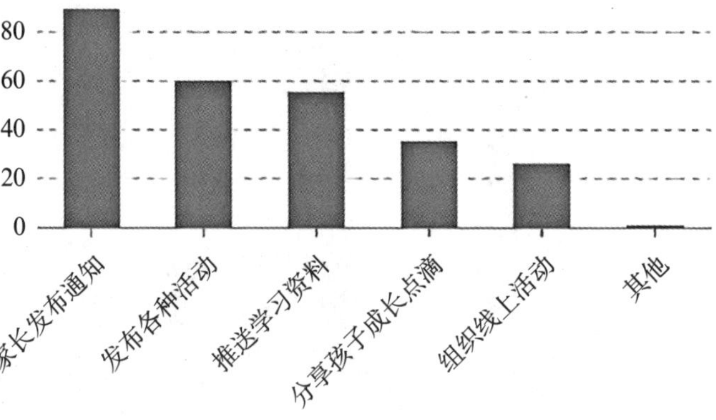

而不少班级存在“小群”现象，即公开的班级群有老师，小群里则只有学生或家长。这样的班级群缺乏监管，容易出现情绪发泄、不良信息传播等现象。许多家长对孩子的手机使用管理也缺乏监管，这些都会导致运用网络技术进行班级建设与实体班级建设不符，不能相互响应。

归因分析

一、教师对网络和手机工具认识不足

许多班主任偏激地认为，学生使用手机上网有弊端，就禁止学生使用手机。大力批判网络给青少年带来负面影响的同时，不能否认网络为学习、生活和工作带来巨大便捷。在继承和发扬传统班级建设模式的同时，班主任要与时俱进，转变观念，正确认识、看待手机的作用。我们要从班主任自身做起提高自身网络素养，努力挖掘探索手机 App 的新功能和新用途，使其最大化地发挥优势。

二、教师自身网络技术学习不足

目前对于教师技能培养相对更注重教学技巧的培养，却忽视了对于教师管理技能，特别是借助于网络、自媒体进行学生管理技能的培养，造成了教师在面对手机时束手无策。教师必须掌握足够的手机技术知识，顺应时代变化，改进自己的工作方法，有效利用手机媒体链接掌握学生的思想动态，进行及时有效的教育和管理，进一步加强班级建设的实效。

三、教育对象发生变化

网络文化正在影响着学生的思想、价值观、择友、学习和生活方式。在班级建设中，它并没有引起足够重视。如果说重视，也只是从纯粹管理的角度，怕学生在网络中迷失自我，而简单地制止，结果是师生关系因网络而紧张，班级和谐关系被打破。教师应当承认，尽管网络会对学生和班级建设产生一定的消极影响，但不容置疑的是，网络文化作为新生事物具有广阔的发展前景。班主任作为班级建设的领导者，只有积极应对这个问题，才能把握班级建设的主动权。

理论阐述

“互联网＋”时代，网络和信息技术的开发和进步改变了原有班级建设的模式和方法，教师、学生、家长三方互通交流、共享资源成为发展趋势。

一、互联网工具创新了班级管理模式

互联网工具使得班级建设模式发生了革命性的变化，其优势是对传统班级建设进行补偿，扩大班级建设的阵地，拓展班级建设的时空限制，增加学生在班级建设中的参与度。班主任应该充分挖掘网络工具的功能为教育教学服务，提高自己建班育人的能力，提升班主任日常工作效率，创新班级建设的途径。

(一)网络延伸教育时空，促进家校无缝对接

家访、电访、家长会等传统家校互动模式无法做到及时有效的沟通，家校间的交流存在时效性差、缺乏连贯性等问题。网络工具及时、便捷的特点正好可以弥补这些缺陷，让教师与家长甚至家长与家长间可以随时随地沟通，让家长在家校合作中转被动为主动，切实提高家校合作的效果。家长也可以在班级群中讨论各种教育问题，向教师寻求帮助，为教师的家庭教育指导提供了更多的机会。

(二)网络丰富班级活动，促进学生全方面发展

传统的班级活动基本以学校或教师组织为主，学生参与，由于各种原因，家长的参与度并不高。将班级活动的主阵地转移到网络上，能丰富学生的课余生活，展现学生多方面的个性和能力。同时，家长也可以参与活动，了解孩子在活动中的表现。现在不少班级都有自己的微博、微信公众号等，而在这些领域就有了家长和学生一展所长的机会。

二、互联网工具创新了班级人际关系

(一)新型师生关系下教师不再是中心

传统的班级人际关系中，班主任常常扮演着班级的权威，掌权者、管理者、指导者。互联网时代，教师的传统地位受到挑战，师生关系悄然发生变化。在互联网上的交流中，班主任不再是权威，更多扮演朋友、知心姐姐(哥哥)、网友，甚至心理医生的角色，帮助和引导学生在网络中正确认识自我、认识他人，调整人际关系，增强班级凝聚力和集体认同感。

（二）新型家校关系中更需要信任的纽带

互联网带来的家校关系变化，使得家长在学校事务中的参与度不断提高，更多家长参与学校和班级事务的管理。他们的文化背景、做事风格各不相同，这就需要建立以信任为前提的合作纽带。这就需要教师发挥聪明才智，在网络家校沟通与合作中创设坦诚互通的合作环境，优化以网络为主的多种沟通合作方式模式相联通。

实践支招

时下，各种 App 在班级建设中的运用主要是为了弥补传统班级建设的不足，发挥网络和手机端的及时、便利、可移动优点，凸显班级建设中的特色创建，创新工作方式，让互联网与教育形成合力，为班主任工作减压增效，为班级管理提供优化选择，为学生的学习生活留下成长足迹。

作为目前使用较广泛的 App——微信与 QQ，其强大的会话功能和展示功能成为不少班主任的首选。

一、会话交流功能

大部分的 App 都是基于社交需求产生的。大多数班主任在接班伊始为了方便交流沟通都会建立家长或学生的微信群、QQ 群。在群中老师能够发布通知、活动、文件，实现群体交流或一对一的私下交流。同时，家长群内还能交流育儿经验，分享教育案例，不少教师会选择将一些教育类公众号推介给家长，或分享教育公众号的一些文章，引发家长的教育共鸣，以此来指导家庭教育。

其实，绝大部分的 App 都具备会话交流功能。可以说，在使用 App 进行班级建设时，是否具有会话功能成为不少老师的一项基本要求。

二、平台展示功能

微信的朋友圈功能为班级活动提供了一个展示平台。不少班主任会把班级的各项活动通过图片、小视频的方式发布，朋友圈点赞便为其添加人气。但由于其私密性较强，仅限于好友才可参与互动。班主任也可以通过为班级注册公众号的方式来展示班级建设中的重要活动。

腾讯的“QQ空间”则为虚拟班级的建设提供了一个更加公开的公共平台，非好友也可互相关注和留言。教师可以让学生参与活动的记录，日志的发布不仅给家长提供了了解孩子班级生活情况的渠道，同时也提高了学生参与活动的积极性。由于其可公开，充分包容了学生、家长，甚至是班际、校际更大范围的交流互动。

三、在线辅导学习功能

“互联网+教育”最受欢迎的一项功能就是在线辅导学习，不少App都可以实现专业而高效的在线学习。其实，通过在微信或腾讯QQ的语音（视频）通话功能即可实现教师与学生在线学习辅导功能。同时，通过会话功能中的文件传输功能，教师可将自己制作的微课或上课讲义、视频文件发送给需要在线学习的学生，方便其在课余时间自主学习。

现在不少直播App也可实现网上学习，而直播过程中可以互动留言，对直播内容即时改进，其展示的互动性、即时性更强。

四、任务发布功能

教师在建群的时候，首先想到的是方便自己发布班级通知和活动。班级建设中一些简单信息的填写和修改或小活动可通过腾讯群会话中“群接力”的方式来完成。教师可设置要接力的内容和时间，方便家长或学生接力完成任务，教师在任务完成后收集、整理信息。微信小程序“群里有事”可以实现“活动、投票、群话题、调查问卷”等多种功能，利用这些小功能也可以辅助班主任提升日常的教育管理效率。

五、信息管理功能

在班级建设中班主任还要整理存放大量的学生信息，如学生的考勤、值日安排、活动报名、成绩管理等。一些日常的管理可通过群功能实现。而专业的考勤工作、成绩管理等则可以借助专业平台实现，如校内外、晓黑板等。

“晓黑板”的“成绩发布”功能满足了现在的课改需求。老师在线制作成绩单方便快捷，单独发送给每个学生家长，保护学生隐私。而“校内外”平台的“成绩”栏目同时还能附上考试分析，深入分析学生学习掌握的综合情况，对学生的学习进行长期跟踪。

六、调研投票功能

微信和腾讯都有简单的投票功能，以满足教师对自己的教育行为或班级的活动进行调研。不过，专业的调研和投票还是需要专业的 App 来实现。通过问卷星提供的专业问卷调查平台，教师可以随时随地在手机端或电脑端在线设计问卷，实时查看最新答卷并进行统计分析，大大提高了工作效率。如开学初的学生、家长信息采集工作，家长对老师工作的满意度调查，班级值日岗位报名，最受欢迎班干部投票等常见的调研投票均可方便完成。

在运用 App 创新班级建设时教师应遵循如下原则：

（一）服务性原则

各种 App 的开发，尤其是互动平台是为了方便教师、家长和学生之间的沟通，打破以前交流、沟通的时间和空间的限制，解除学生与教师和家长的隔阂，拉进三者之间的关系，使三者自由、及时沟通。

（二）开放性原则

任何时候教师和家长都可以开通 App，实现互动留言，进行沟通。同时网络交流没有地域限制，不论家长是否在身边都能了解孩子的情况，拉近了亲子关系。有些综合教育平台上的资源比较丰富，方便教师记录学生的各方面情况，家长也能在第一时间获得信息共享。

（三）交互性原则

传统的家校互动单一、滞后，多数是教师单方面反馈学生受教育信息。网络平台可使家长、学生参与交流，家长可向教师请教或留言，探讨教育教学问题，学生可抒写自己心声，向教师探求学习或生活问题。家长能真正参与学校的活动和孩子的教育。

（四）教育性原则

利用 App 进行班级建设时，不论教师对学生和家长的指点，还是发布专家讲座或者活动，都以学生的教育为主。在使用 App 时要注重道德教育，做到合理使用手机和网络，防止出现学生沉迷网络现象。

App应用不仅可以为班级建设提供大数据环境，帮助班主任全面掌握学生情况，从而建立有效的预警机制和全面的班级学生信息库；同时，班级建设也获得了信息化环境，班级管理和活动借此打破时间与空间的限制，实现随时随地的资源信息共享和思想观念交流。教师、家长可以第一时间了解学生的学习生活情况，降低安全隐患，打破了传统家校互动的限制，增进了师生、生生、家校间的情感互动。由此可见，App在班级建设中的熟练使用可将班级打造成适合学生成长、发展的集体，培育出适应时代发展的人才，这是班级建设重要的目标。

作者简介

唐燕，上海市嘉定区马陆育才联合中学教师，曾获上海市优秀班主任、嘉定区十佳班主任、嘉定区"十佳青年教师"等称号，曾获长三角班主任基本功大赛二等奖、上海市班主任基本功大赛一等奖。曾获聘上海市郊区初中优秀班主任研修班导师、嘉定区班主任工作坊坊主，嘉定区班主任人才库核心成员。多次参与市级、区级科研课题和项目，撰写的论文、案例等发表于《现代教学》《嘉定教育》《进修与研究》等期刊。

第二编

新时代组织开展班会活动能力

导读

教育部2009年颁布的《中小学班主任工作规定》指出，班主任“要组织、指导开展班会、团队会（日）、文体娱乐、社会实践、春（秋）游等形式多样的班级活动，采取多种方式与学生沟通，有针对性地进行思想道德教育，促进学生德智体美全面发展。”2021年，教育部在全国组织首届班主任基本功展示，其中一项重要内容就是考量班主任设计和组织主题班会的能力，历届长三角、上海市乃至全国部分省市的班主任基本功大赛也都如此。上海市中小学德育研究协会副会长陈镇虎认为：主题班会是班级德育的阵地，学生成长的沃土，班主任专业发展的舞台。主题班会是一种以学生为主体，以班主任为主导，以班级为单位，围绕某一个德育主题，通过课程形态，有计划、有目的地开展情景化的道德认知教育，引导学生在认知冲突和思想对话中进行道德交往、激发道德反应、获得道德体验、促进道德发展的集体教育活动，在建班育人中发挥了十分重要的作用。但由于诸多因素的影响，当下不少主题班会还存在着许多与时代发展不尽相适应的地方，需要我们不断地改革与创新。为此，我们从2017年开始组织开展了“基于主题班会有效性的‘N个怎么办’的实践研究”，围绕主题班会的实效性，紧扣N个怎么办，以理论为先导，实践为路径，进行了将近4年的研究。对主题班会的主题确定、目标设置、活动模式以及班会演绎中涉及的流程环节、导入方式、课堂提问、学生生成、资源运用、呈现形式等问题，进行了实证性的研究。本编内容正是基于实践研究之后的部分成果呈现，主要聚焦下列问题：

关于主题班会中班主任的角色认知，李妮旎老师的《班会中班主任主导角色把握不准怎么办？》指出：根在主题班会的不同阶段，班主任的主导作用要有不同体现，应该充分以“引”“导”为前提丰富自身角色。在设计阶段，遵循自身的角色定位，班主任要明白自己是主题班会的组织者、主题的确立者、主题班会的指导者。在活动开展过程中还要关注课堂生成，及时归纳、整合信息；发现闪光点或者问题时，巧引导，巧点拨，将学生交流、讨论和思考不断引向深入。这需要班主任聚焦学生的思想如何引导，主题如何升华。

如何科学合理地设置班会的目标，这在班会的设计乃至演绎中至关重要，事关班会的走向和最终教育目的的达成。胡诚老师在《班会目标设定缺乏科学合理性怎么办？》中指出：主题班会教育目标设定过程中的三者关系是互相配合，相辅相成的，它具有一定的逻辑性，一旦确立，对于后续的演绎有着十分重要的作用。它可以使后续的演绎过程层次分明，逻辑严密，使整个演绎的过程充满操作性。主题班会教育目标的设定一定要从学生实际出发，不能过高过大过空。要做到“三贴近”，即贴近学生实际、贴近学生生活、贴近学生年龄。

对于有效开展主题班会，激发学生的兴趣，提高主题班会的实效性，班会的导入不可忽视。钟晓老师的《班会导入环节不适切怎么办？》给大家列出了几种有效的导入方法：直接导入法、创设情境法、典故导入法、演绎法、游戏法、设问法……每一种方法都有较好的导入效果，有效利用对于提高班主任的效应十分有帮助。

主题班会和所有的课堂一样，要提升教学的有效性，就必须有学生的有效参与。课堂提问贯穿于教学的始终，是教学语言最主要的载体之一，它能将课堂活动顺利进行以及重点突出。有价值的提问可以激活学生的思维，使他们积极主动地寻找解决问题的办法。

黄丽莉老师在《班会提问缺少针对性和实效性怎么办？》中和大家就有效提问的话题进行了探讨，在主题班会中，班主任应把问题设在重点处、关键处，疑难处，勤思考、多分析、努力优化“问”，“问”出学生的思维，“问”出学生激情，“问”出学生的创造。这样，就能充分调动学生思维的每一根神经，极大地提高主题班会的效率。

对班主任而言，一节有意义有效应的主题班会，不应该是按部就班地执行预设的教案，而应随时关注学生在课堂中激发出来的思维火花及时加以应用。《不善于利用学生稍纵即逝的动态生成怎么办？》《班会中学生生成超出老师预设怎么办？》探讨了如何及时捕捉学生课堂生成加以有效利用的基本策略。

让学生在主题班会上有所感，有所悟，远比顺利上完一节课更重要。课前积累，课中碰撞，课后拓展，将教育内容与学生的生活实际联系起来，有效激活学生的思想，让主题班会产生最佳效益。班主任要正确处理好预设与生成关系，努力使主题班会拥有思想深度和文化内涵，成为师生体验生命激情、启迪教育智慧、共享教育幸福的课堂。

作为主题班会的主体参与者，学生在主题班会中作用不可或缺。如何充分调动学生的积极性，让每一个人都积极融入课堂的氛围中，激发他们的思维火花，搭建展示自我的舞台。作为主题班会的设计者之一的班主任在整节课的内容、形式的呈现上有着十分重要的作用。如何通过优化活动形式，激发学生参与热情，王晨和施叶老师认为，班主任一定要充分利用主题班会这个学生成长教育的平台，开展形式多样的主题班会，体现学生在活动中的主体地位，调动学生参与活动的主动性和积极性，充分发挥主题班会的价值功能，整体提升学生的思想道德品质素养。

当然，仅仅依靠一节40分钟的主题班会来完成对学生的思想道德教育，转变学生的行为是远远不够的。俗话说“十年树木，百年树人”，这充分说明教育的延展性，而这也正说明我们的主题班会不仅仅在一节课上追逐教育的实践效应，高明的班主任在完成一节班会的同时还顺延了课上的内容，进行了有效的拓展，这是我们在评价一节主题班会的成效时也应当予以关注的。肖慧老师用自己的实践经验，在《班会后拓展延伸达不到预期的效果，怎么办？》一文中通过营造体验情景，家班合力育人的努力来提升班会的真正成效，其做法值得我们大家一起去研究探讨。

苏霍姆林斯基说：“只有能够激发学生去进行自我教育的教育，才是真正的教育。”班主任要结合生情、班情，设计规范的班会，充满激情地去演绎好每一节表班会，积极调动学生在班会上的主动性，拓展班会的育人功能，使之真正成为学生成长的摇篮，班主任专业发展的大舞台。

上海市崇明区教育学院　胡　诚

主题班会的主题不会提炼，怎么办？

——坚守先进理念，体现“三性”要求

黄晓雁

情境导入

在现实教育工作中，班主任设计的教案看似规范，但主题的提炼、把握、确定却是问题百出。

教案片段一　“饮水思源　永怀感恩”

第一板块：理解感恩之意

（1）介绍“感恩节”的由来。
（2）美国总统罗斯福的“感恩”小故事。
（3）同学们分享发生在他们身边的令人感动、记忆深刻的故事。

第二板块：感受感恩之情

（1）播放公益广告（小女孩端洗脚水给妈妈）——感恩父母。
（2）通过 PPT 播放班级中师生互相帮助的相关照片——感受老师和同学。
（3）播放汶川地震的报道——感恩社会。

第三板块：回馈感恩之行

（1）重阳节感恩之行——关爱孤寡老人活动。
（2）每个同学制作一张感恩卡片，送给在班级中曾帮助过他的同学。

（3）小组讨论，感恩回馈，我能做什么？
（4）集体合唱《感恩的心》。

教案片段二 “做好垃圾分类 保护生态环境”

第一板块：什么是垃圾分类

（1）垃圾从哪里来、有什么危害？
（2）什么是垃圾分类？
（3）为什么要进行垃圾分类？——垃圾分类的意义。
（4）播放视频谈谈观后感。
设计意图：让学生认识到垃圾的危害、垃圾分类的重要性和必要性。

第二板块：垃圾分类的现状

（1）谈谈你了解的垃圾分类现状。
（2）播放视频谈谈观后感。
设计意图：让学生认识到垃圾分类已经刻不容缓。

第三板块：践行垃圾分类

（1）谈谈如何进行垃圾分类。
（2）播放视频。
（3）谈谈观后感。
设计意图：让学生知道如何垃圾分类。

教案片段三 “诚信伴我行”

一、班会导入

让学生讨论一下中华民族有哪些传统美德，从而引出主题。

二、过程

（一）认识诚信

（1）提出问题：什么是诚信？

（2）随机让几个学生回答，并给出诚信的解释，引出班会主题——诚信伴我行。

（二）解读诚信

（1）讲“狼来了”的故事，并分析从这个故事中得到的启示。

（2）友情保卫战：怎样帮助一个平时信口开河、但是关键时候总是看不到他的同学。

（3）总结诚信存在于哪些方面。

（三）坚持诚信

（1）怎样做到诚信？

（2）做到诚信于人。

（3）诚信的名言。

（4）学习“诚信歌”。

三、教师寄语（总结）

问题归因

上述三个教案就班会主题的提炼、把握与确定来看，主要存在以下三个问题：

一是教育主题大而空。如感恩教育、爱国主义教育、行规教育、生命·家国·责任教育、党史教育、安全教育……这么大的一顶“帽子”，有主题的，却没有聚焦一个点或一个方面或一种精神，实质教育效果不大。一般来说班会的主题主要是集中解决一个问题，宣传一个观点，歌颂一种精神，其内容和形式都是为突出这一主题服务的。所以主题一定是鲜明、具体、新颖、有意义，用词准确清楚的。但教案片段一没有着重落到一个点上，或感恩父母或感恩老师或感恩同学或感恩社会，而是面面俱到，一则时间上不允许，二则不聚焦不突出重点，所以到底感恩谁没有集中解决这个问题。

二是教育主题确定比较随意，或人云亦云、盲目跟从。从教案片段二主题看，垃圾分类是前提，重点是如何“保护生态环境”。但实际教育过程中“如何保护生态环境”相关内容未涉及，仅停留在什么是垃圾分类、如何进行垃圾分类浅层次的认知、操作上，所以设计时不是围绕中心议题展开由浅入深、由表及里的分析和探究，缺乏应有的逻辑主线。因此主题显得比较随意、盲目，只关注对仗、顺口，迎合当前时事热点话题，就如空中楼阁，没什么支撑，结果可想而知。

三是教育主题的确定与学生教育现状脱节。教案片段三设计者是职校的老师，环节中讲述《狼来了》的故事，显得幼稚肤浅，没有结合班级学生在诚信方面的现状、缺失或存在问题等实际而进行设计，因此“诚信伴我行”可能只是一句空话，没有真正教育的意义。

理论分析

为什么班主任在设计主题班会中会出现主题大而空、主题随意分散、主题与学生教育现状脱节等问题，主要原因可以归纳为以下几点。

一、班主任在确立班会主题时要有正确的教育理念

主题班会是在班主任的指导下，为解决班级或学生成长中存在的教育问题，围绕某个主题由班级全体学生共同参与的一种班级活动。其功能定位是学生全面而有个性地发展，其核心是对学生进行思想价值的引领，以及班级事务问题的解决，其路径是融通生活，了解学生真实的思想认识，关注学生真实的成长需求。为此主题的选择强调来自学生的实际，力求“以人为本”。一堂主题班会以什么为主题，由谁来决定？是老师，还是学生？主题是什么，其实是很有讲究的。根据德育的一般规律，主题班会主题的选择应该满足两个需要：一是学生成长的需要，二是教师教育的需要。满足学生的需要是实现主题班会教育功能的前提，满足教育的需要，是主题班会教育功能的回归。所以主题班会选择主题时应该做到两个关注：即关注能反映绝大多数学生生活中遇到的问题、矛盾、困惑，关注对学生的整体发展可能具有重大影响的问题、矛盾、困惑。怎样捕捉学生中存在的这些问题、矛盾、困惑？这要靠班主任的观察、研究、搜集。如：经常与学生及其家长谈心、交流，也可以提出一些问题，让学生回答，设计问卷了解学生的现状，或者通过召开学生干部座谈会了解问题等。如主题

班会“心与心的沟通”，主题的确定，是班主任从家长反映中了解到亲子关系的紧张，为此通过设计问卷了解亲子关系现状，并设计开放题：目前感到亲子困惑的问题是什么？几乎80%的同学认为是家长不理解。班主任老师在获取这些基本资料后，设计了主题班会，引导学生体谅父母，学习沟通的技巧，和谐亲子关系。为此只有“以人为本”，树立正确的教育理念才能设计出规范合理有效的班会方案。

二、班主任确立班会主题时要体现“三性”

主题班会是紧扣主题、围绕目的开展的学生自我教育活动，主题是班会的核心。因此班主任必须根据本班学生实际，把准学生“脉搏”，选择恰当的主题，体现“三性”特点：

1. 针对性：针对学生成长与发展中的身心特点或班级中存在的具体教育问题。

2. 思想性：结合当前教育的重点，具有教育价值导向意义。

3. 时代性：富有时代特点和吸引力，学生喜欢，参与积极。

实践支招

一、从学生实际现状或问题出发来确定或提炼主题

班主任须经常从学生的思想、学习、生活、行为、生涯等方面了解本班学生实际情况，在学生思而不明、想而不清、知而不做的问题中选定具有启迪性的主题，为整个班会定准“基调”。如某初中龚老师面对班级中85%的学生抄作业现象，通过设计“拒绝抄袭　诚信学习”主题班会，以小品形式巧妙创设场景，学生们讨论、交流、反思、感悟，老师给予指导和启迪，让学生明白诚信的重要性，也懂得如何做一个诚信学习的中学生的道理。这个主题的确立源于本班学生实际，从学生的身心特点出发，恰到好处。又如某初中郁老师，针对班级学生不自信的问题，设计“你行，我也行”主题系列活动。开展“班级服务我也行”“文明修养我也行”“学习方法我也行”等系列主题班会，呈现的都是学生真实的实践、体验、感悟，教育成效显著。

二、从学生的偶发事件中"以小见大"来确定或提炼主题

偶发事件往往会有意想不到的教育契机，班主任要注意及时抓住这一时机，否则时间久了可能会失去教育意义。有时看似是很小的偶发事件，或生活中的一些习以为常、不以为然的小事或普遍现象，但这些小事、普遍现象中所折射出的问题或所蕴含的大道理却很深刻，可能会影响或改变学生的一生。如"课间文明活动，你我快乐成长"就是某初中黄老师针对班级偶发事件——同学间课间打乒乓球而引发的不愉快所设计的。习惯上很多老师的教育方式把两个同学叫过来，陈述事情缘由，分析谁对谁错，相互赔礼道歉，最终握手言和。但黄老师以班会的方式进行集体教育，通过课间乒乓球事件再现，由全班学生一起分析事件的起因、发展，请当事人反思自己的行为，进而让学生一起讨论如何避免事态的发展，老师引导学生以小见大，课间如何文明活动，一起商讨制定课间文明活动公约，使学生受益终生。所以，面对偶发事件，班主任如果反应敏捷，果断决策，及时确定主题召开班会，会有意想不到的效果。

三、从学校重点工作与时事热点相结合中来确定班会主题

当前，班主任设计和实施的主题班会要紧紧围绕"中小学德育工作指南"的理想信念教育、社会主义核心价值观教育、中华优秀传统文化教育、生态文明教育和心理健康教育主旨展开。为此很多学校把这些教育分别定为各年级思想道德教育的重点。如某初中在组织具有学校特色的"远足扫墓，祭奠英烈"清明节主题活动时，校级活动主题为"永远的丰碑"，名字响亮，令人浮想联翩，是个不错的中华优秀传统文化教育的活动。班主任饶老师根据学校要求，远足扫墓结束后以"我心中的丰碑"为主题召开主题班会，回顾总结本次活动。应该说目标指向更明确，学生联系自身实际，学先烈，见行动。可见，班会既与学校德育特色工作相结合，又与时事热点相结合，而且学生有亲身体验，有话可说，有感可发，有精神可传承，效果显著。

班会主题的酝酿与确立对整个班会具有导向作用，它指引班会朝着教育的方向发展，从而达到预期的教育目的。精彩鲜明的主题具有鲜活的生命力，它能引发学生参与的兴趣，激发学生参与的热情，促使班会的教育目标得以更好地实现。据此主题的确立如果体现"以人为本"的教育理念，符合道德教育的发展规律，关注动态生成，关注学生精神生命质量，那就能提高育人的效果。

作者简介

黄晓雁，上海市崇明区教育学院德育研究员，德育高级教师。曾获崇明区“十佳”德育工作者、上海市第三届“育德之星”、上海市家庭教育优秀管理者等荣誉称号。指导区班主任参与历届市班主任基本功系列竞赛均获等第奖，领衔多个市区级德育课题，参与多项德育课程开发，多篇文章在市区杂志上发表。

班会中班主任主导角色把握不准怎么办？

——把握主导内涵，注重思维“引”“领”

李妮旎

情境导入

高一某班一同学因为琐事与隔壁班学生发生了口角，便约好友一起找对方对质解决。好友认为这种做法欠妥，两人闹僵了。得知此事后，班主任便以此为突破口，召开了“行友善，做益友”主题班会。

在导入环节，班主任以上述事件为情景导入，并直接表明了自己的态度：这其实不是真正的友谊。

随后，在“知友善”环节，班主任提问：“什么是友谊？”

学生A：“我喜欢和一些兴趣相投的伙伴们一起吃吃喝喝，玩玩游戏，很开心。我认为这也是一种友谊啊。”（不少学生笑，也有学生点头附和）

师：“这是酒肉之交。”

学生们对老师的话面露疑惑，想要和班主任进一步交流，但班主任已经转入下一环节。在“如何善待他人，做益友”环节，学生们展开了热烈讨论。

学生B：“某同学轮到卫生值日的时候总是以各种理由逃掉或者敷衍，劳动委员总是默默地替他完成任务，这也是一种友善。”

学生C：“我与朋友交往时一直很和善，对任何事任何要求都没有异议，朋友关系融洽。所以我认为益友一定要和善。”

……

学生们对这个话题产生了兴趣，积极表达自己观点，但部分学生对友善的内涵理解出现了偏差。然而班主任并没有关注到这点，他继续按照教学设计进行下去，开始讲述做益友的原则……下课铃响，班会结束。

问题归因

本堂主题班会过程完整，主题适切，并且按照教学设计顺畅实施。通过案例片段呈现，我们看到班主任的确全程参与，似乎体现了班主任的主导作用，但是实际上存在着不少问题，影响了班主任主导作用的发挥。

一、主题班会的核心功能未真正落实

本堂课设计初衷是针对班内学生将“义气”误认为是友谊的误区，引导学生学会与人相处。学生的积极参与说明他们有这方面的实践困惑和学习需求，但是班主任在执教中忽视了学生自我教育的核心功能，变成了教师的唱主角思想教育课。学生只是在理论上学习了友善的内涵、益友的重要性以及交友原则，但最终并没有回到班级实际问题，也没有自主思考如何解决这个问题。学生只是在“知”方面有所了解，在“行”方面仍然没有清晰的思路，还是无法正确处理这种两难处境。主题班会没有解决学生的实践需求，“知行合一”的效果很难实现。

二、班主任对“主导”的内涵理解不够全面

班主任把侧重点放在“主”上，将主导片面理解成“主控”“主讲”，导致班主任在主题班会中不可避免地出现重形式、轻实效的问题。尽管班主任设计了学习、讨论等环节，学生积极参与，而且班主任全程主持、参与了整堂班会，似乎做到了主题班会的双主体特征。但是细究，班主任只是按照教学设计走了一遍。一方面仍侧重于说教和讲解，忽视了和学生的思想交流。另一方面实施过程中没有及时抓住学生的思维困惑，也没有引导学生通过体验感悟了解该如何行友善，怎样做益友。

三、班主任的主导作用体现形式过于单一

班主任参与了主题的选定、教育过程的设计及“友善是什么”的内涵讲解，

但仅仅这样是不够的。在主题班会导入时，班主任没有将班级问题和班会主题有效联系起来，而是生硬地将主题引入，并且一开始就表明自己的态度，这等于绑架了学生的思想，主题班会还没开始就失去了召开的意义。班主任在讨论过程中缺乏对学生思维的点拨和激活，引导学生深层思考。本堂主题班会执教过程对学生的“引”不够自然，“导”不够深入。

理论分析

为什么班主任要在主题班会中发挥主导作用，把握主导内涵，注重思维引领呢？

一、发挥班主任的主导作用符合建构主义理念

建构主义认为学生是信息加工的主体，是知识意义的主动建构者，而不是外界刺激的被动接受者和被灌输的对象。而教师是学生建构意义的帮助者、促进者，而不是知识的传授者与灌输者。

《中小学班主任工作规定》指出：中小学班主任作为中小学教师队伍的重要组成部分，是班级工作的组织者，班集体建设的指导者，中小学生健康成长的引领者。因此，在主题班会中如何激发学生的兴趣和自主参与性，把主题班会的主动权还给学生，离不开班主任的有效引导、指导。

二、正确理解班主任的主导内涵影响班会的有效性

中小学生正处在生长发育时期，其知识和经验都不丰富，智力和体力还不够成熟。这些自身原因让学生不能准确了解自身存在的问题，缺乏明辨是非的能力。在主题班会的主题确立、教学活动的设计、教学目标的落实等方面，如果离开了班主任的指导，主题班会的有效开展和实施根本无从谈起。在设置的两难处境时，学生产生了不同的想法或者较大的思维偏差，班主任及时的引导和恰当的点拨是非常必要的。而要将学生的思维升华统一，并启发学生自我教育，最终由“知”衔接到“行”，更加离不开班主任的“穿针引线”。

所以，主题班会要达到预期良好的教育效果，需要班主任能正确并全面理解其主导作用的丰富内涵。

三、不同阶段班主任主导内涵体现应有侧重

在主题班会的不同阶段，班主任的主导作用要有不同体现，应该充分以“引”“导”为前提丰富自身角色。在设计阶段，遵循自身的角色定位，班主任要明白自己是主题班会的组织者、主题的确立者、主题班会的指导者。主题的选择是否适切，过程设计是否科学等都需要班主任要关注、把关。此外，班主任在活动开展过程中还要关注课堂生成，及时归纳、整合信息；发现闪光点或者问题时，巧引导，巧点拨，将学生的交流、讨论和思考不断引向深入。这需要班主任聚焦学生的思想如何引导，主题如何升华。因此，班主任更是学生思想的交流者，是学生思维的引领者。

实践支招

班主任在主题班会中要全程进行把控，发挥主导作用。这需要班主任时刻把握主题，在主题选定、内容设计、活动形式以及实施过程等各环节中，通过启发、指导、点拨，引领学生深入思维，深度思考。要全面理解主导内涵，班主任可从以下方面把握主导性角色，将思维引领贯穿各环节。

一、主题确立者——确立适切的活动主题、教学目标

教师组织主题班会，首先要清楚召开的目的：主题班会是基于班级内学生出现的问题和学生需求而召开的。通过主题班会，班主任要引导学生提高认识，消除困惑，解决问题。

在主题班会前，班主任针对班情把握教育课的方向和主题，尤其是目标设计必须由班主任把握。要在了解学生的基础上确立切入口小的教育主题。此外，活动形式、活动方式的选择等应该是在教师的指导下由学生或师生完成。

本次主题班会源于学生生活，班主任可以针对这次事件，创设类似两难的生活情景，提出问题，启发学生思考这样的情感到底是不是友谊，再顺势引出本次主题班会的主题“友善”。本次班会的教学目标是让学生理解友善的内涵，并最终学会解决生活中出现的问题，学会与人友好相处。但是在班会设计时，班主任却不能在导入阶段直接将自己的观点告知学生，而应该在真实情境中让学生通过

学习、讨论、思考等方式，明晰友谊的内涵，区分义气与友谊，自然而然地在认知上达成一致，并学会如何处理类似问题。

二、思维引领者——开展适时的思想交流、思维引导

在主题班会导入环节，班主任应抛弃生硬的讲解，也不能直接表明自己的观点，可以创设和班级问题相似的情景，并引入话题："我们到底该如何交友？"让学生带着问题进入活动，为后面的讨论做好铺垫。

在主题班会开展的过程中，班主任要善于激活、调动、启发学生的思维，创设思想碰撞的平台，鼓励他们发散性思考。如当学生认为"一起吃喝玩乐，相处快乐的伙伴就是朋友"时，班主任要及时抓住学生观点，用对比、案例呈现等形式引导学生理解"朋友"的不同层次，通过讨论让学生明白这种所谓的朋友只是酒肉朋友。班主任在讨论引导过程中切忌直接告诉学生对错是什么。

其次，班主任要注意观察，搜集学生的各种反馈信息，对于活动中的矛盾和偶发事件及时妥善处理。班主任还要善于抓住活动中的教育契机，对学生及时引导，对活动中遇到的困难及时给予帮助。如对学生谈到的"劳动委员式的老好人是友善"及"无条件服从朋友也是友善"时，班主任可以通过追问的方式，引导学生展开讨论。通过让学生的观点碰撞，激发他们思想的火花。在理顺思路后，学生根据之前的讨论和思考明白：伪友善交不到真正的朋友，真正的友谊一定建立在平等、尊重的基础上。

三、观点升华者——给予适度的评价点拨、升华统一

班主任对于学生的任何观点要予以及时的回应和点评。哪怕学生说得不对，也是学生真实的想法，班主任要及时肯定他们的积极和坦诚，再巧妙点拨。如针对劳动委员的老好人式友善，班主任可让学生换位思考，体验劳动委员的感受；也可进一步提问学生劳动委员的职责到底是什么。学生说到位了，及时肯定；学生回答不充分，再引导其从不同角度思考，或者让其他学生补充。

在小结时，可以将学生的讨论亮点和结果再次集中强调，并结合预设的"交友原则"进一步升华。通过点拨和升华，班主任再抛出几个学生生活中的交友问题，鼓励学生谈谈如何处理此类问题。在践行过程中，班主任要认真关注学生是否能学以致用，对提出正确处理方式的学生予以欣赏和认可，对思路尚不清楚或有偏差的学生也要耐心引导。班主任最终要让学生从意识层面上升到行为层面，

不仅要正确理解友善内涵，更要让学生学会处理类似问题，在生活中真正学会如何行友善、做益友。

苏霍姆林斯基说：“只有能够激发学生去进行自我教育的教育，才是真正的教育。”班主任要结合生情、班情，启动和激活他们参加主题教育活动的兴趣和需要，精心设计每一节主题班会。在主题班会实施的过程中，要全面理解班主任的主导内涵，充分发挥班主任的主导作用，引导学生发挥主动性，使学生的思想处于积极活跃状态，主动参与主题教育活动，增强学生的自我教育能力，做主题班会的指导者、参与者，促进者、引导者。

作者简介

李妮旎，上海市崇明区城桥中学班主任，曾获崇明区“十佳班主任”，崇明区第三届“十佳”德育工作者提名奖，崇明区园丁奖等荣誉称号，上海市闵行杯和崇明杯班主任基本功大赛高中组二等奖，崇明区班主任基本功大赛高中（综合）一等奖。《农村普通高中特殊家庭的家校沟通实践研究》获“第四届长三角家校合作论坛”论文三等奖。“农村普通高中学生手机依赖现状分析及家庭教育指导的实践研究”为市级立项课题。

班会目标设定缺乏科学合理性，怎么办？

——科学合理设置目标，提升主题班会的有效性

胡　诚

情境导入

根据2019年对全国16个省市的3 842名班主任的调查发现，对如何科学合理设定主题班会教育目标存在着很大的困惑，存在着不科学、不适切、不合理的问题。针对这一问题，我们组织了一次较为深入的研讨。这是一节有关抗疫的主题班会，主题是“隔离不隔爱，一起去战疫”。这是R老师教案中的教育目标部分（第一稿）：

（1）了解隔离的目的和意义，正确对待身边隔离的人，感受（情感）他们的奉献牺牲精神。

（2）了解居家隔离的防疫知识，学会正确洗手、戴口罩、进行消毒防疫，保持居家隔离安全卫生。（重复的认知感受）

（3）调节隔离时的焦虑、烦躁心态，正确调节情绪，感受（情感）身边的温暖。

（4）知道隔离也是抗疫的重要组成部分，安心隔离就是在共同抗疫，增强使命感。

根据主题班会课对于目标设定的基本要求，我们把认知目标、情感目标和行为目标作为主题班会课必须实现的三大基本目标，也就是我们常说的“德育”的三维目标。在R老师递交的目标体系中，我们可以看到认知目标和情感目标的

体现，但缺乏了行为目标的设定，而这恰恰是主题班会所必须达成的一项重要指标。于是，我们让R老师对教案的目标进行了第一次的修改。

从R老师的目标设定中，我们认为她所选择的项目多、内容杂、要求高而达成度低。我们建议R老师减少目标项目，精选内容、形成层次，提高达成度，即行为目标的确立。

通过组织网上互动教研，骨干班主任、学科带头人等共同对如何确立教育目标进行了认真的研讨，形成了一致的认识。

随后，R老师很快又传上来了第二稿：

（1）了解隔离的目的和意义，正确认识“居家隔离”。

（2）增进彼此的友情与亲情，隔离不隔爱，感受温暖，调节恐慌焦虑的情绪。

（3）了解“逆行者”们的无私奉献，感受危难面前众“心”成城的力量，尊重感谢他们的付出。

我们认为，第二稿根据主题班会（班会）目标设定了基本原则，应当符合学生的认知发展规律，即应当从认知—情感—行为三个维度来科学合理化确立我们的教育目标（与教学的三维目标有所区别，主题班会的关键点落脚于行动，偏重于学生的行为指导）。所以，我们再次提出了新的修改意见，让班主任再一次细化，使教育目标更适切更能为最后的演绎过程中的环节安排做好铺垫。通过网上的再一次的研讨，最终形成第三稿：

（1）了解隔离的目的和意义，正确对认识“居家隔离”。

（2）增进彼此的友情与亲情，隔离不隔爱，感受温暖，调节恐慌焦虑的情绪。

（3）通过了解“居家隔离”的现实意义，指导学生通过各种方式达成自我隔离、帮助伙伴隔离，使得大家度过漫长假期，实现隔离不隔爱的教育目的。

问题归因

主题班会是德育的主阵地之一，是班主任针对班级情况对学生进行思想教育的一种有效方式。同时主题班会也是班主任的一项基本功，是班主任工作的一项重要评价指标。一堂主题班会的主题确立后，最重要的就是教育目标的设置了。

因为教育目标有定向作用，能防止该堂主题班会偏题、离题；教育目标还具有动力作用，它能激发大家围绕目标去进行活动；教育目标还具有评价作用，在行为指导方面的目标就是对教育目标达成度有一个检测的任务。更重要的是，教育目标还在一定程度上左右着班会的逻辑性、层次性，所以它既是我们设计教案的起点，也是教案达成度检测的终点。在主题班会（班会）的教案设计中，很多班主任把握不住目标的设定如何科学精准，符合学生年龄特点，他们往往根据自己的想法，把各年段目标混在一起，造成目标不科学、不适切、不合理。如上述案例就是没有考虑到班会的时间因素而急于求成，教育目标不合理。表面上看，目标很突出——“隔离不隔爱，一起去抗疫”。但忽视了目标越大就会越空，目标越空就越不利于目标的达成，从而影响教育效果。其次，目标的设置要结合学生生活实际和年级等特点，尽量能够让学生通过跳一跳能摘到果子，达成我们的教育目标。第三，本案例中只涉及了认知目标和行为目标，但对于如何在实践中加以贯彻，或者说如何做到“隔离不隔爱”的方式方法上缺乏比较详细的指导，使得整节课在总体感觉上有点头重脚轻的感觉。

理论分析

针对班主任老师在设计过程中无法把握目标设定的科学性、适切性和合理性，我们没有简单地帮助其改正，而是通过数次的反复、数次的组织研讨，让班主任在实践中去感悟，在实践中去修正自己的认知，从而为班主任能够单独进行目标设定的分析和选择打好扎实基础。在研讨学习的过程中，我们反复强调学生是活动的主体，教师是活动的主导，主导必须通过主体才能发挥作用。因此，一切从学生出发便是我们设定教育目标重要的理论依据。本案所提出的教育目标的适切性，从其一般含义上看，是指某事物与其所处环境中诸多因素的相关程度，通常表现为适当、恰当或适合需要等方面的特征。如何设置具体适切的目标，可以从以下两个方面落实。

从学段上分层，2017年8月教育部颁布的《中小学德育工作指南》中关于“德育目标”可以作为我们在落实教育目标适切性的一项重要依据。根据学生身心发展特点和对规律的理性把握，在不同学段层层递进设定不同目标，这就体现了目标的适切性。从内容上分层，比如认知、情意、行为，三维目标或知识、技能、素养等。重点是关注目标的具体、集中、可操作等。一个人的行为，是需要的表现，也是情感的表达。在从“需要”到“行为”的情感之路上，需要是行为的动力之源，情感是理智的基础，理智对情感有指导作用。在目标的设置上考虑三维目标的融洽，这样估计就会更容易被理解。由于主题班会（班会）所具备的道德认知的特点，我们把认知、情感和行为确定为其三维教育目标，在主题班会的教育目标设计上，我们的设计思路要符合“激情、明理、导行”的规律，明理是基础，激情是关键，导行是最终目的。

那么，主题班会的三维目标该如何去定位，使之更加的科学合理而具体？可以从以下三个维度去实现。

一、注意：认知目标的凸现主体，清晰可测

主题班会的认知目标是主题班会在学生品德形成的认知方面的目标追求。由于我国学校德育是大德育，主题班会的主题非常广泛，因此，主题班会的认知目标也容易多而宽泛，试图以此实现对学生全面发展的教育。但是，由于主题班会的时空限制性特点，班主任一定要结合学生年龄特征、学校和班级文化特征和教育需要确定切实可行的认知目标，不要高大全和假大空。在知识的传授上不追求完全性，只是了解大致意图，不必一定要掌握。

二、追求：情感目标的注重体验，整体融合

道德情感是道德行为的动力系统，是道德认知和道德行为之间的桥梁，是品德结构认知、情感、行为三要素的重要组成部分，因此，所有的主题班会都要关注情感目标，并把情感目标作为主题班会目标系统的一个重要维度。主题班会（班会）的情感维度旨在通过知识点的感悟，激发学生内在的感情，去感悟、感受他们的使命和责任，从而激发起他们的热情，以积极的态度投身到实际行动中去。

三、达成：行为目标的关注条件，合力有效

德育和智育的重要区别是行为目标的达成。也是一节主题班会（班会）的重要的组成部分，占据着大部分的时间，认知目标和情感目标只能作为行为指导的铺垫，切不可本末倒置。

主题班会教育目标设定过程中的三者关系是互相配合，相辅相成的，它具有

一定的逻辑性，一旦确立，对于后续的演绎有着十分重要的作用。它可以使后续的演绎过程层次分明，逻辑严密，使整个演绎的过程充满操作性。主题班会（班会）教育目标的设定一定要从学生实际出发，不能过高过大过空。要做到“三贴近”，即贴近学生实际、贴近学生生活、贴近学生年龄。

当然，不论是哪种理论方法，都不可忽略的一点是，目标的确立必须依据主题班会活动的主题。三维目标是三位一体不可分割的，它是相辅相成，相互促进的。

实践支招

如何科学合理设置目标，提升主题班会教育的有效性？在梳理总结课题组长达两年多的课题实践和广大一线班主任老师的实践经验的基础上，可以从以下方面着手。

一、目标确立的规范性

认真学习领悟教育部《中小学德育工作指南》，把各个学段的“德育目标”学通、弄懂，并在实践中加以落实。在主题班会（班会）的目标确立时，多思善思，多问“为什么”，这样的分类是否符合学生的年龄特点，是否能够让学生接受，是否符合《指南》的教育要求。

二、目标确立的科学性

三大目标确立时，要找准表述的角度。如从知识点介入的主题班会的目标设定，我们可以从“是什么、为什么和怎么做”三个维度来确立目标；如需要通过大量事实让学生学习感悟时，可以从“激发情感、明白道理、指导行动”的角度来帮助确立教育目标。另外，由于主题班会（班会）主题的选择往往是基于学生问题的解决，因此，也可以从解决问题的角度来确立教育目标，遵循“提出问题、分析问题和解决问题”的路径，以期最终达到问题的解决。

三、目标确立的有效性

主题班会（班会）在目标确立时，其终极目标是为着解决学生中的问题而来，是为着课程演绎中达到教育效果而来，因此，班主任老师在确立目标以后，不妨与后期的演绎有机结合，通过后期演绎来实现目标的科学性和有效性。

四、目标实施的灵活性

目标确立后在具体的实施过程中，也不是一成不变的，因为，教育目标的预设与课堂的实际情况不可能完全吻合，而教育主体是学生，这就需要教师在教学的过程中对教育目标作出适时调整，最大限度地面向全体学生，这样才能更好地体现教育目标的适切性，才能真正为提升主题班会（班会）的实效性服务。

作者简介

胡诚，上海市崇明区教育学院德育首席教研员，崇明区班主任工作室主持人，崇明区小学班主任研修共同体主持人。曾获上海市“十佳”辅导员，上海市“育德之星”、崇明区“十佳”师德标兵等荣誉称号。主持并完成市级课题“基于主题班会有效性的N个‘怎么办’的实践研究”，主持市家庭教育重点课题“新媒体背景下小学家班合作有效指导的实践研究”。开发“你也能成为高手——主题班会的设计与演绎”等数十门班主任工作专业课程。

主题班会目标设定缺乏指向性，怎么办？

——德育课堂奏响“双主”互动“协奏曲”

许　琦

情境导入

小勇在随笔中向李老师倾诉了心中的烦恼：“体育课上，同学们有的打篮球，有的打羽毛球，有的踢足球。我也正玩得带劲，不小心把同学撞倒了。他立即爬起来重重地打了我一下，我随后也打了他。因为是他先动的手——我理直气壮！但是，从此每当我们面对面碰到时，都会不约而同地避开对方。原本一对很谈得来的朋友就这样成了‘敌人’，老师，我真的很伤心！”

为此，李老师精心设计组织了一堂“心有他人，学会交往”的主题班会。

教育目标设定如下：

（1）知识与技能：懂得人际交往中“礼仪、礼貌、礼节”的基本规范，学会与人交往的方法，提高交往的能力。

（2）过程与方法：通过收集资料、社会调查、课堂交流与讨论等方法，让学生认识到在人际交往中，个人的文明品行影响到一个城市，乃至一个国家的形象。培养学生的人际交往能力和适应能力，理智地处理人际交往中的烦恼。

（3）情感态度价值观：培养学生积极健康的交往心理和为他人着想的品质，把“礼仪形象美、礼貌语言美、礼节风度美”作为人际交往的“快乐宝典”。

对此，我们就这一教育目标做了以下的评析：

目标表现程度设定合理，给出了正确的操作参照。但是缺少行为主体；行为动词“提高”不利于对“交往的能力”进行评价；缺少行为条件；“交往的能力”“培养学生积极健康的交往心理和为他人着想的品质”是教育目的而不是本课教学的目标。

问题归因

班主任在设定具体的教育目标时，是否必须按照“知识与技能、过程与方法、情感态度价值观”这三个维度分列目标？尤其是情感目标的生成是否能够简单生硬地贴上“标签”？答案当然是否定的。

主题班会课作为中小学班主任德育工作的主战场，是把学生德育活动纳入课堂教学的一种全新模式，具有促进学生全面发展、健康成长的独特功效。教育目标既是教育的出发点，又是教育的归属，还是教育评价的依据。实践证明，一堂主题班会的成功与否，关键在于班主任对于主题解读的思想观念是否正确；教育目标的设定是否适度恰当，目标的达成是否准确高效。不切合实际教育的目标最后是无法落实的：目标过高，通过教育无法达成；目标过低，学生感觉乏味，更是谈不上教育有效性。由于教育目标在主题班会中处于核心地位，它决定了一堂主题班会的成败，一旦教育目标的确立环节出现了问题，必将导致教育活动的偏差或失误。之所以会出现这些问题，主要归因如下：

（1）认识上不到位。不少班主任怕影响课堂教学进程，不太愿意组织学生开展主题班会；个别班主任担心出安全事故，怕开展主题班会。

（2）操作上不完善，不善于有效组织主题班会。课堂中学生主体参与的能动性，教师精心指导的主导性难以体现。

（3）精力上不保障。由于班主任通常兼任学科教学，主题班会的时间离国家的要求相距甚远。

理论分析

主题班会是一种以学生为主体，以班主任为主导，以班级为单位，围绕某一主题，有计划、有目的地开展形式多样，内容丰富且情景化了的道德认知教育，可引导学生在认知冲突和思想对话中进行道德交往，激发道德反应，获得道德体验，促进道德发展的德育类集体教育活动。主题班会关注学生的情感体验、积极思辨和内化行为。其教育效果的达成，关键在于目标设定的适度、恰当。适切的教育目标，以学生的生活经验和精神需求为出发点，侧重学生道德认知、道德行为的内在生成，有利于提升学生的道德素质，形成健全的人格。

一、主题班会目标设定的主要依据

1. 社会发展对中小学生必备品格和关键能力的基本要求。

2. 中小学生全面发展、健康成长的需要。

二、主题班会目标设定的基本原则

1. 目标符合学生认知发展水平和班集体现状。

2. 目标具体，对学生具有吸引力，且具有可接受性和可操作性。

3. 目标能引导学生想象和体验，具有激活情感的作用。

4. 目标给出正确的操作参照体系（包括语言、身体姿态、态度、具体情景下的行为规范等）。

实践支招

一、遵循主题班会的双主原则

德育过程是由知、情、意、行等诸环节构成的，是学生在道德实践活动中通过体验、感悟、落实而逐渐形成的。因此，主题班会要体现学生主体参与的能动性和教师精心指导的主导性原则。

二、厘清班会主题的基本类型

主题班会的教育主题范围非常广泛，凡是在学生成长过程中具有教育价值的，都可以作为教育的主题。从现在中小学实施的主题班会来看，我们可以把教育主题的类型分为以下两大类。

（一）符合中小学生成长需要的常规性的教育主题

主题班会应紧扣相应年级的德育要求，从学生发展实际出发，结合时代发展的特点。班主任在主题班会的选题上应体现系列性和科学性要求，使不同主题之间构成一个整体，使同一主题内容有层次，符合学生的认知规律。

（二）非常规性的、偶发的、具有较好集体性学习价值的教育主题

教育主题可以是面向班级所有学生的，也可以是面向较小群体的，还可以结合重大节日、纪念日，以此弘扬社会文化和历史价值中所蕴含的道德精神。它需要班主任关注班级学生在每个发展区内的“发展点”，立足学生的“生长点”，及时发现、预见学生在成长中可能存在或遇到的问题。

三、掌握提炼班会主题的主要策略

（一）“小”中见“大”，从学生实际中选择主题

学生的学习、生活中处处蕴藏着教育契机。如新年过后，某老师看到班中的同学有了大把的零用钱之后，花钱请客、打游戏机的现象增多，就组织同学调查讨论，召开了“合理使用零花钱”的主题班会。可见，从学生的细微表现中捕捉教育主题，能起到“润物细无声”的教育效果。

（二）“大”中见“小”，从社会大背景中提炼主题

班主任要善于紧扣时代脉搏，把握教育发展趋势，从国际国内出现的最新热点话题或大事件中挖掘主题。世博会、感动中国十大人物、民族精神代代传、“古诗词大会”、微信朋友圈、“我和小鸟同一个家”等，均可成为教育的主题。

（三）“常规”中见“创新”，从传统教育中拓展主题

爱国主义教育、集体主义教育、文明礼仪教育等“常规”主题是教育永恒的主旋律。在新时期，我们不但要赋予其新的内涵，还要有“创新”地发展。如《公民道德实施纲要》的公布进一步推动了社会主义精神文明建设，对文明礼仪教育也提出了新的要求，在设计主题的过程中，“告别陋习，走向文明”“好习惯伴我成长”等主题就更新了“讲文明、树新风”“文明之花遍地开”的主题。

（四）“教育”中见“趣味”，在细细回味中深化主题

教育主题的选择要能引发学生兴趣，激活其美好的情感，具有思想性、趣味性，要有深度，值得人细细回味。

四、检验主题班会目标是否适切明确

（1）目标设定应做到教师可操作性与学生可接受性的有机统一。

（2）目标设定应体现教育性与趣味性的统一。

（3）目标设定应实现学生主体作用和教师主导作用的有机统一。

（4）目标设定应给出匹配的行为动词。

选择目标行为动词应避免使用诸如“培养”“教育”“提高”等难以评价其内容的词语。我们可以尝试用以下行为动词来表述教育目标：感受、体验、认同、遵守、欣赏、尊重、克服、反对、拒绝、摒弃、了解、理解、识别、判断、运用、养成、尝试、解决、领悟等。切忌目标太大、太空、太虚，在操作中不易把握。因此，对本案例中“心有他人，学会交往”一课教育目标的设定可做如下修正：

（1）通过本课学习，学生应懂得人际交往中“礼仪、礼貌、礼节”的基本规范，掌握与人交往的一般方法。

（2）学生通过课前收集资料、社会调查和课堂交流与讨论，从而认识到在人际交往中，个人的文明品行会影响到一个城市，乃至一个国家的形象。

（3）通过本课学习，学生能在今后日常生活中，把“礼仪形象美、礼貌语言美、礼节风度美”作为人际交往的“快乐宝典”。

班级德育的生命在于有效的主题教育活动。“让课程适应每一个学生的发展”这一理念体现在班主任主题班会中，表现为课堂教育目标的设定要适合学生年龄特点，符合学生的需要，适应学生发展的要求，充分发挥学生特长。德育课堂是师生共同成长的“精神家园”。因此，适切明确的主题班会目标，既能促进学生的健康成长，又能促进班主任专业的智慧发展。这样，主题班会才能真正成为班级德育的阵地，学生成长的沃土。

作者简介

许琦，上海市沙田学校德育高级教师，上海市班主任工作研究实训基地学员，普陀区德育团队高级指导教师。在建班育人过程中，许琦深入研究新时代中学生的特点和成长需要，不断寻找适合新时

代学生的育德途径。她注重构建有特色的班级文化，善于利用网络阵地资源，将班级文化建设日常化；她注重整体构思和系统设计，坚持以美辅德，研发责任特色班集体创建的班本德育课程；她注重家班共育，借助微时代沟通工具，通过开展形式多样的亲子活动，协同家校合力育人。

班会导入环节不适切，怎么办？

——理解导入概念，巧用导入方法

钟　晓

情境导入

这是一节题为“坚持不懈　努力进取”的主题班会，在班会的导入环节，班级中的36名初二学生一起观看了美国经典影片《阿甘正传》的精简版。精简版将影片的经典部分进行了重新剪辑，语言的使用也保留了原片的英音中字的版本。

在短片结束之后，主持人向在场的同学提问。

男主持：“看过这段影片，给你最大的感受是什么？”

同学甲：“男主角对他的妈妈，朋友和喜欢的女孩都很好，我觉得他是一个重情义的人。”

同学乙：“阿甘可以长时间不停地跑步，给我留下了很深的印象，我觉得他体力很好，毅力也很强。”

同学丙：“他揭发政坛里面的黑幕，我觉得他非常勇敢。”

同学丁：“英语讲得太快，我有点跟不上节奏，不过我被他的发音和呆呆的样子逗乐了，很有个性。”

面对同学们各不相同的答案，没有做好预设准备的主持人显得非常窘迫，于是他只能继续发问：“是的，我们可以通过这段影片感受到很多东西。那么大家对于阿甘的奔跑有什么样的感悟呢？”

教室中的同学三三两两对视了起来，一个同学说道：“能有什么感受，体力好，跑得快跑得久呗。”另一个同学说道：“他力气非常大，跑出了奇迹，护腿都跑掉了。”还有一个同学说道：“英语口音太重了，我没有看懂这个故事。”

在同学们的众说纷纭中，时间已经过去了 10 分钟。面对同学们五花八门的答案，满脸尴尬又着急的主持人，只能匆忙地打断大家，说道：“阿甘坚持不懈，努力进取的精神是值得我们大家学习的。今天我们的班会主题就是坚持不懈，努力进取。下面我们进入下一个环节……”

问题归因

影片中的男主角阿甘是一个智商仅有 75 的低能儿，他通过自身的不懈努力，从要靠金属支架走路到急速飞奔，成为大学里的橄榄球明星，从籍籍无名成为街知巷闻的越战英雄、乒乓球外交大使，最后甚至是拥有十几条渔船的公司股东。以《阿甘正传》的精简片段作为“坚持不懈　努力进取”主题班会的导入环节，按理来说是一个不错的选择。但为什么在初二的学生中，没有得到预期的引入主题的效果呢？究其原因有以下几点。

一、导入的内容不适切

导入内容的不适切是主题班会导入环节选材失误的主要原因之一。美国电影《阿甘正传》上映于 1994 年，对于 00 后的中国学生而言，不仅有几十年的时代差距，还存在中西方文化异同的鸿沟。学生容易有时代差异感和异域感，无法很好地理解影片所传递的价值观，进而无法产生强烈的共鸣。

二、导入的时长不适切

导入环节俗称“开场白”，导入时间过短难以引发学生的兴趣，激发思考；导入时间太长会造成“喧宾夺主”，影响后续内容的正常进行。另外,《阿甘正传》影片的时长是 142 分钟，如果要认真品味电影至少需要完整的观影过程。初二学生看过影片《阿甘正传》的并不多，短短 3—5 分钟的缩减版，不能让学生很好地理解和体会电影所要传达的精神。学生们对影片传达的精神理解得不够深刻，缺乏深层思考的渐进过程。

三、导入的方式不适切

导入的方式不适切，会使学生在激发兴趣上有一定障碍。这节班会选用的精简片采用的是英文原音和中文字幕的模式。英语俚语是指民间非正式、较口语的语句，是百姓在日常生活中总结出来的通俗易懂、顺口的、具有地方色彩的词语。地域性强，较生活化。没有深厚英语基础的学生，单听英文原音句子，很难立刻反应过来。而剪辑过的短片，某种程度上脱离了电影的大背景，初二学生的理解难度大大提升，班级中部分英语能力较弱的学生，很容易因为晦涩难懂对短片失去兴趣，进而停止深层思考。

理论分析

一、课堂导入环节的概念和作用

课堂导入是指在课堂教学起始环节，教师通过运用某种方式引发学生的注意力，引导学生关心上课主题内容，从而引导学生进入学习状态的行为方式。导入环节是课堂教学的第一步，也是紧扣学生心弦和激发学生学习兴趣最关键的一步。

导入的作用主要集中在以下几方面：① 提升学生注意力。巧妙地导入新课，可以起到"先声夺人"的效果，紧紧地吸引住学生的注意力，使学生一上课就把兴奋点转移到课堂上来。② 激发学习兴趣。清人李渔说过："开卷之初，当以奇句夺目，使人一见而惊，不敢弃去。"巧妙的导入环节，会使学生产生浓厚的兴趣。③ 启迪学生思维。新颖而有创意的导入，可以点燃学生思维的火花，开阔学生的视野，增长学生的智慧，以及培养学生的思维能力。④ 联结新旧知识。人类的学习是以以前的经验和知识为前提，是在联想的基础上，更好地理解和掌握新知的。因此，新课的导入总是建立在联系旧知的基础之上，以旧引新或温故知新，而借此促进学生知识系统化。⑤ 加深师生情感交流。课堂导入既是传授知识的开始，又是沟通师生情感的过程，师生的情感会在导入环节中得到交流和升华。教师的一举一动都影响着学生的情感，牵动着学生的心弦。

苏霍姆林斯基说："如果老师不想办法使学生产生情绪高昂的智力振奋的内心状态，就急于传授知识，那么这种知识只能使人产生冷漠的态度，而给不动感情的脑力劳动带来疲劳。"由此可见，新颖而有趣的导入有利于吸引学生的注意力，调动学生的积极性，激发学生的求知欲和学习兴趣，同时也有利于教师顺利开展教学活动，使教学效果达到事半功倍的程度。

二、主题班会导入环节应遵循的原则

（一）导入环节设计要目的明确、内容适切

主题班会的导入环节设计必须要紧扣本节课的教学总体目标，根据既定的教学目标来设置导入环节，与教学目标无关或指向性不明确的内容应做调整或删减。

导入环节的设计要从教学内容出发，教学内容不同，课堂导入的设计就该作相应变化；教学对象不同，课堂导入的设计也要随之调整。这一切都要遵循教学内容的科学性，选择适切的内容。有些违背科学性的导入设计，尽管非常精彩，也不足为取，要切记不能只为“导入”而“导入”。

（二）导入环节设计要体现学生的主体性

学生是教学活动的对象，也是教学活动的主体。教学内容的完成质量，要通过学生的学习情况来体现。因此导入环节的设计要充分考虑学生的主体地位，从学生的实际出发，照顾到学生的年龄层次和班级学情；要符合学生学习的心理需要，使他们尽快进入学习状态；在导入环节的过程中，要注意师生互动和生生互动，要充分考虑学生的接受情况。

（三）导入环节设计应把握好时间性

导入环节的设计要短小精练，简明扼要，一般3—5分钟即可。在导入环节的设计中，要力求高效，所提供的信息要精确，抓住关键，画龙点睛。还要注意此环节风格与课堂的整体设计相一致，以便更好地为课堂主体部分服务，不可喧宾夺主，先热后冷，虎头蛇尾。

（四）导入环节设计力求形式多样性

导入环节的形式力求多样化和富有时代气息，让学生常有新鲜感，激发他们的求知欲，同时营造轻松愉快的学生氛围。教师应经常变化导入的方法，常变常新；在实际运用中不能孤立地使用单个方法，应根据教学内容和特点，配合交叉运用。

实践支招

主题班会导入环节的方法

高尔基在谈创作体会时说："开头第一句是最难的，好像音乐的定调一样，往往要费好长时间才能找到它。"班会的导入就像小说的开头，如果能够紧紧扣住学生的心弦，那么学生就会积极地参与。下面介绍几种常见的主题班会导入方法。

（一）直接导入法

直接导入法，顾名思义即是开门见山，直达主题。这种导入法的特点是高频、快速和直接。在主题班会开始时，主持人直接介绍本节课的教学目标，教学内容和教学环节等，以此引发学生的有意注意，帮助他们迅速进入学习的角色。以"全民抗'疫'守护生命"的线上主题班会为例。

教师：同学们，因为一场突如其来的疫情，让我们经历了一个不一样的"春节"，经历了一个超长版的"假期"，也经历了一种特殊的学习方式——空中课堂。相信在这个特殊时期，我们都更加明白了健康的珍贵。今天的主题班会，我们将围绕"什么是新型冠状病毒""它们是怎么传播""预防的措施"三个方面来展开。让我们一起全民抗"疫"，守护生命！

（二）创设情境法

情境导入法，就是利用语言、环境、视频、音乐、绘画、信件等各种媒体手段，创设出一种符合教学需要的情景，以激发学生兴趣，启迪思维，使学生处于积极学习状态的方法。使用这种方法需注意，教师设置的情景必须有明确的目的或意识，或激发学生的情感，或引发学生的思维，或陶冶学生的情操等，其中以引起学生进入思维活动为主。在实际操作的过程中，因为情景本身不具备启迪思维的功能，因此老师要善于启发和诱导。例如"我的未来不是梦"的主题班会中，在导入环节教师可以创设 20 年后的情景，引导学生畅想 20 年后的自己会是怎么样的？是否完成了自己的梦想？如果学生已经完成了梦想，让其充分表达是通过什么样的行为来完成梦想的，反之，如果没有完成梦想，思考造成的原因又是什么？

（三）典故（故事）导入法

不同年龄段的学生都爱听故事，特别是一些科学性、哲理性很强的故事更受学生的欢迎。通过寓言、故事或典故、传说等来激发学生兴趣，启迪学生思维，创设一种情景引入新课，也是较为常用的一种导入方法。比如对于低龄阶段的学生，开展主题为“诚信”的班会时，可以让学生复述《狼来了》《匹诺曹》等经典儿童故事，通过讨论故事的主题自然过渡到“诚信”的主题。

主持人：同学们，中华民族有许多传统美德，其中有一项是我们立身于世最不能缺少的美德之一。让我们先来听两个小故事，一起猜猜这个传统美德是什么？

学生1：秦末有个叫季布的人，一向说话算数，信誉非常高，许多人都同他建立起了浓厚的友情。当时甚至流传着这样的谚语：“得黄金百斤，不如得季布一诺。”后来，他得罪了汉高祖刘邦，被悬赏捉拿。结果他的旧日朋友不仅不被重金所惑，而且冒着灭九族的危险来保护他，使他免遭祸殃。一个人诚实有信，自然得道多助，能获得大家的尊重和友谊。反过来，如果贪图一时的安逸或小便宜，而失信于朋友，表面上是得到了“实惠”。但为了这点实惠他毁了自己的声誉，而声誉相比于物质是重要得多的。所以，失信于朋友，无异于丢了西瓜捡芝麻，得不偿失的。

学生2：曾子的妻子到市场上去，她的儿子要跟着一起去，一边走，一边哭。妈妈对他说：“你回去，等我回来以后，杀猪给你吃。”妻子从市场回来了，曾子要捉猪来杀，他的妻子拦住他说：“那不过是跟小孩子说着玩的。”曾子说：“决不可以跟小孩子说着玩。小孩本来不懂事，要照父母的样子学，听父母的教导。现在你骗他，就是教孩子骗人。做妈妈的骗孩子，孩子不相信妈妈的话，那是不可能把孩子教好的。”曾子于是把猪给杀了。

主持人：听完这两个小故事，请大家猜一猜这项传统美德是什么？

学生3：第一个故事是成语“一诺千斤”的由来，第二个故事是“曾子杀猪”。这两个故事都在告诉我们做人要诚信。

（四）演绎导入法

演绎法包含小品演绎、歌舞演绎、情景剧演绎、才艺展示等。学生通过选材、创作、修改、排练到最终演绎的过程，表达出自己为班会主题的认知和感悟，而同龄人的演绎会使得全体学生更有共鸣感和代入感，从而引发学生对主题的深层思考。例如在主题为“细节决定成败”的班会的导入环节中，由四名同学表演求职应聘的过程，一名面试官面试三名不同性格的同学，通过对几名同学面试环节中细节的考查，引入主题“细节决定成败”。

背景：某公司招聘一名业务主管，在经过几轮残酷的考核淘汰之后，应聘人数由最初的几十人变成了三个人。三名应聘者在前几轮的测试中表现都十分出色，无论学识、阅历、口才、形象都相差不多，简直不分伯仲。最后，公司经理出面决定最后的人选，他的测试方法非常简单：在桌子上放了几张白纸和一支注满了墨水的金笔，让三名应聘者在纸上写下各自的简历。

应聘者甲坐到桌前，拧开金笔正要写字，恰好金笔漏下了一滴墨水，不偏不倚地落到了洁白的纸上。应聘者甲慌忙把滴了墨水的纸揉成一团，重新拿了一张纸写起简历来，无奈金笔依旧漏水，短短一份简历，等他写完已经用了四张纸。

应聘者乙发现金笔漏水后，从容地从西服口袋里拿出自己的笔，顺利地写完了简历。

应聘者丙上场了，他发现金笔漏水后，并没有急着书写简历，而是不慌不忙地拧开金笔，小心地捏了捏金笔的储墨囊，排出储墨囊里过多的墨水。金笔不再漏水，他自然写得格外从容。

主持人：请问三名应聘者的面试表现中，选出最有可能面试成功的人，并说出理由。

学生 1：我觉得应聘者乙可能会被选上，他顺利完成任务了。

学生 2：我认为应聘者丙会面试成功。虽然应聘者乙顺利完成了任务，但是应聘者丙愿意寻找问题的根源，并且能想办法去解决问题，从这一点上看，他更擅长分析问题，查找细节并解决问题。

（五）游戏导入法

做游戏是学生最喜欢的活动，也是吸引学生注意力，激发学习兴趣的方式之一，因此游戏法是主题班会中较受欢迎的一种形式。教师在课前充分利用教材内容，精心设计集知识性、趣味性于一体的游戏活动以满足学生爱玩的心情，再通过恰当的启发和诱导，达到寓教于乐的目的。例如在“合作共赢”的主题教育中，在导入环节设计小组合作游戏，以接龙的方式轮流进行，使学生有非常直观的感受：合作才能共赢。

（六）设问导入法

设问导入法是指教师根据教学内容的需要有意地设计疑问，制造悬念，从而激发学生的学习兴趣，培养学生的思维品质的方法。教师通过精心设计问题，及时捕捉课堂的动态生成，通过连续发问，能在主题班会伊始就勾起学生强烈的解疑欲望，激发他们的求知欲。比如在主题为“中学生人际交往”的班会中，老师通过“你现在最好的朋友是谁”“你五年前最好的朋友是谁”“与五年前的好朋友的感情还一如往常吗”“为什么会有变化”“为什么没有变化”等一系列问题，激发学生的思考欲望，从而自然过渡至中学生人际交往的主题上。

（七）竞赛导入法

中小学生的好胜心强，竞赛符合他们渴望获胜的心理。在导入环节，采用竞赛的方式能促进学生积极思维、充分准备，让被动思考变成主动探索。竞赛法可以采用个人赛的方式，也可以采用团队赛的方式。例如在“校园中的手机”的主题教育中，教师组织同学进行一个简短的辩论赛，就“中小学生是否应该带手机进校园”这个话题展开辩论。学生在发表观点和听取观点的同时，也会碰撞出不同的思维火花。

本文开头的创设情景中，主题为“坚持不懈　努力进取”的班会，教学对象为出生于 2004 年现初二在读的中国学生。根据对学生平时休闲情况的了解，大部分学生都对手机游戏较感兴趣，其中看图猜成语的小游戏颇受欢迎，因此将本节课的导入环节重新修改。

导入环节用游戏法和设问法结合使用：将班级学生分为男生组和女生组，进行抢答游戏。在课件中依次设置六张图片，分别是精卫填海、夸父追日、水滴石穿、铁杵磨针、愚公移山和卧薪尝胆。在学生抢答结束后，提出问题：以上六幅看图猜成语都在描述同一个主题，这个主题是什么？学生答：坚持不懈。随后引入本节课的主题：坚持不懈，努力进取。

良好的开端是成功的一半。教学实践证明，导入环节是课堂教学的重要组成部分，和其他教学环节息息相关，相辅相成。课堂教学能否成功很大程度上取决于课堂导入的效果。教师在进行主题班会设计的时候，应该设计符合教学需求的导入环节，进而为教师授课、学生学习奠定良好的基础。

作者简介

钟晓，上海市崇明区实验中学团委书记兼大队辅导员。曾被授予“崇明区第十六届中小幼新蕾奖（综合奖）”称号、崇明区行政记功、崇明区教育系统优秀共产党员、崇明区优秀班主任、崇明区优秀中队辅导员、崇明区教育系统优秀团干部等多项荣誉称号。

班会提问缺少针对性和实效性，怎么办？

——问题设计系统化，科学合理精准地提问

黄丽莉

情境导入

案例一：在低年级的教学中，没有给学生思考的时间和余地，或者没有考虑到学生的年龄特征，老师经常会自问自答，随口发问，最典型的脱口而出“是不是”“对不对”之类的问题，学生也只是简单回答“是”“不是”“对”“不对”等，课堂貌似热闹非凡，气氛活跃，实则提问和思维的质量低下，流于形式。

案例二：在“向国旗致敬”主题班会中，班主任老师在引入环节给学生提出了一系列的问题：你知道国旗为什么是正红色；国旗上最大的五角星代表什么；国旗的图案是由哪几部分组成的；小五角星为什么围绕在大五角星周围；国旗上的小五角星代表什么？一系列的问题扑面而来，事实证明在有限的时间内，学生只是应付于问题的回答，而没有意识到教师设计该问题的初衷。

案例三：“闪光在六月”是一节针对刚进入九年级的学生，进行理想教育的主题班会。九年级学生正处于对未来充满憧憬的时期，他们对未来都会抱有各种各样的构想。于是老师开门见山地提问：“根据专家调查表明，约有 62% 以上的人生理想基本上是在中学时期形成的。同学们，今天咱们一起来谈谈你的理想吧？”由于问题太大太开放，而且没有铺垫，原本老师以为会有很多天马行空的回答，最终以一片寂静，无人响应告终。

案例四：老师应用了《董存瑞舍身炸碉堡》的故事案例，为了活跃气氛，老师问学生：“你们最崇拜的是谁？”学生纷纷举起手，有的说崇拜球星，有的说崇拜影星，有的说崇拜棋圣……学生交流结束后，老师反问学生：“你们猜，我最崇拜谁？”话音刚落，学生看着屏幕上的图片，异口同声地说：“老师崇拜董存瑞。”

学生所处的特殊年龄段，他们希望追求新鲜的事物，接触新颖的事物，如果在这种时刻，面对显露倦意的学生，我们仍旧一味地希望以原有的方式提问，收到的效果可想而知。

问题归因

在教学中我们经常遇到提问的问题，诸如目的不明确，零碎不系统，忽视学生的年龄特征和心理承受能力，不给学生思考的时间和余地，或自问自答，随口而发问。归结一下，常见的有以下原因。

一、过于机械式的发问

容易造成学生猜答，或作粗浅、不合逻辑的反应。最典型的是脱口而出的“是不是”“对不对”之类的问题，学生也只是简单回答“是”“不是”“对”“不对”等，课堂貌似热闹非凡，气氛活跃，实则提问和思维的质量低下，流于形式。

二、过快与过多的发问

这种发问足以阻遏学生衡情酌理、慎思明辨能力的发展，并剥夺了学生所需要的独立思考。

三、发问中的失误

比如，连发式提问，信口开河，连连发出前后不连贯的孤立提问。

四、设问过大过空

设问句的主词过大，探究的对象过于笼统，问题设问范围过广。“你的理想是什么？”就属于这一类。很不适合以短时间、快速度为特征的课堂提问的要求。

五、提问过于刻意

上述案例四的提问人为痕迹太重，无疑是失败的，因为在这样的对话中，学生和老师的真实意图被掩盖了。

理论分析

常言道：学起于思，思起于疑，疑解于问。教学是一门艺术，而课堂提问是组织课堂教学的重要环节。精彩的提问能吸引学生的注意，能开启学生的思维，增进师生情感的交流，优化课堂教学，提高课堂教学效率。

但在实际教学中，不少教师的提问不注重艺术性，不注重问题设计系统化，不明确问题的思维容量，不懂得科学合理精准地提问。诸如“是不是”“好不好”之类的提问过多，表面上营造了热烈的气氛，实质上流于形式，华而不实，有损学生思维的积极性；有的提问超出学生知识范围，问题过难，抑制了学生的思维热情和信心；有的不善于了解学生的思维过程而适当引导，学生思维水平难以提高。课堂提问是一项设疑、激趣、引思的综合性艺术，教师要重视课堂提问的艺术性，把握提问的“度”和时机、对象，充分发挥课堂提问的效能。

主题班会课和所有的课堂一样，要提升教学的有效性，就必须有学生的有效参与。课堂提问贯穿于教学的始终，是教学语言最主要的载体之一，它能将课堂活动顺利进行并重点突出。有价值的提问可以激活学生的思维，使他们积极主动地寻找解决问题的办法。提问被视为“有效教学的核心”，有效是相对于“低效”“无效”而提出的。有效提问是指“能实现预期目的，有效果的提问”。意味着教师提出的问题能引起学生的回应，且这种回应让学生信心百倍的表达自己的想法，以积极饱满的状态参与学习，从而提高课堂的效率。对课堂提问针对性有效性的衡量，方法多种多样，其中角度不一，标准也不同，课堂行为者——师生的活动效果应该是最重要的参照标准。

实践支招

一、问题设计力求系统化

“问题系统”是指在一个整体中具有内在关系的诸多问题所构成的问题集合。怎样设计出“好”问题?

（一）问题的整体性

教学是一个大系统，而这个大系统又是由许多小系统组成的。或者以单元或者以一个项目活动作为最基本的单位，在设计提问时，要有一个整体的考虑，要根据想要解决问题的性质和学生的思维水平来考虑提问的类型和层次。例如：以核心价值观为主题的主题班会，大主题不可能只通过一两节课来实施，它必须分散成很多小的主题。预设的问题应小而细，同时问题的设计也应该环环相扣，整体考虑。教师心中需先“胸有成竹”，然后才能“势如破竹”。

（二）问题的趣味性

心理学认为，内发性的动机是很重要的，而内发性的动机的中心是兴趣。兴趣是推动学生思维的强大动力。如果教师所提问题激发不起学生的兴趣，学生即使去思考了，也只不过是一种被动的思维，学生的主动性就不能充分调动起来。实践表明，在提问中，如果把未知的因素融入一些熟知的因素，这一混合必将更加引起学生的兴趣，使学生既获得了知识，又得到了能力。例如：在“注意力，你 hold 住吗”这节习惯养成教育主题班会上，如果老师能用一些学生喜欢的网络语言和互动游戏，相信会收到好教育的效果。

（三）问题的激发性

心理学又认为，增强刺激物的相对强度，对于引起无意注意具有重要的意义。往往有些内容不被学生所注意，但却是应该着重理解的。教师可抓住这些内容设计一些问题，增强这些内容对学生大脑刺激的强度，以激发学生去思考。例如：在“如果我是________”这节主题班会上，老师做了一个苹果实验激发了学生的兴趣：“你喜欢吃苹果吗？”“你喜欢怎么样的苹果？”站的角度不同，想法也是不一样的，关于三个苹果改变世界的故事，开放又有趣，会大大提高学生的探究兴趣。

(四)问题的争论性

激发性问题是教师根据学生易忽略的问题，把已学或未学之内容变成能激起争议的问题，以达到使学生掌握知识的目的。而争论性问题是问题本身就已具备了争论的焦点，教师只需抓住这个焦点，设计有关问题，以增强刺激物之间的对比关系，便能更强烈地引起学生的注意。例如以合理利用网络为主题的班会，关于青少年使用网络利弊的话题向来比较有争议，所以老师可以利用这种争议开展讨论。

(五)问题的联想性

思维心理学认为，启发是一种联想活动。在教学中，要发展学生的智力，培养学生的思维能力，想象力的训练显得十分重要。

优化了的问题系统应当具备以下特点：略高于学生的智力和知识发展水平，以激发学习的欲望；富有启发性，并能有助于实现各项具体目标；力求语言文字训练和思想内容理解的统一。

二、科学合理精准地提问

提问，是启发式教学所使用的主要手段。为了充分体现、发挥课堂提问的针对性、有效性，首先我们要了解科学提问的标准。

(一)提问过程要突出学生是主体

设法为学生创造机会，留足空间和时间，使学生主动去思、去想、去问、去探，同时要善待学生的提问和回答，认真倾听学生的回答，对敢于提出问题和回答问题的同学给予充分的肯定。积极引导学生思考发问，适时点拨，让学生逐步获得发现问题、提出问题、思考问题、解决问题的能力。

(二)把握合理的提问时机

选择合适的时机提问，才能使提问灵活有效。教学一开始，学生的情绪大多处于平静、期待状态，这时就要提出新颖、有趣、贴切的问题来导入，调动起他们的参与意识。学生尚不明确未知时，提出代表性、针对性问题，指明学生的探究意向，在学生思维受阻时及时设问开启学生的灵感之门。学生取得一点收获，及时给予鼓励赞许，并再次设计拓展性问题，启发他们继续探究，使知识的广度和深度得以升华。

（三）采用多样的提问技巧

讲究语言的趣味性、激励性、启发性、逻辑性。兴趣是最好的老师，学生只有对问题产生兴趣才会全身心地投入学习和思考，因此，教师的语言要一石激起千层浪。重视语言的针对性、创造性。适时地赞赏可以激发学生回答问题的积极性，教师微笑的眼神、赞许地点头、语气语调、举手投足都可能对学生的思维活动产生影响。

（四）苏格拉底式提问在班会中能收到良好的效果

古希腊著名哲学家、教育家苏格拉底用“对话”（提问）进行教育活动。他用讨论问题的方式与人交谈，但不把结论直接教给别人，而是指出问题所在，并一步步引导人最后得出正确的结论。他喜欢通过追根究底的提问方式，让你发现你自己思维里面的漏洞。

在注意以上这些策略后，课堂提问的有效性还离不开教师一些非语言行为的帮助，如注意认真倾听学生的回答，以和颜悦色的态度对待学生，点头微笑表示赞许，摇头表示否定等，这些肢体行为都可以帮助提问将“有效”进行到底。

总之，“问”是一种教学方法，更是一门教学艺术，要掌握好这门艺术。我们应把问题设在重点处、关键处、疑难处，勤思考、多分析、努力优化“问”，“问”出学生的思维，“问”出学生激情，“问”出学生的创造。这样，才能充分调动学生思维的每一根神经，才能极大地提高主题班会的效率。

作者简介

黄丽莉，上海市崇明区东门中学年级主任。曾获崇明区“十佳”班主任、崇明区优秀少先队辅导员等荣誉称号。区第五届班主任基本功大赛初中组综合一等奖，论文区一等奖，市三等奖、第六届区班主任基本功大赛案例三等奖，“新媒体技术在班级管理中的应用”入选为市级、区级课程，并开课。所带集体多次被评为区五星级班集体。

不善于利用学生稍纵即逝的动态生成，怎么办？

——重视效用，提升智慧，巧妙引导

李　静

情境导入

在一节关于劳动的主题班会课堂上，班主任引导同学们认识班级中常见的清洁工具。通过制作精美的配饰，每个同学都认领到一种劳动工具。在通过展示的图片认识工具后，班主任开始让同学们玩游戏：找朋友，寻找可以和自己一起搭档，美化教室清洁卫生的“工具”朋友。欢快的音乐声中，同学们开始四处寻找，不一会儿，大部分同学都兴奋地奔向了自己的朋友。音乐声停了下来，大家三五成群地向老师展示自己的成果。但是，一群人中间，有两个同学站在不同的角落，有些茫然无措，似乎还不清楚自己的“朋友”到底在哪里；又似乎有些惶恐不安，因为自己身边没有朋友。班主任请一些找到“工具朋友”的小伙伴们展示了自己的收获。看到两个同学还站在那儿，老师犹豫片刻，马上走过去直接拉着他们加入了别的小团队。“真棒，大家都找到了自己的工具好朋友，可以齐心协力地‘保护’我们的教室啦！”在老师的称赞中，大家回到了自己的位置，但刚才那两个同学却明显没有一开始的兴奋，甚至有些没精打采。后续的课堂上，老师引导大家学习了常见工具的功能，学会规范地摆放工具……一堂课，似乎圆满落幕了，但是那两个没有找到伙伴的同学在后面的课堂上却再也提不起精神了。

这两个同学的经历只是课堂上看起来并不起眼的“节外生枝”，老师也进行了处理，但是从后续的反应看，老师的举措对他们明显产生了并不积极的影响。

作为教育者工作，我们对于这样的“课堂生成”该如何处理？我们能否将这样的“生成”变成“美丽的意外”呢？

问题归因

主题班会是以学生为主体，以班主任为主导，围绕某一个主题，通过形式多样的情景，引导学生体验、感悟，并落实到自己行动的教育活动。主题教育的课堂是师生、生生交流、互动的过程，是一个动态的不断发展推进的过程，它既有规律可循，又有灵活的生成性，更具有不可预测性，这也就导致了在开放性较强的主题班会上，即兴、灵动的动态生成较多。

事实上，“动态生成”同样是一种珍贵的教育资源，因为它是学生心底最真实的声音，体现了学生的年龄特点和个体认知。但在主题班会实施过程中，班主任面对突如其来的“意外”，常常无法有效地把握利用，白白错失了将“意外”转化为“资源”的机会，没有很好地体现主题班会“以生为本”的育人价值。为什么会出现这样的情况呢？

一、过度预设，无视“生成”

预设是我们课堂教学的基本要求。同样，很多班主任为了设计好一节主题班会，每一个环节、每一项活动、每一个问题都会进行预设。很多青年班主任甚至把整个过程中要说的话、学生的回答全都进行了详尽的预设，整个过程完全按照班主任的意志展开和推进。我们需要真实、灵动的课堂，并不是不要“预设”，而是要防止在没有对学生进行细致了解、分析的基础上，“教师本位”地过度预设。如同案例中呈现的，看似周密严谨的课堂预设，下意识排除了教育过程中的动态生成。推进过程中一旦遇到“意外”，老师就常常会“为了推进”而“推进”，教育过程程式化，课堂看似流畅却缺乏生机与活力，学生缺少真正的“心灵碰撞”，教育成效自然打折扣。

二、认知偏差，忽视生成

班主任能在教育过程中关注、用好动态生成的课堂资源的前提是基于个人对生成性资源的正确认识。主题班会中，老师通常会设计很多研讨、活动的环节，这个过程中，学生基于自身的年龄特点、知识积累、主观认识等原因，往往会生成出很多具有教育意义的信息，这些信息犹如零星洒落在沙滩上的贝壳，亟待挖掘。案例中，两名学生在活动环节，没有即时找到“伙伴”，原因可能是没有真正认识自己的角色（自己代表的工具）；可能是不知道谁是自己的伙伴（不知道工具如何组合）；也有可能，看到别的同学身边有伙伴了，不知道能不能去（工具的组合运用）。不论是哪一种可能性，都是学生对问题的真实理解。班主任这个时候片刻的犹豫和最后的处理，显然是因为她认为这样的“生成”偏离了自己预设的轨道，而不愿意再花时间去解决这样的“意外”。这个时候，如果班主任能够意识到“生成”资源对于课堂教育的重要作用，重视“意外”的效用，就会可以通过“帮同学找伙伴”的补充方式引导学生进一步巩固对工具的认识，灵活掌握不同工具如何组合运用的生活常识，巩固学生对劳动工具、劳动工具效用的认识，这恰恰是对教育目标的进一步落实，也体现了课堂上对于“每一个学生”的关注，是班主任利用“意外”与学生之间真实、有效的心灵沟通和思想之间的碰撞所创生的火花，是一节真实、有效的主题班会的精彩所在。因此，班主任的认知将直接影响教育过程中对课堂资源的敏感度，也影响课堂“生成性”资源发掘与利用的程度和效果。想要用好“生成”，班主任必须充分认识到“动态生成”的重要作用和意义，才能有意识地分析和思考，并加以有效利用，助力教育目标的达成。

三、缺乏智慧，错过“生成”

进入主题班会现场，对学生问题的敏锐察觉，对生成性资源的转化、提炼都是对班主任教育智慧的严峻考验。有的班主任在主题班会课堂上面对突发的生成性资源，缺乏敏锐的洞察力，没有关注“生成”与课堂内容的关联，无法即时建立两者之间的联系，自然无法用好学生的“意外”引申出的教育资源。有的班主任则是在面对动态资源时，缺乏随机应变、即时调整、处置的能力，所以只能无可奈何地选择与其“擦肩而过”，更无从针对这些资源进行激活和利用，从而使主题班会的课堂白白错过宝贵的教育契机。

理论分析

根据《现代汉语词典》和《牛津英汉词典》的解释，“动态”(dynamic developments)

的意思是“（事情）变化发展的情况”，就是运动的，不断变化的状态，“生成”（build/make）即“形成，产生，制造”，就是产生新的东西。“动态生成”就是在不断的变化中产生新的东西。新时代背景下的主题班会，不再是教师牵着学生的鼻子走，学生亦步亦趋，而是充满人文情怀，是闪耀智慧光芒的课堂，是洋溢成长气息的课堂。主题班会上捕捉学生动态的生成，转化有效的教育资源，正是把课堂的重心放在学生身上，依据学生问题确定教育主题，为学生创设更加自由成长空间，充分表达自己的观念和态度。再根据学生的真实反馈调整教育策略，引导学生深入思考、探究，从“他育”转变为“自育”，最终真正解决学生成长过程中的问题，把引导学生主动、健康发展的意识与能力作为主题班会的核心价值，并在活动中体现这一价值。

主题班会作为一种对学生进行思想、道德教育重要的教育形式，既要重视预设，更要重视预设基础上的动态生成。一堂成功、有效的主题班会离不开预设，在具体的实施进程中，教师先要在准确深入把握主题、整合资源的基础上，从学生的生活实际出发，根据学生的年龄、知识特点、认知习惯等预设思路、过程。在课堂实施流程中，教师必须随时关注课堂动态，善于倾听，倾听学生的讨论和发言，准确捕捉学生思维的方向，及时走出预设，重新聚焦话题，创设对话的情境，进行智慧的交流、思维的碰撞，最后达到有效生成，加深学生的情感体验，使主题班会在生成中更具有生命的活力，这才是有生命的课堂，真实的课堂。苏联教育家苏霍姆林斯基说过：“教育的技巧并不在于能预见到课堂的所有细节，而是在于根据当时的具体情况，巧妙地在学生不知不觉中做出相应的变动。”

班主任是中小学思想道德教育的骨干，是实施素质教育的重要力量，班主任的专业素养也决定了其对于主题班会的掌控和驾驭能力。课堂动态生成资源的产生是班主任成长和生成新的实践智慧的立足点。关注并用好动态生成性资源也是班主任专业素养的一个重要方面。班主任作为主题班会的策划、组织和实施者，提升专业素养也必将有利于提升主题班会的实效性。

叶澜教授说过：“课堂应是向未知方向挺进的旅程，随时都可能有意外的通道和美丽的图景，而不是一切都必须遵循固定的路线而没有激情的行程。”在开放性较强的主题班会上，即兴、能动的资源可能很多，专业素养较强的班主任更能够及时关注并抓住有价值的动态生成，通过引导达到共同创生的目的，赋予主题班会真正的生机和活力，促进学生主体性的充分发展，同时让学生的情感、态度、价值观也得到落实，提升主题班会建班育人的实效。为了更好地把握生成，班主任老师必须提升自身的综合素养，即时抓住“生成”中宝贵的教育契机，游刃有余地引导、点拨，及时有效地组织流程，于不经意间见匠心，让智慧的灵光在课堂中闪现。

实践支招

一、适度预设，引导“生成”

关于课堂生成性资源，叶澜教授是这样界定的：“学生在课堂活动中的状态，包括他们的学习兴趣、积极性、注意力、学习方法和思维方式、合作能力与质量、发表意见、建议、观点，提出问题与争论乃至错误地回答等等，无论是以言语还是以行为、情绪方式的表达，都是教学过程的生成性资源。”也就是说，课堂生成性资源，就是在教育教学过程中涌现出的新的超乎预设的各种生命信息。合理、适度预设是上好主题班会的基本要求之一，但预设又应该是有弹性的，有留白的，因为主题班会的实施过程本身是一个动态的建构过程，再好的预设，也无法预知过程中的全部细节，这是由学生的原有经验、知识结构、个性等多方面的复杂性与差异性决定的。因此，教师要充分考虑可能会出现的情况，在预设时，加强科学性、计划性，为动态生成预留“弹性时空”，为学生的发展提供足够的空间，从而使整个预设留有更大的包容度和自由度，给课堂动态生成留足空间，在精心的预设中体现教师的才智，尊重每一个学生在交流过程中的独特体验，引导课堂中的“生成”，让课堂呈现动态上升的、生机勃勃的繁荣景象。

二、适时调整，巧用“生成”

在主题班会实施过程中，我们与“动态生成”不期而遇，班主任要由“说话的强者”转变为“积极的倾听者”“敏锐的观察者”和“机智的引导者”，要重视学生对各种问题和现象的理解，敏锐地洞察这些观点、反应的由来，要把他们的思维看成是丰富的教育资源，收拢学生头脑中发出的‘波’，集‘波’成‘澜’，再推给学生。例如，在围绕某一话题进行探讨的时候，学生的表达时常会出现一些错误。但从学生的角度看，这些错误中却包含着合理的成分，在这一过程中，班主任不应该与“意外”冷漠地擦肩而过，而要成为教育实施过程中动态资源的捕捉和开发者，信息的重组者，挖掘这类“错误”身上的闪光点和教育价值，激活

“合理成分”，形成新的教育资源，通过自己及时、有效的调整和引导，有效地推进教育过程的推进与深化，从而与“意外”相伴，与精彩相约。班主任的引导可以让把握“生成”的过程变为一个发展、增值、生成的过程，让主题班会在生成智慧的火花中闪现灵性的光辉，并显示出它无穷的魅力。

三、有效把控，拓展“生成”

在民主、轻松的课堂氛围下，动态生成性资源可谓是无时无处不在，却又稍纵即逝。这需要教师有敏锐的洞察力和随机应变的能力。在新时代背景下，面对纷繁复杂的各种信息以及个性鲜明的学生群体，我们在提升专业素养的同时要不断补充新的知识，跟上时代的步伐，不断接近学生的生活经验，才能有效地捕捉并利用好课堂生成性资源。

面对生成的问题，教师除了有良好的心态以外，还必须发挥教育智慧。对于动态生成的资源，我们需要对课堂上随机生成的即时信息做出迅速反应，鉴别出生成性资源的教育价值，让其有价值的部分能够为我所用；更要做生成信息的重组者：捕捉到课堂上的生成信息，并将之合理重组，提炼出有助于本节课的目标达成的、有利于学生发展的有价值信息，从而将学生的学习探究活动引向深入。这样才能在课堂上敏捷地捕捉学生稍纵即逝的变化，不断捕捉、判断、重组从学生那里涌现出来的各种信息，见机而作，适时调整课堂进程和内容，形成新的步骤，使主题教育更贴近每个学生的实际状态，让学生思绪飞扬，兴趣盎然，让师生积极互动，擦出创造的火花，使课堂呈现出动态生成的性质，用“众人思维的火花碰撞”完成对大家潜移默化的引导和教育。

总之，主题班会应该在班主任有效的把控下，及时而有效地将主题班会上瞬息万变的不确定的生成性资源，挖掘出有用的教育价值，基于教育目标进行巧妙的引导。班主任要想提升自己把握课堂、把握动态生成的能力，必须具备精深的专业素养和丰富的教育经验，这些都要依靠我们的实践和实践后有效的反思才能积累。多学习，多锻炼，不断地提高自己的专业素养，开阔自己的眼界，加上足够的教学机智，才能具备高超的驾驭动态资源的能力，以自己的教育智慧有效地推进主题班会的实施，使主题班会有更加精彩的演绎。

主题班会是不断变化的动态过程，课堂上的动态生成是真实而美丽的教育资源，更是转瞬即逝的教育契机。作为班主任，我们应该有着海纳百川的胸怀、善于捕捉的“慧眼”、指点迷津的睿智和开放驾驭的气魄，变“意外”为“资源”，从

“问题”中寻找“价值”，全方位把握动态生成机遇，将未知、意外因素转化成主题班会的活力源头，巧妙达成教育目标，实现“难以预约”的精彩。

作者简介

李静，上海市崇明区班主任工作室学员，区德育教学能手。曾获得上海市园丁奖、区优秀班主任等荣誉称号，崇明区第四届班主任基本功大赛小学组教案设计二等奖，第五届班主任基本功大赛综合二等奖、论文三等奖。第六届班主任基本功大赛综合一等奖，案例二等奖。“小学家校协同育人内容和实施途径的实践研究”“农村城镇小学中年级学生不良行为的现状分析及家教指导研究”被列为市级课题。

班会中学生生成超出老师预设，怎么办？

——合理预设，巧用生成，让师生共享幸福课堂

施金辉

情境导入

在一节“诚实守信”的主题班会上，老师正热情高涨地给学生讲什么是诚实：“诚实，即忠诚老实，不隐瞒自己的真实思想，不掩饰自己的真实感情，不说谎，不作假！实话实说！同学们，我们无论在学习还是生活中是不是都应做一个诚实的人呢？”班上学生若有所思地频频点头，表示认同老师的观点。“同学们，你们真棒！相信大家都会喜欢愿说实话，不撒谎的人！”

正当老师想进入下一环节的教学时，有一个学生小声地问道：“老师，您教我们要实话实说，但为什么我对妹妹画得不好的画说‘画得难看’；对奶奶烧的不合我口胃的菜如实说‘难吃’时，却会被爸爸妈妈责怪呢？”突如其来的发问，打断了课原有的节奏，老师稍作停顿后说道：“有时我们也需要一些善意的谎言的！”“老师，什么是善意的谎言？是有时可以说谎吗？”学生满脸疑惑。“一两句话老师也跟你说不清，等你再长大些，经历的事多了，你就会明白啦！”说着老师便示意学生坐下，继续上课。

最后，老师如期上完了自己的课，而那个提问的学生却还是满脸疑惑……

问题归因

一、预设要关注学生的认知

在以上的案例中，老师采用文字释义的形式对“诚实”进行讲解，学生对字面意思的理解有限，对老师的讲解，也只是一知半解。而以具体事例、情景故事的方式来开展教育活动会更有利于学生获得情感体验，习得清晰认知。

此外，教师作为成人，能清楚地知道：诚信，是一个人重要的品质，在原则问题面前，诚实是应该在第一位的。但诚信的核心是善，在生活中是允许善意的谎言存在的，可以理解与接受生活中的善意谎言的存在。但不可排除的存有无法理解的学生。如案例中那个提问学生。

二、课堂应以学生为主体

面对超出老师课前预设的状况发生，我们该怎么办？是置若罔闻继续按原来的意思进入下一个内容，还是直面学生的问题，大胆接招，帮学生解开心中的疑惑，为学生接下来的言行做明晰的引导。但这样做有可能会完不成本节课的教学任务。主题班会作为班级管理的重要形式，主要是对学生进行德育教育，引导学生正确认识自我，规范自我行为，在上述案例中，任教老师忙于按自己的预设上完整一节课，而未能处理好课上学生发出的疑问，帮助学生获得正确的认知，没有把学生作为课堂的主体，对整节课的教育达成度是有欠缺的。

理论分析

一、合理预设的重要性

预设，是指教学预测与设计，是课前进行有目的、有计划的设想与安排。教育是有目的、有计划的活动，主题班会作为对学生进行思想道德教育的一项重要活动，需要预先计划安排，防止出现漫无边际的无序状态。提高主题教育活动的实效性必须从认真做好准备工作入手，需要周密的筹划设计。无论是主题确立、素材收集，主持人的确定、个人的发言都要让学生参与主题教育活动的全过程，切忌一言堂的说教式。主题教育活动要充分调动学生的自主能动性，从而提高教育课的实际效果。

主题班会主题的“预设”可以使课堂有章可循，确保主题班会的计划性和条理性。要想组织、指导好主题班会，充分发挥其在教育学生方面的作用，班主任必须在事先充分准备，精心安排，预设好。

只有基于学生的生理、心理特点以及班级情况的合理预设才能更好地预测到主题班会中可能会出现的问题，做到未雨绸缪，备好主题班会的教案，上好主题班会，最终实现对学生有针对性的教育，引领学生健康成长。这也是我们常说的在主题班会上要充分发挥教师的主导作用。教师在预设时要有明确的教育目标，如：本次主题班会要解决的问题是什么？怎么解决？为什么这样解决？

二、巧用生成的必要性

生成，是指课堂教学的生长和建构，是指在师生和生生之间合作、对话、碰撞中，现时发生的超出教师预设方案之外的新问题、新情况。主题的“生成”可以使课堂精彩纷呈，充满鲜活的生命力。我们既要善于捕捉稍纵即逝的教育契机，积极探索主题班会巧用生成的有效方法和途径，使主题班会具有生成性，更要继承主题班会的优良传统，根据学生的思想实际和班级具体情况，精心准备、巧妙安排，上好预设性主题班会，使主题班会“预设”与“生成”有机结合、相得益彰。

新课程特别强调课堂上的生成，我们主题班会也是如此，我们有预设的教育内容，主题班会进行中也会有师生碰撞、生生碰撞生成的新内容，这时就需要教师适时适度地引导。当教师与学生认识不一致时，教师要加以引导，从而使主题班会的教育目标顺利达成，使主题班会真正起到教育作用，这样学生才能通过师生之间思想交流、撞击、对接，产生深刻的体验和情感的共鸣，从而很自然地把德育要求内化为自己的信念和行为。

预设体现了教师的主导作用和对文本的尊重，生成体现了对学生的尊重。说到底预设与生成其实是相辅相成的。预设重视的是显性的、结果性的、标准性的目标，生成则关注隐性的、过程性的、个性化的目标。预设过度必然导致对生成的忽视，挤占生成的时间和空间；生成过多也必然影响预设目标的实现以及教学计划的落实。无论是预设还是生成，都要服从于有效的教学和学生的发展。

实践支招

怎样才能在主题班会中突出学生自我教育过程，体现学生的主体参与性，让主题班会变得更真实、有效呢?

一、关注学生年龄特点，充分合理预设

主题班会的主题确定来自班级学生或班集体存在的问题，故在课前要认真观察并发现问题，针对主要问题设计活动方案。老师首先要对任教班级的学生进行全面了解，如学生的学情，从学生的认知水平、可接受能力及家庭背景等；其次，老师也可与学生共同参与主题班会的设计，综合设计方案，细化问题。同时也要对存在的次要问题或可能存在的问题进行相应的预设。

另外，注意留白的艺术，着眼于宏观设计，重视过程的开放，强调师生、生生的互动影响，使设计体现出较大的包容度和自由度，给学生活动留下最大的空间，以便在目标实施中能宽容地、开放地纳入始料未及的“生成”。这样可能出现的“意外”就会成为“意料之中”，我们课也会上得细而扎实。

二、灵活应对，巧用生成

课堂教学是千变万化的，难免会发生诸多意外，一旦出现“不速之客”，教师要灵活应对，及时调整预设，给生成腾出空间。若课中学生生成的问题能用一两句话解释的，可运用老师讲解或生生互答的方式当场解决；若学生生成的观点接近预设教育目标的，可采用思维引导，如：情景表演、师生讨论、诗歌朗诵等形式来达成教育效果；若学生生成的问题与本课教育目标不合，或再生出了新的问题，可采用后延方式，如：另找一个时间解答或另设一节课来解决。

总之，在主题班会进行过程中对学生积极的、正面的、价值高的“生成”要大加鼓励、利用，对消极的负面的、价值低的“生成”应采取更为机智的方法，让思维“回归”，及时地把学生的注意力拉回到预设的教学安排上来。

三、智慧处理预设与生成关系，共享幸福课堂

当课堂中的生成与我们的预设不一致时，我们应该怎么办？在本文的教学情景中，老师如能从心态上接受不同观点的存在，这样首先就减少了心理上的尴

尬。这时老师可以先暂缓原来的预设进程，让全班同学都参与讨论，分析提问学生的疑惑，甚至可以让学生表演感受一下，通过心理换位法，让学生懂得在生活中，事情往往是复杂的。关心、体贴他人，灵活处事，善意的谎话，也是可以谅解的。最后通过大家讨论达成共识：诚实是一个人重要的品质，在原则问题面前，诚实还是应排在第一位的。诚信的核心是善，让学生正确认识善意的谎言。这样以尊重学生独立人格，顺着学生的思路，因势利导来展开的主题班会活动，能有效地帮助学生在活动过程中，亲身体验中，解开心中的疑惑，并获得自己的心灵震撼，实现自我教育的最终目的。

让学生在主题班会上有所感，有所悟，远比顺利上完一节课更重要。课前积累，课中碰撞，课后拓展，将教育内容与学生的生活实际联系起来，有效激活学生的思想，让主题班会产生最佳效益。

在主题班会的设计、组织和实施过程中，班主任要正确处理好预设与生成关系，努力使主题班会拥有思想深度和文化内涵，成为师生体验生命激情、启迪教育智慧、共享教育幸福的课堂。

作者简介

施金辉，崇明区班主任工作室学员，崇明区中小学班主任工作坊主持人，区班主任中心组成员。第五届崇明区“十佳”班主任、多次评为区优秀班主任。获得上海市宝山杯和闵行杯班主任基本功比赛二等奖，区第五、六届班主任基本功大赛一、二等奖。所带班级多次荣获区五星级集体称号。

班会缺乏针对性，怎么办？

——贴近学生生活，适切选取资源

杨　健

情境导入

某学校老师执教“与诚信同行”主题班会，他通过中国古代的《立木取信》和现代的《“海尔”的故事》导入，接着让学生讨论：商鞅和“海尔”为什么取得成功？有同学认为商鞅是英雄，说秦朝的强盛能统一六国都是商鞅变法的功劳；有同学感慨“海尔”企业之所以取得成功，都是坚持不懈的作用。课上老师一再追问，学生纠缠不休。在形形色色的回答中，总算在“这两个故事中取得成功的原因，有什么共同之处”的提示下，才有同学围绕“诚信”进行回答：“商鞅之所以让秦朝统一六国，‘海尔’之所以在国外打开市场，都是因为他们讲诚信。”在此基础上老师总结：诚信是立国之本；诚信是立业之本。并揭示课题——“与诚信同行”。而在其后的教育过程中，因为一开始就把诚信定位在“立国、立业”的高度，因此在讨论“什么是诚信？诚信有什么用？怎么讲诚信？”时，学生思维混乱，有时答非所问，有时夸夸其谈，无法直击学生的内心，也无法达成“育人践行”的教育效果。

问题归因

这堂主题班会的资源选用虽是能围绕“诚信”这个主题展开，但由于老师缺乏资源意识——即用什么资源及如何使用资源，造成每个教育环节所使用的资源内容及其呈现方式不符合该年段学生的年龄特点，且与学生实际生活脱节严重，缺少针对性，致使一开始课堂呈现混乱的场面。如：在开始引入时，把诚信放在了“立国”“立业”的层面上，而其中商鞅是距今两千多年前的人物，“海尔”又是个企业，资源选取大而空、远而虚。与学生原有的实践生活认知有很大的距离，致使学生在讨论两个故事时，没有抓住其中的共同点——“讲诚信”，也就无法有效地激活学生“讲诚信”的思维点，对诚信这一主题产生不了从认知到感悟再到践行那种思维变化；其次资源呈现的形式过于单调——除了故事就是问答，造成学生主动参与面不广，就算参与的同学也是无的放矢。如：学生在讨论“商鞅和‘海尔’为什么取得成功”以及“如果商鞅和‘海尔’不讲诚信会怎么样”时看似热闹，但由于环节的设置混乱、内容脱节、形式单调，故而收效甚微。正因为此，本次主题班会在情感与行为教育方面无法引起学生共鸣，无法触及学生的心灵深处，也就不能移情及己，唤醒自己，因此效果低下。

主题班会要直击学生的心灵，启发学生深入思考，震撼学生的行为，达到知行合一的教育效果，最直接有效的途径就是围绕主题，在选取资源上有针对性。这就要求我们在选取的资源时目标指向要明确，能与主题产生共振；其次选取的资源要契合学生实际，能与学生产生共鸣；最后资源的形式要多样，符合学生的年龄特点和生活实际，能与学生产生共情。这样才能使主题班会有针对性。

理论分析

搜寻百度“教学资源”得到：“教学资源是为教学的有效开展提供的素材等各种可资利用的条件，通常包括教材、案例、影视、图片、课件等，也包括教师资源、教具、基础设施等，广义也应该涉及教育政策等内容。”而我们这里所说的主题班会的资源是指在课堂中所采用的与主题匹配的，有助于学生体验的各种情景化资料。

在开展主题班会活动过程中所使用的资源为什么应贴近学生生活，适切选取，从而使主题班会有针对性呢？

一、与美国心理学家奈瑟的“认知心理学”有关

认知心理学的研究表明：学生的认知都是按照从具体到抽象、从已知到未知、从简单到复杂、从现象到本质的顺序逐渐深化的过程。这就为我们贴近学生

生活，适切选取资源提供了理论依据。因为主题班会活动是学生在教师引导下主动建构知识、激发并迁移自我情感的一种过程，这必须遵循人的认知规律进行设计并展开活动。而让主题班会真正有效，一是你所选取的资源必须适切，符合学生认知水平，才能使主题班会有针对性；二是资源的呈现必须多样，这是为了适应学生认识水平的差异。根据人的认识规律．把学生的认知活动划分为不同的阶段，在不同的阶段完成适应自身认知水平的任务，从而激发学生的情感，触动学生的心灵，使学生终身受益。

二、与维果斯基的“最近发展区理论”有关

维果斯基的“最近发展区理论”认为学生的发展有两种水平：一种是学生的现有水平，指独立活动时所能达到的解决问题的水平；另一种是学生可能的发展水平，也就是通过教学活动所获得的潜力。两者之间的差异就是最近发展区。简单来说，就是让学生“跳一跳，就能摘到果子”。最理想且有效的主题班会活动应着眼于学生的最近发展区，因此资源的选取也应让学生“跳一跳，就能摘到果子”，那就必须要在内容和形式上做到适切，使一堂课的构成逐步渗透、逐层深化，使学生的认知、行为与情感在每个环节的教育中得到螺旋上升的发展。

三、与主题班会的主体性原则有关

主题班会活动的主体性原则要求的是杜绝那种缺乏学生主动参与的形式主义，因此资源选取与学生现实生活相适切是符合主题班会的主体性原则的。如果资源的选取与学生实际脱节，不能适应和满足学生的需求，那么那些由老师安排、策划和指挥的看似热闹的活动也只是“召之即来，来之即做，做之即散，散之则无”的。学生的表现是在课上“轰轰烈烈”或是“死气沉沉”，课后“无动于衷”“依然如故”，就好像“挥一挥衣袖，不带走一片云彩”。造成主题班会如学生所说的“这是老师要我们做的”，而不是“我们要做的”。主题班会缺乏针对性，学生的主观能动性就大打折扣，主题班会就显得苍白而无效。

实践支招

鉴于学生的思维状态和情感激发都是一个由自我向他人再回到自我的迁移过

程，因此要使主题班会直击学生心灵的深处，知行合一，班会设计一定得具有针对性，方能有效，这就需要主题资源的选取要适切，贴近学生的生活。

一、主题班会资源的选取应有目标指向性

主题班会资源的选取是为主题、为目标服务的，因此资源的选取应有明确的目标指向。在主题班会活动过程中，每个环节的目标导向各不相同，有导入、有明理、有感悟、有思辨、有践行。因此主题班会资源的选取、呈现的形式、组织开展都是各不相同的。我们应围绕每个环节的目标导向而适当选取主题班会资源，从而让学生在活动、体验中激发兴趣，产生情感的共鸣，以此获得感悟，受到最大的教育。在“与诚信同行”中，老师在每个活动环节中资源的选取，就缺少相应的目标指向。如：一开始教师用了《立木取信》及《“海尔”的故事》想要解决“诚信是什么”，而这两则资源的目标指向却是“诚信的作用”，就造成学生在听了两则故事后对于“诚信是什么”不明所以，因此启而乱发、答非所问也就在情理之中了。如果教师让学生查查字典，了解诚信的意思，再选取小故事、生活小镜头，如：抄作业，说谎话等。通过议一议“什么行为是诚信”，就能让学生更好地认识诚信。而在某学校“劳动让生活更美好”主题班会中，老师就在导入环节中选取了学校花园、教室、道路、食堂在劳动前后的图片对比激发学生参与活动、体验的兴趣与情感，再通过出示社会上各行各业的劳动者，如：医生、环卫工、快递员……通过讨论“他们的劳动分别是什么”，感知什么是劳动；接着通过视频“保洁阿姨的一天”从中提炼出一些详尽的“数字”，如：弯腰100多次，清洗拖把20多次，步数20 000多等，使学生对劳动者产生敬佩和感恩之情；然后通过挖掘身边的资源——值日生，通过学生讲述：我们为教室做过什么？让学生夸夸班级劳动者，树立学习的榜样；最后发出“争当劳动能手”的倡议，让学生能培养热爱劳动的意识和尊重劳动的情感。教师的每个环节选取的资源目标指向性明确，因此主题班会针对性强，主题班会的“育人、践行”就不是一句空话。

二、主题班会资源的选取应贴近学生实际

主题确定后，结合学生的实际情况围绕这个主题组织材料，选取的资源尽量贴近学生的生活实际。在主题班会上少讲道理，多用发生在学生身边的具体事例来教育引导学生，因为只有学生感兴趣的东西才有可能引起他们的共鸣。在主题班会“与诚信同行”中，各环节的资源应根据学生的实际取舍，保留学

生耳熟能详的《狼来了》故事，再增加学生身边的有关“诚信”的事例或是情景，如“答应别人的事一定做到”“按时完成作业”等，让学生通过“辩一辩”“演一演”“辨一辨”等形式展示出来，而故事《立木取信》可以在“古今中外讲诚信”这样一个环节中出现，《“海尔”的故事》可以用更适合学生年龄、认知的其他“讲诚信”的资源替代。譬如，学生学过的课文《我不能失信》，就是讲述宋庆龄小时候守信的故事。这更能激起学生情感的共鸣，产生认同感。有时同一个主题，在不同的年龄段里，选取的资源也应是不同的。如某校举行“劳动”为主题的系列主题教学活动，低年级学生与高年级学生所选取的资源就是大不一样。低年级通过“晶晶为什么每天总是要妈妈买文具”的故事及出示“这些铅笔是谁的”图片，让学生认识到自己因不会整理，而使文具无故丢失的错误。这样的资源选取贴近学生生活实际，符合低年级学生的年龄特点。接着开展整理文具、整理书包等一些对于低年级学生具有可操作性的活动，在看一看、做一做、说一说、比一比中，让学生掌握整理学习用品的劳动技能，享受劳动的成果，树立劳动的意识。而高年级则通过学校、社区等在劳动前后的图片对比，在讨论中感知什么是劳动；再通过学校环卫工人、食堂工作人员、班级值日的视频让学生能致敬、感恩、表扬劳动者。只要资源的选取能贴近学生的生活实际，符合学生的年龄特点，就使主题班会有了针对性，从而能直击学生内心，知行达到统一。

三、主题班会资源的选取应该多样性

当下的学生的兴趣多，表象意识强，使注意力容易转移，所以在活动中以趣味性为载体，重视形象思维，从而符合和满足学生身心发展的要求，使学生在快乐中学会感知，在感知中学会做人。因此一节主题班会中资源的选取在内容和活动形式上应该有其多样性，不应只有一个固定、一成不变的模式，这样才能满足学生的需求。资源的选取既可以是班主任的慷慨陈词，也可以是班干部的工作部署；既可以是师生间的谈心沟通，也可以是学生间的激烈辩论；既可以是讲述故事，又可以是表演节目；既可以是知识竞赛，又可以是娱乐游戏……而“与诚信同行”在资源的选取上不仅脱离学生的生活，更是在内容和形式上缺少多样性，除了故事还是故事，除了讲述还是讲述，这压根无法调动学生的主体参与性。当主题班会中的“两性”——教师的主导性，学生的主体性，缺失了其中“学生的主体性”后，就会造成教师累，学生更累的局面。而一堂课的效率低下、混乱不堪也就不足为奇了。因此，“与诚信同行”各环节的教育资源可以通过故事讲一讲，也可以通过课本剧演一演，还可以通过视频放一放；可以通过个人辨一辨，也可以通过小组辩一辩，还可以通过卡片写一写……只有资源的选取在内容和形式都丰富多样了，才能真正体现出“以学生为主体”，才能使学生主动参与，主动践行。如某学校的“成功贵在坚持”主题班会，老师一开始通过看图片猜成语这一充满趣味的资源来引出教育主题；接着让学生观看让人动情的视频《里约奥运会女子 3 000 米障碍赛预赛》及《华罗庚的故事》引发学生感悟和思辨：成功与坚持的关系；然后让学生寻找身边的“坚持、成功”的资源，启发学生：坚持必能成功；最后让学生填写“挑战自我计划”，使学生达成从感知到明理，再到践行的教育目的。这些资源的选取因为贴近学生生活实际，而且形式多样，所以使主题班会有针对性，学生兴味盎然，情绪高涨，思维灵动，教育效果明显。

总之，要想使一堂主题班会针对性强、形式轻活，真正使学生在认知、行为、情感上得道，真正使学生能从认知到践行产生转变，真正起到主题班会的育人作用，那么贴近学生生活，适切选取资源，是必不可少的。

作者简介

杨健，上海市崇明区班主任工作室学员，先后获“上海市家庭优秀指导者”“崇明区优秀班主任”“区未成年人暑期工作优秀个人”等称号；他所撰写的《小鬼当家》《学会欣赏，化解矛盾》《走着走着，花就开了》等案例征文，所设计并执教的“垃圾分类我能行，绿色生态我保护”“交通规则我遵守，校园畅行我安全”等主题班会分获区一、二等奖。在市、区级刊物上分别发表文章《“育苗”课程融入项目化学习的实践与探索》《小学语文课堂生成性资源的开发利用》。课题“农村小学信息技术应用的调查研究”获区二等奖。

班会的教育形式单一，怎么办？

——优化活动形式，激发学生参与热情

王　晨

情境导入

一年一度的“学雷锋”宣传月到了，学校要求每个班级在周五的班队课上召开一次“学雷锋”主题班会，让学生重温雷锋事迹，传承雷锋精神。作为一名班主任，王老师感到十分苦恼——她每年都和学生一起开展“学雷锋”主题班会，闭着眼睛都能说出上课的流程：先回顾雷锋叔叔的生平，再学习雷锋叔叔感人的事迹，然后读读《雷锋日记》，最后再联系现实，请学生讲讲班级里或者社会上发生的“雷锋事件”……

刚开始的时候，学生每每听到雷锋叔叔幼年悲惨经历的时候都会露出同情的表情，觉得雷锋叔叔真可怜；在听到雷锋叔叔总是无私地帮助别人、不求回报的时候，又会露出敬佩的表情，还能说出很多赞扬雷锋叔叔的话语；在听到雷锋叔叔年纪轻轻就离开人世的时候，甚至会留下伤感的眼泪；朗诵雷锋日记时，声音里充满了激情……

可是，到了高年级，虽然内容有所改变，形式却依旧——依然是雷锋事迹说说，雷锋日记读读，“学雷锋”事情讲讲，这种课老师上起来觉得乏味，学生听起来兴致缺乏。所以，王老师感到非常为难，开展这个主题班会吧，师生都不感兴趣；不开展这个主题班会吧，又没法向学校交差。

那么，究竟怎么做才能改变这种窘境呢？王老师陷入了两难之中。

问题归因

王老师的问题在学校里并不鲜见，每年学校都会有一些固定主题的常规教育课，比如节日系列主题班会——“学雷锋”主题班会、元宵节主题班会、重阳节主题班会等，很多班主任都是采取类似的资料、一成不变的教育形式开展，把学生对主题班会的兴趣一点一滴地消耗掉。究其原因，其一是主题班会的教育形式较为单一，未能激发学生的参与热情。从王老师的叙述中可知，这种固定主题的教育课类似思想教育课，是最传统的教育形式。一般由老师主讲，中间穿插着学生的个人经验介入，以求得学生的某些层面的共鸣，这本身是目的，又是达到目的的必要手段。这种形式的教育课如果经常开展，学生易产生疲劳感和距离感，渐渐地失去对教育课的兴趣和参与的热情。

其二是教育课没有合理选材，班主任缺乏创新意识。无论是从网络上、书本上或者现实生活中，“学雷锋”的资料比比皆是，比如王老师上课用的雷锋的生平、雷锋的感人事迹以及《雷锋日记》等都是教育的素材。但是，不同年龄阶段的学生，有着不同的生理和心理的特点，因此，选择素材时要适合学生身心发展，而不能一概而论。特别是高年级的学生，他们的视野在扩展，知识在延伸，思想在不断成熟，因此要选择更加适合他们心理年龄的教育材料。另外，除了合理选材，创新也很重要，即使自己最爱吃的菜连续吃上几年，也会吃腻的，何况主题班会呢？如果同样的主题，能够在内容上或者形式上创新，相信学生的感受也会有很大的不同。

理论分析

为什么要通过创新主题班会活动形式的方式，激发学生的参与热情呢？

一、多样化的主题班会形式符合学生的内心需求

主题班会是以学生为主体、以班主任为组织和指导，实施教育的有效形式，是学校对学生进行思想品德教育的重要阵地和载体，其重要性不容忽视。主题班会形式的生动、活泼，且多样化，有利于增强教育的可接受性。不同年龄的

学生具有不同的生活兴趣和心理特点，其理解能力和接受能力也不相同，不能“一刀切”，总是采取单调古板、一味灌输、说教式的主题班会形式，要因人因时而异。

学生喜欢求新求异，生动活泼，班主任应动脑筋想办法，设计出多种多样新颖别致的教育课形式，如体验式主题班会，让学生体验环卫工人的角色，学生身临其境地感受环卫工人的辛劳，从中受到感染和启迪，从而能够更好地爱护环境，尊重他人的劳动成果。实践证明，学生只有在活动中感同身受，才会产生积极参与的强烈欲望，才会主动地、全身心地投入。才会充分发挥主动性和积极性，将潜在的能力转化为现实的能力。

二、多样化的主题班会形式是达成活动育人的重要途径

教育部《中小学生德育工作指南》指出，要精心设计、组织开展主题明确、内容丰富、形式多样、吸引力强的教育活动，以鲜明正确的价值导向引导学生，以积极向上的力量激励学生，促进学生形成良好的思想品德和行为习惯。主题班会无疑是活动育人的一个重要阵地，教育课形式的多样性是达成育人目标的重要途径。不同的主题班会形式可以达成的教育效果也截然不同，比如教师主导型的传统主题班会形式，虽然比较单调老套，在班级管理中，这种看似陈旧了无新意的教育课又是必不可少的。开学第一天的教育课、大型活动前的动员会、放假之前的结业会等，就可以采取这种形式。反之，如果主题班会的形式选取不当，不但达不到预计的教育效果，反而使学生失去了对主题班会的期待和兴趣。

三、多样化的主题班会形式有助于提升班主任专业化程度

开好主题班会是每个合格班主任都必须掌握的基本功，但在很多时候，在主题班会上，班主任只是上传下达，或者板着面孔说教，致使主题班会十分枯燥。若长期如此，学生反感，教师也会觉得没有太大意义。如今，无论是社会、家长还是学校，对班主任的要求越来越高，班主任的专业化发展是必然趋势。而组织多种多样的班级教育活动，让学生在活动中提高自信、展现自我，是班主任必备的专业能力。在此过程中，班主任或许会遇到各种困难和挑战，这就要求班主任不断充实自己，提升自己，激发自己的潜能，不断创新，使自身专业得到进一步发展。

实践支招

多样化的主题班会形式，能促进学生的发展，培养学生的能力，让他们尽情抒发情感，展示个性。主题班会的形式多种多样，最常见的有四种：第一，班主任主导式主题班会——这是最传统的教育课形式。班主任根据班级情况，就某些问题召开教育课，给学生们讲道理、提要求、布置任务；课堂上以班主任讲解为主，学生互动为辅。第二，学生主导式主题班会。学生主导，就是把教育课交给学生，由学生主持、主讲，这是时下很流行的一种模式，其优点是形式活泼，气氛热烈；不足是时间、效果甚至主题方向不容易掌控。第三，体验型主题班会。给学生提供相应的体验空间，使他们获得对一个主题内容比较深入的体验，从而加深学生的理解；对于涉世不深、缺乏生活阅历的学生来说，大道理总是显得苍白空洞，枯燥乏味，学生不爱听，也不愿意接受。体验式主题班会能够解决这个问题。第四，活动式主题班会，主要是针对班级存在的问题，设计组织相应的活动，让学生在活动中成长。那么怎样合理利用资源，有效选择主题班会的教育形式呢?

一、合理选材，恰当择取活动形式

素材是主题班会的组成元素，而主题班会的内容必须通过恰当的形式生动形象地表现出来，活动形式是内容的外在表现和载体。主题班会采用何种的活动形式，由教育内容来决定，要以达到最佳的教育效果为目的。无论采取怎样的活动形式，都应当做到形式为内容服务。所以，丰富主题班会的形式，一定要合理选材。

不同年级的学生身心特点有较大差异，思想状况、认知水平也不尽相同，因此，在挑选素材的时候，要根据班级学生的思维特点、兴趣爱好等选出具有针对性的教育材料。比如，刚进入初中的学生，身心还不够成熟，开展主题班会时可用图文并茂的教育故事或者兼具趣味性和教育性的视频，来吸引学生的注意力，激起学生的共鸣，从而使他们迸发真情实感。比如，开展“防火安全教育”主题班会中，整个教育过程用了动画的形式呈现了简单而又生动的种种火灾场景，把哆啦A梦作为故事情节的主人公，不失时机地讲述着应对不同火灾的方法并提出问题考大家，学生在这样趣味横生的课堂中听得津津有味，也牢牢地把消防知识记在心中。要知道没有哪一个学生会拒绝动漫，这种两全其美的教育措施真是事半功倍。

除此之外，素材的选择也要与时俱进。选材的时候，要尽量选择一些与新时期出现的新事物有关的内容，或者学生关注的热点问题，这样的内容既新鲜又富有时代精神。比如，在开展“文明礼仪”主题班会时，把一个小男孩在电梯里撒尿导致电梯坠落的事件作为反面教材，学生深刻地感受到不文明行为带来的严重后果，纷纷表示一定在生活中杜绝这些不当行为。

二、捕捉契机，灵活把握活动形式

如何把握主题班会的活动形式，从而达到最佳的教育效果呢？首先，主题班会可以采取灵活的活动方式，抓住每一个敏感的话题，借助临时主题班会的模式，召开“微型主题班会”。班级和学校里的每一个突发事件里，都包含着教育意义，现场即时教育，往往能够起到良好的效果。例如，我班上的学生在和一只流浪狗玩耍的时候，不小心被狗咬伤了脸，缝了很多针，造成了面部严重的伤害。我就围绕这个问题召开一次教育课——“做自己的护花使者”，使学生了解日常生活中面临的潜在的安全威胁，提高自我保护意识，远离各种危险和伤害。这种活动安排方式，抓住学生身边的安全事例并加以及时强化和引领，不仅提升了学生的安全意识，更借助身边的真实事例增强了他们的体验和感悟。

其次，可以根据班级学情开展即兴活动型主题班会。活动型的主题班会可以激发学生的集体荣誉感，增强班级的凝聚力。而且即兴主题班会不一定要有明确的活动规划，班主任可以抓住契机，只要有明确的教育目的和大致的活动流程，就可以开展相关活动了。以我班上学期开展的“奔跑吧，同学”主题活动为例。“奔跑吧，兄弟”是最近几年大热的一档综艺节目，节目内容充满了趣味性，特别是“撕名牌”环节，简直成了学生模仿的重点。我班上的学生经常在课间玩“撕名牌”游戏，在教室内外追追赶赶，造成了严重的安全隐患，虽然我屡次明令禁止，学生还是偷偷摸摸地写名牌、撕名牌。于是，在一次周五的班队会上，我把所有学生带到了操场上，按照他们制定的撕名牌的规则，让他们玩个痛快。玩过之后，我让他们比较在操场上和在教室里玩有什么不同，哪个更开心。学生一致认为在操场上玩比较开心，因为空间更为广阔，而且在塑胶操场上即使摔倒了也不疼。最终，我们总结出：玩游戏也要选择合适的场合，不然不但不能玩尽兴，而且可能会受到伤害。这种体验式的教育活动，比班主任苦口婆心的口头教育，更容易使学生接受，也能更好地达到教育效果。

三、优化理念，有效丰富活动形式

首先，班主任要有创新的意识和理念。理念是一个人观念和思想的总和，一个人有什么样的思想意识决定了其活动方式和行为选择结果。管理学家波拉德说："我们都是自己思想的奴隶。"对于班主任而言，科学的教育理念是决定主题班会质量的最终因素。因此，想要在主题班会活动形式上进行推陈出新，就要遵循科学的理念，打破教室的时空局限，采用心理体验的方式，提升学生的情感体验；主题班会的创新还需体现新时代的特色，充分利用网络资源，增强主题班会的感染力和吸引力。比如，疫情期间的主题班会，班主任就需要借助新媒体技术，召开线上主题班会，对学生进行科学防疫、心理健康、居家学习要求等方面的指导和教育；还可以利用公众平台展示一系列的主题教育活动，如班级风采展或疫情期间学生个人成长记录展，诵读传递正能量的文章或拍摄相关的微视频，以此来展现学生个性，增强班集体的影响力和凝聚力。可以利用网络平台，创设教育情境，营造教育氛围，鼓励学生围绕时下热点话题，如"致敬逆行者""居家防疫小妙招"等，在班级群里自由讨论和交流，甚至可以邀请家长参与。总之，班主任可以利用新媒体平台与学生"隔空"交流，达成主题班会的教育效果。

其次，优化主题班会的形式，要增强学生的参与意识。苏霍姆林斯基说过："只有能够激发学生去进行自我教育的教育才是真正的教育。"学生是主题班会的主体，班主任的主要作用是把握主题班会的教育目标和主题，提出设计意图，创造必要的条件。因此，班主任可以充分发挥学生的创造性和能动性，使他们以主人翁的身份参与教育课活动主题、形式等的选择。特别是互动性质的主题班会，如交流汇报、交流会、读书分享会等畅谈类的活动，完全可以放手让学生自主组织开展。这种班主任指导、学生主导的主题班会锻炼了学生的实践能力和社会适应能力，也促进了学生人际交往能力和思想道德品质的提升，同时也实现主题班会形式的创新。

通过以上的分析，王老师的问题其实不难解决。最主要的问题就是对素材进行合理的选择和整合。首先，挑选出适合当前班级学生的教育内容，把之前用过的材料一一剔除。比如雷锋的事迹、《雷锋日记》，分享生活中的"雷锋"现象等。去掉了这些材料，发现再用以往的传统主题班会的形式已经不合适了。那么，可不可以考虑一下其他的形式呢？比如，辩论式的主题班会，情景表演式的主题班会，采访式的主题班会，还可以开展活动，比如义卖募捐活动等。其次，根据已有的素材和罗列的活动形式，让学生选择和组织，以此激发他们参与的热情。无论最终选择哪种教育形式，相信学生都会有着高昂的兴致、较高的参与度。

在开展类似于"学雷锋"式的固定主题班会时，还是要注重材料内容的选择，毕竟活动形式是内容的载体和外在表现。只有选择了合理的素材，才能选出易于达成教育目标的形式。无论是素材的选择还是教育形式的选择，都要遵循以下几个原则：首先，要符合教育性的原则。主题班会的目的是育人，重在以"教育"帮助学生形成正确的人生观、价值观和世界观。"教育性"是主题班会的灵魂。如果主题班会只重表面，没有深入学生的内心，这堂课的教育目标是没有实现的。很多班主任在上这种固定主题的主题班会时，选择班主任主导式的主题班会，形式主义地把内容灌输给学生，这种为了完成任务而上的主题班会很难深入学生的内心，实现育人性的目标。其次，要符合适切性的原则。不同年级的学生有各自身心发展的特点，在设计主题班会时，要选择合适的方式。比如，低年级时，可以采取班主任主导式的主题班会，通过老师的讲解达到教育的目的；高年级，可以采用表演式、体验式或者探究式的主题班会，增加学生参与的比重，让学生在活动的过程中受到教育。再次，要符合民主性的原则。学生是主题班会的主体，班主任的作用主要表现在把握主题班会的方向和主题，提出设计意图以及创造必要条件方面。班主任要发挥学生的主动性和创造性，使他们以主人翁的态度参与教育课活动，发挥主体教育课中的主体作用。比如在主题班会形式的选择上、组织上，都可以经由学生来完成。组织实施的过程，也是他们受教育的过程。

俗话说得好：变则新，不变则腐。主题班会的形式要多种多样，紧跟时代潮流，让学生常有一种新鲜感，才能更好地实现良好的教育效果。总之，班主任一定要充分利用主题班会这个学生成长教育的平台，开展形式多样的主题班会，体现学生在活动中的主体地位，调动学生参与活动的主动性和积极性，充分发挥主题班会的价值功能，整体提升学生的思想道德品质素养。

作者简介

王晨，上海市崇明区班主任工作室学员，曾获崇明区“十佳班主任”提名奖、崇明县中小幼教学“新蕾奖”、崇明区“优秀青年”、崇明区“优秀班主任”等荣誉，研究的课题“农村小规模学校建设学生学习共同体的实践研究”被评为区级重点课题，《农村小学家庭劳动教育研究的情报综述》《农村小学生家庭劳动教育的调查研究报告》等文章获得市、区级评比等第奖；《主题班会的形式单一怎么办——创新活动形式，激发学生参与热情》等多篇文章发表于《崇明教育》。

班会中学生主体参与性不强，怎么办？

——回归话语权，唤醒学生主体意识

施　叶

情境导入

学校主题班会展示活动。一名老师设计了一堂主题为“建党 90 周年”的主题班会。因为是参加比赛的班会，老师准备很充分，班主任活动能力也很强。主题班会开始了，老师首先通过 PPT 展示了建党 90 周年来祖国发生的天翻地覆变化。接下来就是各种表演秀，学生们你方唱罢我登场。

在发言的环节里，老师问：“谁能就刚才的现象谈谈自己的感想？”学生们侃侃而谈，但都以表决心为主，基本上就是老师象征性的提问，并引导学生按照教师预先的设计回答，如果学生没有按照老师的思路回答，那老师就持否定的态度。

有很大一部分学生在主题班会的全程始终保持沉默，很少或几乎听不到他们发出的声音，从头到尾安静地跟随教师的节奏，或者游离主题班会外。

再来看看主题班会的感悟卡片，没发言的几个学生一个字也没写，发言的学生也就是寥寥数字。课后采访了一些学生，他们说：“难为情，不好意思上台。”“反正已经有指定发言同学了，我讲不讲都无所谓。”

表面上看，主题班会中学生们都参与了，似乎贯彻了发挥学生主体性的理念。但是，我们明显感觉到，这是一种披着“主体性”的外衣的强制和灌输，是彻头彻尾的“假主体”。

问题归因

一、历史文化影响

在中国传统教育思想中，“师道尊严”“学高方能成师”“严师出高徒”“闻道有先后”以及“一日为师，终身为父”等思想确立了我国尊师重教的历史传统，同时也确立了教师的话语霸权。教师就是“讲台上的圣人”，拥有无上权威，控制着教育的全过程。学生们也认为教师就是知识的代言人，教师的话是全对的，根本不需要质疑。在课堂上，往往师生双方都习惯于“教师讲—学生听”的教学模式，学生不敢提出自己的想法。

二、中职环境的特殊性

中职学生相当一部分行为习惯比较差，自身没有意识到这些缺点，同时因为中考的失利，往往较为自卑，不太关注班级的事情。另一方面，班主任往往会“管”得多，“理”得少。而且由于学生多数自我管理能力不强，需要班主任像“警察”“保姆”一样紧追不舍，步步为营，所以在主题班会上，教师是绝对的权威，大唱“独角戏”，导致一部分学生“不听”“不看”“不参与”，班会课成了形式，变成一潭死水，不少学生甚至不把主题班会当回事。

三、主题内容脱离学生生活现实

虚假空的主题班会，让学生提不起任何兴趣。主题班会内容不符合学生的口味，相比起“无聊、单调”的主题班会而言，学生更愿意将时间花在学习上。

四、设计理念的缺位

班主任无视高中学生的自主意识、判断能力，认为主题班会无非就是教给学生某些道理，让他们知书达理，形成正确的三观，而没有关注到学生的感受和体会。

理论分析

为什么要在主题班会中回归学生的话语权，唤醒他们的主体意识呢？

一、回归学生的话语权可创建和谐温暖的师生关系

学生作为教育的主体，学生的话语权从个体出生之后就拥有。当前教育改革如火如荼地进行，学生的声音将成为改革中必不可少的“检验机”和“催化剂”。但是现在的主题班会大多从教育管理者的角度理解学生话语权，缺少学生发自内心的真正想法，学生的地位和角色限于一种“尴尬”的局面，本该“发言”却“失语”。而如果我们通过主题班会、课外活动关注教育的微观层面，探寻不同的角度，使学生的声音真能被听到而且被尊重，更深层次地尊重和理解学生，就有利于提高班会的实效性，促进学生整体发展，营造主题班会的良好课堂氛围，重建和谐、平等、温暖的师生关系和生生关系，体现和延伸教育公平。

二、回归学生话语权可使课堂呈现出不同的形式

新课改赋予教师和学生新的角色，要求教师和学生转变教学方式和学习方式。新课程条件下的课堂教学，教师和学生将拥有与以往不同的话语权。课堂的主人应该是学生，是每一个学生，课堂话语权应该还给学生，而非只是那些爱说、能说的学生，对那些不善言辞、羞于表达的学生，不管他们能不能说出令我们满意的答案，都应该鼓励他说出自己的理解和看法。

实践支招

一、唤醒学生的主体意识，积极引导学生的主体参与

英国教育家斯宾塞曾说过：“应该引导学生进行探讨，自己推论，对他们讲得应该少一些，要引导和让他们说出自己的发现尽量多一些。”

开学初，我根据学校工作计划，在班级发动全体学生为安排好学期的主题班会、出谋划策，提出各次主题班会的内容、目的、要求、形式、实施大体措施，再根据学生的意见与建议，由班委会干部收集整理定制出本学期的主题班会活动计划。然后，班长发动全班同学申报各次主题班会活动的设计者、编导者、执行者、主持者等。我与班长以及班委会成员共同讨论、协调大家的申报，合理安排，学生个个都有主动组织活动的机会。这样，学生能根据自己的需要、愿望和爱好自主的选择适合自身的班会教育，学生主动参与，达到发展自主性的目的。

班主任把班会活动的主动权交给学生，学生在活动中根据班主任的要求和自己的兴趣爱好选择自己的角色，找准自己的位置。

“言为心声”，学生才能成为主题班会的话语主体。

二、平等对话交流，实现共同成长

教师还学生话语权不是指在课堂上简单的提问，或者在课堂上让学生自己讨论。而是师生双方以整体、独特的形式存在，他们相互尊重，相互信任，通过对话、沟通和交流对个性化和创造性的理解最终达成和解和默契。这种对话，要求师生彼此之间敞开心扉、相互倾听、相互理解。教师不仅仅是自上而下的教，还应在平等的对话中教。师生之间不再是“主—客”之间的关系，也不是“授—受”的关系，而是“主—主”和“合作—参与”的关系。对话对于教师而言意味着上课不再是“独白式”的言说，而是和学生一起分享，一起成长，教师和学生的积极沟通和交流，也是教师自我成长和自我实现的过程；对学生而言，对话意味着主体性的体现、个性的表现，以及创造力的解放，是学生话语权的重新获得。因此，通过师生的平等交流和对话，课堂才能真正成为学生和教师共同成长的场所。

三、小组讨论，培养学生合作意识

实践证明，讨论最有利于调动学生的积极性，有利于师生之间沟通情感和交流信息，有利于思维的撞击和智慧火花的迸发。为此，我在主题班会中按优、良、中、差搭配，合理划分，编成四人小组，全班共 9 组。每次主题班会预先确定讨论话题，在教学过程中积极开展小组合作学习，组员之间互帮互助，给学生提供相互交流、共同切磋的机会。学生在开展小组合作学习时，通过小组讨论、交流、游戏、辩论、合作等形式，学会理清和表达自己的观点，学会聆听和理解别人的看法，大大地活跃了他们的思维，拓宽了他们的思路，激发了他们创新的热情。

另外，小组合作活动还有利于培养学生的合作意识和合作技能等社会性品质，并且可以使学生在相互帮助、赞赏中体验到学习的快乐，分享到成功的喜悦。学生高涨的情绪、大胆的尝试、亲密的合作、心理的开发构成了一种相融的人际关系，这种良好的交往状态有助于学生形成性格开朗、积极进取、与人亲切交往、真诚合作等心理素质，真正有助于个体成长，焕发个体生命活力。从课堂上学生的状态来看，既有小组互动、全班互动，又有生生、师生互动多种形式，促进了交往的实质性发展。如，组织学生讨论环境保护问题，许多小组绞尽脑汁，设计新颖的课件来辅助自己的发言，信息量大，学生兴趣浓厚，取得了很好的思想教育效果。

四、了解学生，贴近学生设计话题

这里讲的“话题”，即主题班会的主题，是教育课要达成的目标。确立主题要注意主题的适切性：既要体现社会、时代发展对教育的要求，又要贴近学生的学习、生活实际，符合学生身心发展的需要。

因此，主题提炼应凸现“以人为本，以生为本”的教育理念，“从学生中来，到学生中去”，能解决绝大多数学生急需解决的问题、矛盾、困惑，能解决对学生的整体发展可能具有重大影响的问题、矛盾、困惑。这样的教育是“雪中送炭”，是心灵导航，而非“无病呻吟”。

主题班会应该是师生之间就共同关心的话题频繁交流、双向互动。学生有自己的喜怒哀乐，有自己的思维方式，一个远离学生思想的话题很难引起他们的关注，只有贴近学生心灵的话题才能激发学生兴趣，引起他们共鸣。所以，教师要了解学生在想什么、怎么想，要选择他们共同关心的话题，让每个人都有话可说，有情可触。

高二的主题班会是励志，我班的班训是：燃烧青春，超越梦想。这次我选择了“青春无悔”为主题，目的是引导学生以快乐的心情，积极的心态面对学习、生活的挑战，在拼搏中获得进步。

为了论证这个话题的可行性，我进行了大量的调查和沟通工作，了解学生的现状及对这个问题的看法。特别值得一提的是，在调查中，我发现学生对该话题充满迷茫和困惑，可见这个问题是急需解决的问题，同时也是富有内涵、富有挑战性的话题。正因为话题源于学生、贴近学生，所以，学生参与度高。积极性强。

总之，主题班会不失为德育、智育、美育等工作的好途径，它对学生思想的转化和良好班风的形成有一定的促进作用，在主题班会活动的实践中，我们再次认识到：满足学生的需求，把主动权交给学生，让他们自主选择、独立自主、才能使他们在主题班会活动中体验成长的乐趣，每个学生的个性得到张扬，真正实现学生生动活泼地发展，才能适应21世纪的需要，使他们将来成为社会的主体。

作者简介

施叶，上海市工程技术管理学校班主任、高级教师。曾获区“优秀班主任”区“德育标兵”、区“园丁奖”等荣誉称号；在市中职“班主任技能比武”竞赛中获二等奖、区“班主任技能比武”中获三等奖；《营造家的氛围，创设自主管理型的特色班级》《他不再是拒绝融化的冰》等发表在《崇明教育》杂志上，所带班集体获“市优秀班集体”的荣誉称号。

班会后拓展延伸达不到预期的效果，怎么办？

——营造体验情境，家班合力育人

肖　慧

情境导入

在一堂“我们一起劳动吧”的主题班会上，学生们通过视频，故事，小品等形式，明确了什么是劳动，体验了劳动的艰辛，也懂得了爱劳动是我们中华民族的传统美德，课堂气氛热烈，主题班会的教学目标基本达成。最后老师给学生们布置了一项作业，要求他们在家主动帮助爸爸妈妈做一些力所能及的家务活，到下一次的主题班会上交流各自的劳动体验。一星期后，劳动体验交流会如期举行。

小 A 同学说：“我们家的家务活我爷爷奶奶全包了，我找不到可以做的事情，没啥可交流的。”

小 B 同学说：“我想要洗碗，爷爷奶奶怕我摔碎，不让我洗，想要洗自己的袜子，妈妈嫌我洗不干净，我只能做做样子扫扫地，奶奶还夸我真棒，我都有点不好意思了。”

小 C 同学说：“我在家找不到能干的家务活，跟奶奶说了做家务活是我们的作业，奶奶便让我拖了一下地，其实这地刚刚才拖好，所以也没觉得有多累。”

小 D 同学说：“我在家扫过地，拖过地，也洗过碗，但是我不知道我做得好不好，爸爸就轻轻地嗯了一声。”

在进行劳动体验反馈时发现，部分学生没有完成这项作业，有些完成的也只是抱着完成老师布置的任务的心理，没有自己的想法或是行动方式，并没有在劳动中体验到家长的辛劳，更不要说是让学生热爱劳动了。

问题归因

通过上面的案例，我们发现这名老师布置的课后拓展作业，并没有达到预期效果。到底是什么原因影响了本次活动的实效性呢？

一、教师布置活动的要求不清晰

班主任在布置活动的时候，没有全面考虑班级学生的综合能力，只是布置学生要参与家庭的家务劳动，没有明确劳动的内容是什么，也没有明确劳动的时长，这样的布置说明老师对学生的劳动能力缺乏全面的了解，同时也缺少与家长们的沟通。

二、学生缺少劳动的环境和指导

学生对于劳动的认知是停留在表面的，在相对比较干净的家庭里，他们找不到能干的家务活，或是家长也不让他们在家里劳动，也有部分学生的劳动能力比较差，不能独立完成一项劳动，家长们基本上不会对孩子进行劳动方面的指导，因此老师布置的劳动作业只能流于形式了。

三、家庭缺少对孩子劳动教育的培养

现如今的家长基本上都是娇宠长大的 80 后，他们自身对劳动教育缺乏深层次的认知，对孩子也起不到言传身教的影响，同时对于老师布置的体验活动也不一定有正确的理解，或是更多的关注。相对而言，大多数的家庭比较重视孩子的学业成果，忽略了对孩子劳动的教育和渗透，导致了班级开展的活动成效不明显。

理论分析

为什么要在主题班会的课后拓展延伸中营造体验情境，家班合力育人呢？

一、营造体验情景，充分激发学生的主体参与意识

情景体验式劳动教育活动是教师根据劳动教育的内容，在以学生为中心而创

设的贴近学生生活的情境中，进行体验，从而使学生在劳动中直接感受情景中的氛围，主动联系自己的生活，以此达到劳动教育活动的目的。这种活动能有效解决教学中理论与实践脱节的问题，在实践中让学生能够以最具体的形式，感知并通过老师的引导解决劳动上的困惑，知道“我要怎么做”、领悟“我该怎么做”。情景体验式劳动教育活动通过掌握不同阶段学生的心理特点，有针对地开展劳动教育活动，在学生劳动教育活动的体验中尽可能地激发他们的学习动机。对活动进行设置时使活动遵循教育教学规律、契合学生的心理特点。比如，劳动教育主题活动要紧扣学生的心理特点，设计使他们喜闻乐见的活动，情景的设置坚持以学生为主体，在回归学生的生活中培养他们的劳动能力。劳动教育理念不是单纯地由教育者灌输知识给学生，而是师生的双向互动、交流互通的过程，这样可以消解学生对学习的排斥感，让学生乐于学习，从而达到潜移默化的学习效果，让学生积极主动参与。

二、家班合力育人，全面提升主题班会的实效性

教育家苏霍姆林斯基曾说过，最完美的教育是学校与家庭的结合。教师在学校做再多的努力，如果得不到家长的配合和支持就会事倍功半，教师要和家长积极联系、沟通，取得他们的支持和理解，在教育孩子的理念、方法、实际操作上达成共识，为我们的孩子插上腾飞的翅膀。家庭教育有其独特的优势：一是时间上的优势，孩子日常只有 6—8 个小时在学校，更多的时间在家里。二是情感上的优势，家庭教育可以利用亲情和言行的示范性作用，对子女进行教育。班级教育和家庭教育都有各自的优势和局限性。只有加强与家长的联系，做好家长工作，使家班教育形成合力，才能最终促进孩子的健康发展。

主题班会的课后拓展延伸通常会设计一些相关的活动和任务，学生的完成与否，效果怎样这就需要家长的监督与指导。只有家班有效沟通，在家长的全力配合下，我们的活动才能达到最好的效果，从而提升主题班会的实效性。

实践支招

一、家班有效沟通，助力共同成长

在学生的成长中，家庭教育是不容忽视的教育力量，我们要让家庭与班级

管理完美结合，让家庭教育发挥其自身重要的教育作用，达到家班教育的有机结合。

首先，作为本次活动的设计者，老师应该通过晓黑板，微信等交流平台预先告知家长们本次活动的意义，内容，以及想要达到的成效，引起家长的重视，并希望能得到家长们的支持与认可。包括我们在学校里是怎么做的，要求是什么，成效如何也一并告知家长。

其次，对学生进行劳动教育离不开家长的配合与支持，否则班级与家庭要求不一致，家长仍然事事处处包办代替，学生的劳动习惯和劳动情感的培养难以见成效。为此，要充分利用家访等形式向家长宣传劳动教育的意义和方法，要求家长为孩子创造良好的劳动环境，提供一定的劳动条件，鼓励孩子自己能做的事情自己做，并做一些力所能及的家务劳动，不要因孩子不会做或做不好而加以制止、训斥、替代，使学生失去劳动锻炼的机会。同时要把劳动教育内容定期向家长公布，以便取得配合，家班一致共同教育。

每个家庭的实际情况不一样，每个孩子已经获得的劳动技能不一样，在日常生活中，有的家务劳动是适合孩子本身的、有的是适于整个家庭的、有的是跟社区有关的。每个家庭可以根据自己孩子的实际情况，有选择地开展一些家务劳动。

二、提供活动素材，注重情感体验

（一）创造良好的劳动教育环境

根据学生的年龄特点来确定劳动教育内容，在班级里可创设整理、排放课桌椅等比赛活动。在家里，可以与爸爸妈妈一起比赛剥豆子，并指导学生试着整理自己的小房间，整理自己的床铺。在播种、锄草、收获时节带学生到农村参观、参加一些劳动，到工厂参观一些产品的生产制作过程，让孩子知道食品是农民伯伯辛苦劳动种出来的，又经过许多工序加工成的玩具、衣服等是工人叔叔制造出来的，以此培养学生爱劳动，珍惜劳动成果的优良品质。

（二）搭建孩子与家长交流的平台

劳动的过程恰好给了家长与孩子交流沟通的全新机会，孩子更乐于与家长交流，这也是家长和孩子一起成长的过程。建立这一融洽的亲子关系，和孩子一起分享他们的劳动成果，就会让家长在孩子眼里赢得足够的尊重，对培养孩子自信心尤为重要，孩子也会渐渐爱上劳动，会主动承担起家庭部分的家务劳动。

（三）帮助孩子掌握一定的劳动技能

在平时的家务劳动中，要鼓励孩子勤动手、多动脑，掌握多种劳动技能。如：怎么整理自己的床铺？怎样整理自己的书桌？如何用洗衣机洗衣服？放多少洗衣液？整理衣服有什么窍门？出去旅游需要带哪些日常用品和衣物？如何进行垃圾分类……家长要告诉孩子这些基本的常识，从而帮助孩子掌握一定的劳动技能。

（四）社会教育是学校教育、家庭教育的拓展与延伸

要善于利用社会资源，组织学生开展活动。例如，现在每个社区都有劳动志愿者活动，通过网上报名，“小手牵大手”，与家长一起参加公益劳动活动。让学生在劳动中加深认识，接受考验，得到锻炼，从小培育爱劳动的意识。

三、基于学生能力，实施有效评价

评价是对学生能力的一种肯定，也是一种信任的表现。对学生的评价既要关注学生活动的结果，也要关注他们活动的过程，更要关注他们在活动中所表现出来的情感与态度，帮助学生认识自我，建立自信。

在平时的家务劳动过程中，教师和家长可以对学生在劳动时的表现进行即时评价，但即便是同一年龄阶段的学生，劳动的能力也会存在差异，因此不能简单地依据参加劳动次数的多少、劳动水平的高低、劳动成果多少来评价，更重要的是关注学生在劳动中是否有积极的情感体验，是否能负责任地劳动，劳动热情是否被激发，是否具备劳动的自觉性。评价的形式包括教师评价、家长评价、同伴之间互评以及学生的自我评价。相比之下，作为成人的教师和家长在评价中更容易对其客观性有良好的把握，所以还是应坚持多主体结合的评价方式。在本文的案例中，小D同学在家做了家务，但没有得到家人的鼓励与评价，失去了对劳动的热爱，我们的劳动主题教育就没有达到预期的目的。如果在小D同学扫好地后，家长及时给予评价和鼓励，那么孩子会很开心，觉得自己的劳动得到了大人的认可，以后会自发参与家庭劳动，或是学校劳动，这样我们的教育目的就达成了。主题班会的拓展延伸都会设计一些活动或作业，家长对于学生的完成情况

做一个有效的评价是对学生最好的鼓励与支持。

总之，主题班会的课后拓展延伸，在情境体验的支撑与家班合力共育的护航下，才能达到它预期的效果。

作者简介

肖慧，上海市崇明区班主任工作室学员，曾荣获崇明区第六届“十佳班主任”和崇明区园丁奖等荣誉，崇明区第六、第七届班主任基本功大赛二、三等奖获得者，“新时代小学生劳动教育的现状与对策研究”课题被列为区级课题，《培养小学生规则意识的实践》《上善若水，静待花开》等文章发表在《崇明教育》等杂志。所带班级被评为区五星级班集体。

第三编

家班合力开展家庭教育指导能力

导读

家庭教育对学生成长的影响巨大。习近平总书记多次强调："家庭是人生的第一所学校，家长是孩子的第一任老师，要给孩子讲好'人生第一课'，帮助扣好人生第一粒扣子。"2021年10月，《中华人民共和国家庭教育促进法》颁布，家庭教育成为服务于国家战略的重要支撑，家庭教育也肩负起"培养什么人"的问题。2022全国妇联、教育部等11部门印发《关于指导推进家庭教育的五年规划（2021—2025年）》提出，到2025年，家庭教育在培养德智体美劳全面发展的社会主义建设者和接班人中发挥更重要的基础性作用。

学校教育和家庭教育密不可分，影响学生成长发展的因素源自家庭和学校的共同影响。《家庭教育促进法》也明确了"中小学校和幼儿园必须为学生家长提供家庭教育指导"。构建学校教育、家庭教育和社会教育三位一体的"大教育"体系，家庭教育与学校教育相互配合、相互支持，形成优势互补的行为模式与关系模式是教育发展的必然趋势。

班主任是学校教育和家庭教育的直接联系者，家长对学校教育的认知、理解和认同取决于班主任的教育影响，同时，班主任在开展建班育人的过程中，更需要通过自身的工作，加大资源集聚，指导家庭教育，促进良性互动，形成家校合力。

本编聚焦班主任在家班共育过程中面对的各类问题，进行原因分析、理性思考和实践突破，揭示家班共育过程中蕴含的教育规律，体现班主任的教育智慧。

首先，直面家班互动的常规问题。在家班互动的过程中，一些常规问题始终存在，比如家访的有效性问题、孩子出现伤害事件时如何与家长沟通等。上海市同济二附中龙骋华老师提出了"不能从家访中真正了解孩子的成长环境"的问题，认为原因在于家访只呈现了问题，没有给出真正解决问题的方法，后续观察、交流也不够。因此班主任需要因家而异，尊重需求；择时而行，把握契机；充分准备，精心设计；丰富内容，细致观察和持续反馈，巩固成果的策略，通过家访建立陪伴支持、真诚互动、协同合作的家校关系。面对"班级出现学生受伤的事件，家长情绪激动"的问题，上海市曹杨中学附属学校班主任张颖对校园突发事件的类型和特点做了分析，同时遵循"三T"原则，即及时有效地稳定家长情绪，避免恐慌和负面情绪的无限扩散；及时有效干预事件的发展，保证学生安全和教学秩序的稳定，要做好上传下达工作；及时有效干预控制突发事件的连锁反应及危害性，降低负面影响。通过三个及时，家班携手有效应对“冲突”。

其次，破解家班共育合力难形成的问题。家班共育不是独角戏，需要家长参与，也需要任课教师的力量。上海市甘泉外国语中学张寒冰老师面对家长质疑任课老师能力时，要做好班级管理的有心人，关注细节，发现问题，及时引导，通过冷静共情、巧言沟通、补就提升的策略，构建学生、老师、家长三位一体的和谐生态场。上海市长桥中学戴婷玉老师面对“组织亲子活动，班主任总是单打独斗”的现状，提出时家庭和班主任双方对共育责任区理解有差异、共育的方式难以合作、共育的身份定位不清等因素，造成“育”而不“共”的实际问题，努力通过调研、共商共研和共育延伸等策略，在理念上与家长达成共识，再群策群力，同频共振，实现家班“共”育。

另外，探索e时代的伴生问题。上海市尚文中学的王超发现班级微信群陷入“公告栏”的尴尬境地，以信息化思维应对挑战，把微信群名字改成“微乎”，在群公告栏编写了新的群公告，让家长每周在群里探讨不同的教育话题，并做成“微乎”日报，形成了家班沟通的新模式。上海市普陀区树德小学金佳静老师面对“家班线上沟通效率低，怎么办？”这一共性问题，开列了线上沟通的负面清单，并且提出准确角色定位、搭建多元沟通平台、建立民主沟通制度、掌握良性沟通技巧等举措，提高沟通成效。

最后，聚焦学生成长过程中家长的教育能力不足的现状，强化班主任的家庭教育指导能力。上海市进才中学北校章慧提出了一个家长困惑的问题：“新媒体时代孩子对手机比对亲人还亲，怎么办？”她基于自媒体交互平台，开展了大量的线上互动，利用自媒体平台，建立爱心培育团队；师生、家长合力打造微信公众号，展示爱心集体建设；拓展自媒体空间，深化爱的教育互动，用人文关怀唤醒学生成长的需求。上海市格致中学亓祥银老师面对“寄宿制高中，家庭教育无力”的现状，通过请进来，让家长给孩子加班；走出去，合作开展实践体验；坐下来，创新家长会模式，引导家长深度参与学校生活，积极陪伴孩子成长，在给家长赋能的同时，创新家校协同新方式。

家班共育的过程中，班主任还会遇到各种不同的问题，本编的内容不能涵盖全部，但面对问题时的协同理念、研究视角和创新实践是可以借鉴的，希望这些案例可以激发更多的班主任投入家班共育的实践中，共同守护好学生的成长。

上海市普陀区教育学院　王　萍

网络大潮下，家庭教育不得法，怎么办？
——加强家庭教育指导，提升科学育儿能力

范佳帅

情境导入

我们班级曾经做过一个统计：你一般上网干什么？通过收集到的信息，发现大部分学生上网娱乐时间不少。现在的社会新闻里，网瘾少年的报道也不算新鲜，很多学生离家出走的起因就是父母不让孩子玩手机、电脑。这样的现实状况既让人着急，也值得我们去思考背后的原因。

“智者驾驭互联网，愚者为网络所误。”网络不管如何精彩，毕竟只是工具，人的自由心智才是最宝贵的。通过网络，我们也不只是能看影片、打游戏，它有更重要的提升自我能力的意义。但是，现实中几个学生能有这样的认识呢？能利用网络进行学习，给孩子一种信号，网络不只是玩的地方，这样的家长有多少呢？家长中既能控制自己的网络使用时间、目的，又能引导孩子正确使用网络，利用网络来促进现实生活中的孩子的自我成长的有多少？实际上，这样的家长确实不多。

鲁迅曾在《新青年》撰文：我们现在怎么做父亲。一百多年过去，怎么做父母依然是困扰我们的话题。现在有些父母觉得孩子很难管，不听话，其重要的根源还是源自家庭教育不得法。那么网络大潮下，家庭教育不得法，到底该怎么办？

问题归因

一、家庭教育内容不全面

丘吉尔说：“毫无疑问，人类社会所有最伟大，最崇高的美德，正是围绕着家庭和家庭生活而产生、加强和继续。”家庭是人生的第一所学校，父母是孩子的第一任老师，家庭教育是一切教育的基础。但是，有部分家长对孩子的教育内容却并不全面。目前，很大一部分家长非常重视智育教育。但是结果怎么样呢？不少家长亲子矛盾不断，关系紧张。究其原因，家长把主要精力放在孩子的智力培养上，而非孩子的学习体验、生活感受等方面。家长对家庭教育内容的认识存在很大的片面性，把家庭教育内容狭隘地理解为仅仅是智育教育。

二、家庭教育方法不科学

王极盛教授曾进行了一项调查，他把家长的教育方式分为四类：过分保护型占30%、过分干涉型占30%、严厉惩罚型占10%、温暖理解民主型占30%。调查发现，家庭教育中大部分家长教育方法不当。每个学生家庭情况不同，父母的能力不同，虽然都爱着孩子，却缺少相关的专业知识。

三、家庭教育形式不丰富

现代生活中，部分孩子的父母进行家庭教育的形式不科学。有些家长的教育主要以口头说教为主，缺少让孩子实践、感知的过程；有些家长的教育主要以“别人家的孩子”做榜样，缺少自己以身作则的榜样力量；有些家长的教育则过分保护自己的孩子，往往是子女还未“开口”，就为他们做好了“种种”安排。不科学的家庭教育形式，对孩子的成长很难起到积极的作业，父母的家庭教育往往面临“失败”。

四、家庭教育时代特征不鲜明

每个时代的文化特点不一样，反映在家庭教育中，就是学习内容和文化传统都会不一样。相比过去的社会环境，在现今互联网技术不断发展的背景下，如果家长的教育理念还是停留在过去自己读书时代，孩子很难和家长产生共鸣。怎么样让孩子更加乐于和家长交流分享？怎么样让孩子对家长的观念产生认同？怎么样的家庭教育能让亲子关系更融洽？互联网的意义在于让传统的家庭教育能够利用网络时代的思维、模式、技术，促进自身的突破和创新，带来新的发展，而不是“谈网色变”，让网络成为家庭教育的掣肘。

理论阐述

家庭教育在孩子的成长中起着至关重要的作用。美国教育家斯特娜说：“教育不应该在学校由教师开始，而应该在家庭里由母亲开始。”而苏联教育家苏霍姆林斯基曾经把儿童比作大理石，他说要想把这块大理石雕塑成型，需要六位艺术家：家庭、学校、儿童所在的集体、儿童本人、书籍和偶然因素。这六位艺术家排列的先后顺序，家庭被放在首位，因此可以看出家庭教育的重要性和在青少年成长过程中的地位。家庭教育一直是现代教育的支柱之一。

其实，家庭教育的理念、方式和方法是一直在随着社会发展的变化而变化，家长、孩子都会被社会的潮流所影响。在现实中，网络对家庭教育的影响早已是全面而巨大的。不管家长愿意不愿意，现在的孩子们从小生活在以智能手机和平板电脑为代表的新媒介产品、以 QQ、微信等为代表的移动互联网应用环境中，并因此改变了亲子关系，削弱传统的家长权威。孩子们大量接受网络信息，他们是网络技术的拥护者、推动者、受益者；而家长则常常对网络有怀疑、观望、排斥的情绪。观念的不同导致许多家庭教育问题随之产生。因此，网络时代的到来不仅给家庭教育带来了前所未有的机遇，同时也使家庭教育面临前所未有的挑战。

一、网络时代，亲子关系在变化

（一）父母权威在丧失

随着经济和社会的发展，家庭教育将面临一些新的挑战。传统的家庭教育中父母和子女的知识传承性被网络无情地切断。家长知识权威性的丧失削弱了父母的权威，加大了家庭教育的困难。

（二）互动方式在改变

网络最突出的特点是它的交互性。它突破了过去人与人之间的交流方式。孩子与同学之间常用网络联系，他们的朋友也不局限于邻居、同学，世界各地的网友都可能是他们交流的对象。

（三）对话交流在减少

网络的互动性带来了便利，但也由此产生了新的问题，父母和孩子之间的对话在减少。现实生活中孩子抱着自己的手机、家长也抱着自己的手机，家庭成员都有网络成瘾的情况，各玩各的，线上线下各自的圈子都不相同，对对方的话题不感兴趣，部分家长也不愿意去了解孩子的世界，所以无法和孩子进行线上线下的友好交流。

（四）同辈学习在增多

网络的开放性和方便性、内容的多样性和广泛性，为孩子提供了一个广阔的学习空间，大大拓宽了他们的求知途径。所以，生活在网络时代的孩子们，他们向父母学习的时间在减少，由于孩子更喜欢听同龄人，而不是大人的话，他们向同辈好友的学习在增多。

二、网络时代，教育主体自身在变化

网络使得青少年和世界息息相通，使得他们在现实的学习生活之外获得了更广泛的空间。他们有自我发展的意识，在网络的帮助下，会迅速找到“合乎自己口味”的榜样人物。他们的自我教育潜能被激发，在网络这个内容量及其丰富的世界里，和世界各地的同龄人，或是相同目标的人一起努力，互相竞争，在比较中发展自我，丰富自我。

三、网络时代，家校关系在变化

过去，家长往往很信任学校、班主任，纵使有不同见解，但是影响范围较小，对孩子的影响也较小。但是近几年却有些变化，有时与教育无关的事、因社会问题引发的恶劣心情、工作中的不愉快，可以看到被带进了一些家长、学生的虚拟空间社群，引发一些讨论。

四、网络时代，主流价值观在变化

随着信息技术和网络经济的发展，它就像一匹黑马，闯入了我们的生活。网络为我们普通人的创业和成才提供更多的机遇。亲子关系的变化、学生自身的变化、家校关系的变化，主流价值观的变化，这种种变化都在催促家庭教育的方式与方法也要变化，跟上互联网时代的脚步，使其真正与教育结合，发挥它的巨大作用。

实践支招

在“互联网 +”时代，家庭教育仍然和过去一样，对学生一生有着极其重要的影响。但是，现在的家庭教育理念、方式必然和过去不同。

一、面对现实，悦纳网络

（一）树立正确的网络观念

在网络时代，家长不能守着陈旧、落后的教育观念，用原始自然的教育方式教育孩子，而是应该转变观念，顺应时代，对教育方式和内容要及时调整，为孩子找到解决问题的新思路和新方法。

（二）创建良好的学习氛围

现在有些家长自己沉溺在手机中，常常忽略这会带给孩子负面的影响。有些孩子会这样想：为什么家长可以玩电脑，而我们却不可以？为什么家长可以一直玩，而我们却只能用半小时？因此家庭网络的使用，氛围很重要。家长先要端正自己使用网络的态度，其次为孩子创造一个良好的使用网络的环境，示范正确的网络使用方式。

二、提升素养，拥抱网络

（一）加强学习，提升家长的网络素养

作为家长要掌握一定的电脑网络知识，善用网络，当好孩子的引路人。要正确看待网络，积极利用它的现代化的手段积极的一面，引导孩子避免消极的一面，给孩子找到网络上的“安全区”。

（二）家校合作，选择合适的网络资源

家长面对海量的网络资源，如何选择合适这个年龄孩子的资源问题就摆在家

长的前面。我们可以开展家校合作，学校教师可以向家长推荐适合的资源网站。

（三）共同成长，营造良好的亲子关系

现在社会，沉迷于网络的不只有我们的孩子，还有一部分我们的家长，生活中“低头族”比比皆是。由此产生了一系列的亲子关系问题，造成家庭成员关系的紧张。“没有家长的成长，就没有孩子的成长。”所以，家长还需要与孩子一起，学习驾驭网络，而不是被网络“控制”。

三、换位思考，加强沟通

有些家长认为是网络造成孩子和自己没有话讲，毁了自己的亲子关系。但是，理智地反思一下，是否恰恰是亲子关系的不融洽，才导致孩子沉迷于网络，无法自拔，与家长的关系也越发紧张呢？所以，要想自己孩子合理使用网络，除了家长以身作则外，还应该想方设法，丰富家庭教育的内容与形式，重构亲子关系。

（一）从“管”到尊重

每一个孩子都是独立的个体，他们有自己的想法、特别注重自己的尊严。网络时代，他们获得信息的方式不再是只依靠大人面授，所以家长在他们心里已经不再是“万能”的，甚至有些孩子觉得家长还不如自己。所以，遇到问题，绝不能只从大人的角度来思考，而是要站在孩子的角度来看问题，尊重孩子的想法。

（二）从“外控”到内控

美国的心理学家朱利安·罗特曾经把人类分为两个基本类别：第一类群体叫内控者，他们相信控制点在自己身上；第二类群体叫外控者，他们认为自己受到身外力量如运气、命运，或者无法抗拒的他人所控制。有些家长认为孩子的问题都是由于外界的因素导致的，自己除了抱怨社会问题、抱怨孩子就无能为力了。这部分家长是典型的“外控者”，这样的家庭氛围一定是很紧张的。要改善这种情况，就要改变家长的心态，相信“控制点在自己身上”，不要在孩子面前总是埋怨，而是积极找方法、想措施，相信家庭气氛会得到缓解。

（三）从“育才”到育人

家长首先要转变思想，从单纯的育才，到综合的“育人”。这也不应该只依靠学

校教育，还要依靠孩子父母的家庭教育。父母带领孩子进行社会公益活动、家庭生活中的任务分配等，都是父母实践“育人”目标的机会。詹万生教授说过：“人的素质是相互关联、相互影响的，实践才是教育和学习的最终目标，创新才是孩子以及社会发展进步的灵魂，审美才是社会文明和谐、人生幸福快乐的关键。”成才先成人，家长把时间、精力花上去，才能让孩子对生活、生命有所体会，才更懂得父母的用心良苦。

四、家校互动，合作共赢

苏霍姆林斯基说过：“没有家庭教育的学校教育和没有学校教育的家庭教育，都不可能完成培养人这一及其细致而复杂的任务。”家庭教育、学校教育和社会教育是现代教育的三个支柱。在网络时代，随着孩子年龄的增长，认知能力的不断提高，家长的知识储备不一定能满足孩子的需求。在孩子的成长过程中，学校、老师和家长之间的密切配合十分重要。

现在社会受到网络大潮的冲击，我们的思想和行为都在发生转变，孩子学习方式、学校的教育方式也都在改变，家庭教育也有变化。转变是一个中性词，说不上好坏。但是，不是每个人、每件事的转变方向都是正确的。孩子还没有能力去进行这方面的分析。而单纯地依靠学校教育很难教育好孩子。在任何时代家长用什么样的观念、方法教育子女，很大程度上将影响子女未来想成为什么样的人。家庭教育是一个人的成长基础，孩子的健康成长离不开家庭。希望我们大家在拥抱这个网络时代的同时，能共同努力，为孩子的成长助力。

作者简介

范佳帅，上海市北海中学教师。曾获得上海市中小学优秀作业、试卷案例评优活动团体一等奖，第四届“普陀杯”教师专业能力评优活动数学学科初中组个人二等奖。从教以来，她一直在以优秀的教师为榜样努力进修，她热爱每一天的工作，欣赏学生每一天的进步，怀抱着一颗真心去努力，期望把爱带给每个学生。

组织亲子活动总是“单打独斗”怎么办？

——同频共振，实现家班“共”育

戴婷玉

情境导入

近期，植物园鲜花盛开。班主任王老师借此在周末邀请学生家长开展了一场“美丽春日”亲子活动。组织这场活动，主要是源于班里不少家庭频频因为手机问题爆发亲子矛盾，活动一来帮助学生学会正确使用手机，增加手机的用途，而不只是用来打游戏刷视频；二来，也希望调和因手机而频发的亲子矛盾，良好的家庭氛围能进一步促进孩子更好地成长。

从王老师在家长群内发布活动，到学生家庭报名，再到活动当天的策划和组织，全程都由王老师“一力承担”。王老师原本想发挥家长的作用，形成家班共育。可全程只是王老师布置任务，家长执行，最终家长只是和学生一起参加了活动，家长与班主任之间并没有形成共育。王老师有点失望，她不禁感叹：我满怀热情地举行这样一场活动，难道只是我一个人的事吗？怎么让家长在过程中发挥更多作用，和班主任形成共育呢？

问题归因

在班主任工作中，王老师这样的例子屡见不鲜，看上去班主任和家长、学生都参与了，最终却只是表面上参与，实则班主任和家长各自为营，形成了“育”而不“共”的情况。究其原因，可能与以下几方面有关：

一、“共育”责任区有差异

“共育”的本义为共同育人，是双方需要共同承担的责任。但是对于育人的责任区，班主任和家长往往存在分歧。班主任层面常常会认为学生在班里是自己的责任范围，校外就是家长的事；家长层面则认为把孩子送进学校后，孩子的教育问题就归老师和学校管了，父母负责孩子生活就好，教育上很多时候孩子更听老师的话，自己无能为力。双方不同的育人责任划分，让班主任和家长在彼此沟通时容易产生理念冲突，无法有效合作，更谈不上一起作用于学生，共育成长了。

二、“共育”方式难以合作

“共育”是双向输入输出的过程，是两方一起合作完成的。但是，目前班主任与家长的沟通方式往往以单向输出为主。在家长会上，班主任单向灌输理念和内容的形式屡见不鲜；在家校微信群中，聊天记录几乎只包含班主任单向布置任务，家长成了回复“收到”的工具人；在日常电话联系中，班主任也多是反馈学生存在的问题，家长单方面接收并教育……单向输出的形式让班主任成了主动的信息发布者，家长成了被动的信息接收者，家长的主观能动性在其中被挫伤，有的只是“迎合”，而不是与班主任“合作”来达成共育。

三、“共育”身份定位不清

“共育”的身份定位应是共同策划者、共同实践者，在过程中一起谋划商量，一起实践，并提升领悟。反观日常，在不少家班共育的活动中，家长的定位往往是被指导者和参与者，班主任的身份是组织者、指导者和策划者。这样的传统身份定位，让家长习惯于参与班主任老师组织的活动，等待班主任给予指导。而班主任也习惯对活动进行策划和组织，一力承担所有流程和内容。

如今的中小学生正处于世界观、人生观和价值观的形成和发展阶段，如果家庭和班主任双方因为对共育责任区理解有差异、共育的方式难以合作、共育的身份定位不清等因素造成“育”而不“共”的实际问题，将会对学生产生影响，导致学生的困惑、纠结和迷茫，不利于学生成长。

理论分析

英国教育家洛克说：“家庭教育不仅是基础教育，而且是主导的教育，给孩子深入骨髓的影响，是任何学校教育和社会教育代替不了的。”家庭教育的重要性毋庸置疑。

2017 年《中小学德育工作指南》提出：“要积极争取家庭、社会共同参与和支持学校德育工作，引导家长注重家庭、注重家教、注重家风，营造积极向上的良好社会氛围。”

2017 年市教委、市文明办、市妇联、市未保办联合颁发的《关于进一步加强家庭教育工作的实施意见》中提出：“家庭教育是国民教育的重要组成部分，是学校教育和社会教育的基础，在未成年人成长过程中具有特别重要的作用。”

2018 年的全国教育大会更是提出：“办好教育事业，家庭、学校、政府、社会都有责任。家庭是人生的第一所学校，家长是孩子的第一任老师，要给孩子讲好‘人生第一课’，帮助扣好人生第一粒扣子。”

对学生的教育，绝不仅仅是学校教育，而要把家庭教育一起纳入进来。如果家庭教育和班主任的教育能够形成合力，就能够更好地促进学生的成长。

而具体的家班共育的模式，可以尝试在以实践为主的亲子活动中与家长形成合力。教育家杜威曾提出了“从做中学”的理论，他认为由于人们最初的知识和最牢固地保持的知识，是关于怎样做的知识。因此，教学过程应该就是“做”的过程。在他看来，如果儿童没有“做”的机会，那必然会阻碍儿童的自然发展。儿童生来就有一种要做事和要工作的愿望，对活动具有强烈的兴趣，对此要给予特别的重视。而他的“从做中学”也就是“从活动中学”、从经验中学。

实践支招

家庭教育和班级教育在教育环境、教育方式、教育方法中各不相同，但各有优势。班主任和家长的关系应当是合作者。班主任重点是建设班级以求育人，有班级资源和对活动的专业德育设计，但缺少社会真实环境。家长重点是培育自己孩子，有丰富社会资源和活动场域，但家庭活动缺少育人设计，也缺少社会性，一个孩子很难有社交行为。

如果两方的教育能够互相渗透、互相作用、互相协调，能够将班级教育的专业性和群体教育性，与家庭教育的丰富性和生活性相结合，就能实现两种教育的优势互补和效应叠加。同时，如果打破彼此的领域边界，让班级育人教育不再受40分钟课堂时间和教室的空间限制，让家庭教育不再受家长个人眼界和方式单一的限制，最终就能真正地作用于学生身上，更好地培育学生成长。

想要达到这个最终目的，亲子活动的共育还需要有以下几步。

一、通过调查，了解学生诉求

正如心理学家简·尼尔森在《正面管教》中提道："解决问题前先建立联结。"我们想要解决学生的手机问题，首先要知道这个年龄段的学生是怎么看待手机的，又是怎么做手机管理的，希望用什么方式来平衡手机和生活，以及他们在手机管理上遇到的问题和困难是什么等。通过调查排摸这个阶段学生可能存在的问题，了解学生真正的诉求，才能基于学生的问题对症下药，助力学生的成长。

笔者所带的班级在做了相关学生问卷后，反映出了如下几组数据：94.8%的学生认为他们需要在日常生活中使用手机，82%的学生不能接受父母武断地没收手机，79.5%的学生对父母恶意认为他们使用手机就是浪费时间而觉得烦躁，71.8%的学生承认自己使用手机时会有不想停下的感觉，61.5%的学生认为手机对他们最大的作用在于可以和朋友沟通、聊天，48.7%的学生认为用手机可以学到很多想学习的知识，30.7%的学生使用手机打游戏或刷视频。

从中可以得出以下结论：① 学生生活中需要使用手机来进行沟通以及其他用途，这成了他们生活的必需品；② 学生和家长爆发矛盾的原因在于家长对于手机持的态度和沟通的方式；③ 学生存在一定程度的沉迷情况，且管理可能存在一定的实际困难。

二、正确归因，剖析核心问题

发现问题后，班主任需要正确归因。方向比努力更重要，班主任需要知道表象问题背后的原因，思考借助什么实践平台可以帮助学生成长。

为什么初中生会如此需要手机？这背后和初中生这个阶段的特点有很大的关系。上海曾做过一份初中生《学生道德发展的现状研究》的问卷，其中有一题是询问学生："在学校里，你最在乎谁的评价？"45.3%的学生选择了同学，高居第一。这意味着，现在的初中生最在意的就是同伴，他们有和同伴沟通交流的最基本的需求。而手机就是各自回家后继续保持沟通联系的一个媒介。

为什么初中生会沉迷手机？这与学生脑部发育有关。在脑科学研究中发现，大脑发育在 18 岁左右的能够健全，而不少人要推迟到 20 多岁。大脑中负责掌管情绪、认知、疼痛和行为管理的前额叶部分，至少在初中生阶段是发育尚未成熟的。这意味着前额叶所具备的调控功能还没有建立起来。初中生不仅容易烦，还容易躁，情绪很容易失控。烦与躁加起来，心理状态和行为表征一结合，就是青春期叛逆的根源。同时，这意味着初中生更容易被手机吸引，更易上瘾。

只有班主任做好正确的归因，才能从中找到后续措施的突破口。比如手机问题，手机作为学生不论从心理还是生活的必需品，是不能一刀切去禁止的，而要帮助学生学会使用手机，学会管理好手机。如果合理用好手机，积极作用不可否认。

三、基于成长，三方达成共识

一旦确定这个基调，班主任就可以和家长沟通。

笔者把问卷的部分数据呈现在家长群，并希望与家长围绕“手机”进行探讨，希望从班级中招募不存在手机问题的家庭，从他们的成功案例上找到共性，帮助更多家庭找到方法，助力学生的成长。由于是共性问题，得到了不少家长的响应和支持。

随后，班主任可以组建一个核心团队，这个团队可以是组建成熟的家委会，也可以是此次活动中需要涉及的家长以及学生代表。三方需一起商议，班主任从班级整体角度，家长从家庭教育角度，学生从个人成长角度，三个角度一起看，才能在达成共识和后续定对策时不偏离学生成长的轨迹。

笔者此次选择的核心团队由家委会负责人、不存在手机问题的家庭家长代表、手机管控合理的学生代表组成。建群之初，就召开了线上会议，希望他们能够从自身出发，看看彼此家庭之间存在的共性。班主任沟通时，切记需站在学生成长角度，而不是从自身班级管理角度出发。由于在家长群中已经提前沟通过相关事宜，此次参与研讨的都是“成功案例”，家长和学生自然十分自豪，积极献策。

在这个环节，班主任要初步争取与家长达成共识，愿意共同策划，多方合力。

四、共同研讨，定点寻找对策

在研讨中，笔者发现这些成功家庭都存在一个共性：不禁手机。“尊重”是第一个达成共识的词语。他们不会去武断地没收手机，而是在一开始与孩子协商使用手机的时间和规范。“理解”是第二个达成共识的词。他们能够理解自己孩子对于和同学聊天的愿望，认为适当的时候放松一下是正常的。基于尊重和理解的基础上，第三个达成共识的词是“规则”。怎么使用，怎么才算逾矩，他们都会很清晰地告诉孩子，并且形成家庭规范。同时，他们的孩子都不仅仅是把手机用来聊天，不少还会一些其他技能，比如用手机编辑音乐、用手机修图、做日常VLOG等。

笔者得到启发，提出可以一起思考扩展学生手机使用用途，把对手机游戏和刷视频的注意力进行转移，用好学生群体效应，开发手机使用的新功能，在学生学会新技能的同时，满足学生使用手机交流的心理需求。同时，形成一套属于班级的手机管理办法，共同商议，共同执行。这个启发得到了家长和学生的响应，笔者觉得可以一试。

五、共同设计，形成教育合力

在家长群中，笔者把讨论结果与大家分享，并打算借近期植物园鲜花盛开在周末开展了一场“美丽春日”亲子活动。届时学生和家长都带好手机，一起学习手机的妙用。这一反馈得到了很多家长的支持，在学生群体更是反应热烈。笔者随后开始在核心团队中进行活动设计。

与核心团队商讨中，家长提出可以在家长群内招募“妈妈导师”“爸爸导师”，就是把那些擅长使用手机中某一个App去实现某些功能的家长招募起来，可以提前录制操作视频，教会学生使用某一个软件。学生也提出在班级里招募“小老师”，由学生录制视频，教同学和家长使用某一个软件的方法和技巧。笔者提出，这些教学视频可以汇总和梳理好，一起发布在群内，每个学生挑选其中的1—2个学习，尝试在“美丽春日”亲子活动当天进行实践和应用。

要实现活动当天的这个效果，班级需要成立活动核心团队。班主任可以与家长、学生代表共同设计活动方案和实践活动的方案，家长提供和参与社会场域，班主任进行德育提升，学生提出自我感受，共同撰写实践方案。在经过三方商讨之下，逐渐形成了下列活动分工：

活动分工	负责内容	负责人
管理组	（1）负责活动的整体协调、管理和沟通 （2）把家长导师组和学生导师组的视频和内容进行整合，并发布在班级群内	班主任、 家长 2、学生 2
家长导师组	（1）负责招募“妈妈导师”、“爸爸导师” （2）负责统筹各个家长擅长使用的软件和具体能够达到的功能。明确要对学生生活有利的软件为第一选择 （3）负责收集使用视频 （4）做成表格，把视频全部分门别类上传至网盘	家长负责人 2
学生导师组	（1）负责在班中招募“小老师” （2）负责统筹学生们拟推广使用的软件和具体能够达到的功能。明确要对学生生活有利的软件为第一选择 （3）负责收集使用视频 （4）做成表格，把视频全部分门别类上传至网盘	学生负责人 2
手机管理规则制定组	（1）全班征集较好的手机管理规范 （2）指定组进行整合，归纳，提炼 （3）全班商讨，并最终达成共识 （4）签字践行	班主任、学生 3
“美丽春日”活动组织组	（1）植物园提前踩点，确定场地 （2）当天的午饭订购 （3）活动当天的摄影拍摄 （4）其他需要组织的相关事宜 （5）智慧交流板块（班主任） （6）说说心里话（班主任）	班主任、家长 4
主题班会	一周后在班内召开“用好手机，了解自己”的主题班会	班主任、学生 2

因为分工明确，职能到人，所以活动整体推进也比较顺利，有商有量地进行着。同时，通过手机管理办法在班级中的商讨和实施，也给了不少家庭管理手机的一份指导意见，大家共同践行。

最终首次参与活动家庭为 12 组，反响热烈，学生积极性很高。在智慧交流板块，家长代表交流了自己与孩子相处的经验和方法，一名家长展示了无人机拍摄的技巧，学生代表则现场用手机表演弹奏了一支曲子，另一名学生展示了高超快速的视频剪辑技巧，都令在场的家庭叹为观止。

在说说心里话环节，笔者特地让家长和孩子分开，说一段话在微信里发送给彼此。父母说一段给孩子，孩子说一段给父母，互诉衷肠。

不少家长感叹，原来孩子使用手机也不完全是玩物丧志，从孩子身上也学到了不少技能。他们听到了孩子的心声，愿意主动理解孩子。最重要的是，学生反映，其实自己的父母也很疼自己，为了不让父母担忧，他们会自觉避免沉迷手机。于是，和父母因手机问题爆发的亲子矛盾也变少了，双方心情舒畅了。不少家庭跃跃欲试，等待第二次活动的到来。

六、共育延伸，践行道德行为

在活动结束后，并不是就结束了，而是要重视持续的辐射影响力。后续在班里，笔者召开了主题为“用好手机，了解自己”的主题班会，让学生把作品展示出来，讲解手机的妙用，也科普了脑科学知识，帮助学生正视自己的情绪和对手机的依赖。同时，为了满足学生的交往需求，经过商讨，班级决定周末继续“美丽春日”活动，也在筹划定期作品交流活动。借助这些平台，学生们欣然接受，并逐渐学会正确使用手机，依赖度开始降低。

这一场在周末的亲子活动，在丰富的社会场域中家班共同实行，一起促进了学生的健康成长。

《中小学班主任工作规定》中指出：“（班主任）是中小学生健康成长的引领者，班主任要努力成为中小学生的人生导师。”德国哲学家康德也曾说：“不论是谁，在任何时候都不应把自己和他人仅仅视为工具，而应该永远看作自身就是目的。”这些对教育都是有启示的。于班主任而言，学生本身应该是目的，而不是手段。家班共育的最终目的也是为了助力学生的成长，教育对象是学生，诸多做法如对家长进行指导或举行亲子活动，其背后的根本目的还是指向学生的成长，是不变的追求。

在共育的过程中，班主任们通过整合各方面资源，开展各种活动，丰富育人的方式，在参与的过程中努力缩小家校双方之间对教育目标和教育观念的差异，在理念上与家长达成共识，再群策群力，加强家校合作，促进家长提升育人意识，让家长在过程中从被指导者变为合作者，最终合力作用于学生。有效的家班共育能让家庭和班集体两股力量互相配合、互相支持、互相协调，从而形成一种行之有效、促进学生全面成长的方式和策略。这种共育路径让家班共育不只是一对一，而是 N 对 N 地作用于学生，并产生积极正面的影响。

家班共育是实现家校共育的有效途径，也是教育发展的新方向。班主任与家长达成共识，共策共行，在家班共育中实现家庭教育和班级教育的融合一体，就能为学生铺好一路基石，让他们沿途花开满径，快乐成长。

作者简介

戴婷玉，上海市长桥中学课程教学部主任。上海市第七期优秀班主任高研班优秀学员，徐汇区第三期班主任高研班学员，徐汇区班主任骨干，区班主任工作坊主持人，区长华学区班主任名师工作室主持人。曾获得长三角班主任基本功大赛论文二等奖、综合三等奖，上海市班主任基本功大赛一等奖，获得上海市“百优”班主任、“市园丁奖”“华鑫十佳班主任”、徐汇区荣昶“育人奖”等荣誉称号，所带班级被评为徐汇区“快乐中队”。主持市级德育课题；合著出版《班主任实用口袋书之家班共育小创意》一书、多篇论文刊于核心期刊和案例集。

当家长质疑任课老师能力时，班主任该怎么办？

——冷静共情，巧言沟通，补就提升

张寒冰

情境导入

在一次期中考试后的家长会上，班主任将学生们在学校生活学习的种种优秀的表现展示出来，和家长一起分享孩子们成长的快乐。分享完毕，一名家长按捺不住，站起来说："老师，我们不需要看这些，我今天来是想反映问题的，我们家孩子回家说，数学课根本不知道老师在讲些什么，一点都听不懂，以前他数学蛮好的，怎么这学期换了老师，就听不懂了"班主任刚想接话，随即被另一名家长打断："我们家孩子说，就是数学课，吵死了，大家根本不听老师的，数学老师控不住班的。""对呀，刚毕业的小青年做老师，又没经验，哪能控得住班。""数学课这么重要，怎么可以找一个刚毕业的来教，这不是拿我们家孩子当实验品吗，怪不得我家孩子数学越学越差。"有家长甚至提出要更换数学老师，说"班主任老师，我们不为难您，换不换老师，您也决定不了，一切我们自己做主，我们可以联名恳请学校同意换老师，这样也能让您少为班级操点心。""一石激起千层浪"，在几名情绪激动的家长的带领下，越来越多的家长主动或被动地加入"吐槽"队伍中，原本和谐的家长会演变成了对数学老师的"批斗大会"。班主任陷入了尴尬的境地。面对这种情况，班主任该如何处理呢？

问题归因

在案例中，班主任老师希望通过分享学生在校学习生活的优秀表现，让家长们收获孩子们成长的快乐，进而认可、支持学校的教育。但家长们更在乎的是任课老师的表现，并以情绪化的语言表达出来。由此形成的群体效应，让班主任一时不知所措。出现这种情况的原因，可归纳为以下几点。

一、家长理性思维欠缺

大部分家长源于对分数的功利化的价值追求，最关心的是孩子的成绩。“唯分数论”影响了家长的理性思维，听到孩子说“数学课听不懂”，看到孩子“数学越学越差”，自然会产生焦虑的情绪，这种焦虑会转嫁为对任课老师的不满，把问题的过错归因于任课老师教得不好，于是就会质疑任课老师的教学能力。而且家长们出于“护犊”心态，在情感上都是更偏向于保护自己的孩子，偏信孩子的一面之词，没有对整件事情进行详细了解和理性分析，就对老师产生了过激情绪。尤其是，家长们先入为主，将前后两名数学老师进行对比，将新任数学老师身上的不足放大。一名家长首先发难，并且情绪激动，原本沉默的有相同想法的家长就会一呼百应。情绪一旦爆发，引发群体的非理性“吐槽”。在这种情况下，班主任处理不好，很容易导致家长新一轮的不满。

二、任课老师教育经验不足

从家长的表述来看，对任课老师的质疑主要集中在三个方面：授课能力欠缺、控班能力差、因年轻而经验不足。尽管家长只听孩子的一面之词，其质疑并非准确，但多少也反映了一些问题。如果任课老师在授课时，知识点讲解不明白，逻辑不清晰，会导致学生听不懂；如果课堂纪律难以保障，学生注意力不集中，课堂学习氛围不浓，自然会进一步加剧学生的不满；年轻老师经验尚浅，需要在教育教学上下苦功夫，不但要研究教学内容、教学方法，还要研究学生的特点，做到因材施教，才能站稳、站好讲台。作为任课老师，如果自己确实存在家长质疑的以上问题，要坦诚地接受批评，并谦虚、积极地改正，努力学习，不断提高自身的业务水平，拓宽知识面，改进教法，关爱尊重每一名学生，以饱满的工作热情激活学生的内驱力，营造健康积极的学习氛围，才能赢得学生的尊重和爱戴。

三、学生尊师意识欠缺

在案例中，家长质疑数学老师的控班能力，因为孩子们吐槽“数学课吵死了，大家根本不听老师的”。如果情况属实，说明在数学课堂上，很多同学并没有遵守课堂的纪律要求，存在语言随意、行为失度的现象。关键的问题是，这种情况唯独出现在数学课堂上，这固然需要引起数学老师的反思，但是学生显然并非不知道课堂纪律该有的要求，也并非不能够做到遵守课堂规范，端正学习态度。这背后，深藏着学生对于数学老师的不尊重。或许因为数学老师年纪轻，像邻家的大姐姐，学生内心里并没有把她当作传道授业解惑的“老师”。课堂是教书育人的主渠道，是师生交流的主场所，是学生生命成长的原野，对课堂的尊重，不仅是对老师的尊重，也是对学科知识的尊重，对其他同学生命的尊重，更是对自己生命的尊重。忽视了尊重，便是对自身成长的不负责。

四、班主任日常明察不到位

班主任是班级管理工作的直接管理者和第一责任人，是确保班级正常运转的关键和核心。一名优秀的班主任在日常的班级管理工作中要懂得明察秋毫，细心观察每一名同学，了解班级各科的情况，多跟家长沟通，做到一叶知秋、防微杜渐。倘若班主任平时多跟家长及学生交流，及时了解学生各科学习情况，掌握班级动态的第一手资料，应该会及早发现数学课堂存在的问题，及早介入，从任课老师、学生、个别家长三方入手，做好协调、改进工作，这就可以避免家长会上“群起而攻之”的现象。所以，班主任要做好班级管理的有心人，关注细节、发现问题、及时引导，才能构建学生、老师、家长三位一体的和谐生态场。

理论分析

案例中，当有家长打破沉默，首先质疑后，其情绪的激动导致班主任未能正确面对、及时处理。一个人的行为会迅速蔓延成为群体的行为，进而造成氛围的失控。法国社会心理学家古斯塔夫·勒庞在《乌合之众》中写道：“个人一旦成为群体的一员，他所作所为就不会再承担责任，这时每个人都会暴露出自己不受约束的一面。群体追求和相信的从来不是什么真相和理性，而是盲从、残忍、偏执和狂热，只知道简单而极端的感情。"家长"群起而攻之"，其中不乏盲从的成分或被个别家长思想绑架，这种非理性的表达充斥着简单而极端的感情。班主任需要冷静理性的处理，才能够"唤醒"家长的理性，找到问题解决的合理方式。

法国克洛德·阿德里安·爱尔维修在《论人的理智能力和教育》中提出："人的本性就是自私自利的，这是大自然会赋予我们的一种感情，它驱动着人的行为，我们不必对人抱有太大的期望，不要把所有人都理想为圣贤。"因而，我们无需期待每个家长"善良完美的形象"，也不必苛责家长一味地站在孩子的角度思考问题，指责老师的过错。卡尔·罗杰斯在《个人形成论》中谈到"共情"："我不断地渴望去理解当事人的当下感受，理解他的各种情感和表达的个人意义，即达到一种敏感的共情。""共情理论"引导我们，要感受当事人的愤怒、害怕或烦乱，就像那是你的愤怒、害怕和烦乱一样。当家长对任课老师的质疑产生时，班主任多一些理解，少一些烦感，换位思考，感受家长的不满，认可其情绪表达中的合理的成分，可以起到情绪安抚的效果，从而更有利于问题的解决。

苏霍姆林斯基说过，最完美的教育是学校与家庭的结合。案例中存在的家长对数学老师不信任的现象，很容易构成教育的阻力，严重的会破坏教育生态。因而，当家长的质疑发生时，班主任通过巧妙地、及时有效地沟通取得家长的支持和理解尤为重要。沟通是一门学问，良好的沟通能力、恰当的交流方式是家校合作的前提和保障。

实践支招

面对家长质疑任课老师以及由此说出的各种过激言语，班主任该如何面对呢？倘若实话实说，定会引发家长进一步的焦虑和不安；倘若避重就轻，家长会认为班主任不够重视自己的想法，在回避问题；倘若言过其实，又多了几分浮夸，甚至带有欺骗的性质。事实上，欲让家长平复心情，重拾对学校教育的信心，真的是个系统工程，这需要班主任临场应对的智慧，需要情绪的安抚，需要把握措辞，注意说话的分寸，还有后续一系列补救措施的跟进。

一、冷静共情

当家长情绪激动的时候，班主任首先要做的并非是提出解决的方案，而是安抚家长的情绪。只有家长的情绪得以平复后，才能理性地思考问题，反思自己的语言和行为，一起寻找解决问题的合理对策。班主任需冷静有礼地换位思考，认可家长情绪表达中的合理的成分："家长们的担心我能理解，家长们都格外关心孩子的成长，因而对学校、对老师都有比较高的要求。所以，非常感谢大家对学校、对班级工作的关注和支持。"因为班主任对家长有"共情"心理，家长会觉得被理解，加之班主任平静有礼的态度，应该暂时可以缓解家长的紧张对立的情绪。

二、巧言沟通

班主任需要根据具体情况具体分析，采用"说实话、问题规避和形象包装"三者相融合的方式，合理表态，并围绕班级管理、学科学习、年轻老师的优势、家校合作等多角度展开沟通，既要维护好任课老师的形象，也要让家长看到课堂改变的希望，给家长吃一颗定心丸。

首先，班主任要合理表态，表示家长反馈的意见已经全部接收到，一定会高度重视，请家长放心，班主任会做出处理的，请给予时间，这样说是让家长感受到自己的意见被尊重，从而进一步缓和紧张的情绪。

接着，班主任可以站在班级管理的角度，阐述自己的相关举措。如："我会认真了解数学课堂的实际情况，如果情况属实，数学课堂真的很吵，那么，从班主任的角度，我会加强对学生学习习惯的养成和尊重意识的培养。毕竟，孩子们只有静下来认真听课，提高学习的自觉性，课堂上才能听得懂，学得好。"这样说是向家长表明，班主任会关注数学课堂，采取措施进行改变，同时引导家长去反思孩子的一面之词是否可信，孩子自身在学习上存在的问题，帮助家长理性全面地看待问题。

随后，班主任可以进一步从学科学习的角度，表明会和任课老师进行沟通。如："会后，我会和数学老师就大家提出的意见深入沟通，数学老师肯定会有则改之、无则加勉。数学老师刚接班没多久，师生之间需要一个适应和磨合的过程，我们会一起想办法。"这样说是让家长明白，数学老师肯定会收到大家的意见，即便意见不符合实情，也会虚心接受，并结合家长对新老师的质疑，借助"师生的适应和磨合"进行合理的解释，进一步平复家长的情绪。

再次，班主任可以从年轻老师的优势入手，凸显任课老师的长处。如："数学老师毕业于名校，是通过层层选拔，经过考试、授课、答辩，多轮培训才上岗的，专业能力肯定是过硬才能进入我校的。相比许多老教师，她虽然经验尚浅，但也有优势，比如大学阶段学习了更加先进及系统的专业知识；刚从学生时代走来，更了解学生的心理诉求，更容易与学生沟通；精力充沛，使用多媒体辅助教学更加得心应手，等等。另外，数学老师是个非常勤奋好学的人，很有进取心，我就经常看到数学老师到班级里来给学生面批、答疑，相信她也会和学生一样快速成长的。”以上内容是想让家长明白，年轻不一定是绊脚石，合理运用，可以成为资本和优势，并且引导家长看到数学老师的勤奋好学，学会用发展的眼光看待问题，意识到具备勤奋好学特质的她，其提升和发展是指日可待的。

最后，班主任可以从家校沟通的角度，阐述家校合作对孩子成长的重要性。如：“不管是家长还是老师，我们的目标都是一致的，而且没有任何矛盾存在，都是希望孩子能够身心健康、成龙成凤、快乐成长。因此，我们应该互相理解、支持，结成‘同盟’。再说，教育是长效工程，有些教学的成果是需要时间显现的，多一点耐心，静待孩子花开；多一点信任，共同为孩子们创设和谐、宽容、立足长远发展的育人环境。”这样说，是凸显家校合作对孩子成长的重要性，让家长明白，既然家校目标一致，那就化干戈为玉帛，耐心宽容，反而更利于孩子的成长。

面对家长对任课老师的质疑，班主任多角度说理，以情动人、以理服人、巧言沟通，才能做到及时地“灭火”，化解眼前的矛盾。

三、补就提升

要彻底消除家长对任课老师的不信任，除了家长会上冷静共情、巧言沟通外，家长会后及时的补就提升也是关键。任课老师的课堂没有改变，家长的不信任就难以消除。为此，班主任还需要持续不断地做工作，直到协助任课老师真正取得家长的信任为止。

(一)助力任课老师，提升教育能力

班主任需要及时和相关任课老师深入沟通，梳理班级目前存在的问题，共同寻找改进的办法，同时任课老师也需要尽快补短。在班级管理中，班主任要强化课堂规范，引导学生上课认真听讲，自律自强；还可以借助班会，召开以“尊重”为主题的班会，从思想上改变学生的懈怠；同时密切关注该任课老师课堂的生态，协助其处理课堂违纪现象，共同维护课堂纪律。

（二）搭建学生桥梁，重建家长信任

消除家长不信任很重要的一个桥梁就是孩子。当孩子喜欢老师、信任老师时，家长对教师的信任值也会相应地增加。为此，班主任可以在班级中宣传该任课老师优秀之处，引导学生感受课堂的变化，收获改变带来的快乐；也可以联合任课老师一起举办学科类活动，激发学生学习的兴趣。总之，采用多种方法，让学生感受到任课老师对自己的关心、认可和鼓励，相信持续不断地付出会给学生的成长带来惊喜，也会化解家长对任课老师的不信任，最终将“危机”转变成彼此成长的“契机”。

（三）加强家校沟通，形成教育合力

班主任可以运用多种方式加强家长对学校的了解，比如班级各项活动的信息发布，可以有意识地突出该学科的活动，学生在该学科的成长和进步，让家长及时了解该学科的发展和孩子的变化。班主任还可以加强和家委会的联系，就该学科课堂的改变，虚心听取家委会的建议，并引导家委会发出正向的声音。只要家校沟通中彼此相互了解，就会让理解流淌开来，就能够形成真正的教育合力。

当家长质疑任课老师能力时，班主任学会换位思考，冷静处理，运用共情，平复家长的情绪，巧妙地沟通，及时补就提升，便能重建家长的信任，形成教育的合力，构建良好的教育生态。

作者简介

张寒冰，上海市甘泉外国语中学语文高级教师，学生工作部副主任，第六轮普陀区教育系统干部教师专业发展团队“德育高级指导教师”。曾获得“上海市园丁奖”，“普陀区十佳青年岗位能手”，“普陀区班主任标兵”，所带班级曾获“上海市先进班集体”。《用合理的愿望鼓励学生》《寻访历史遗迹，传承爱国精神》《借助各方资源，创新劳动教育》等多篇教育教学论文发表。

不能从家访中真正了解孩子的成长环境，怎么办？

——消除家访“滤镜”，提升交往品质

龙骋华

情境导入

暑假里，班主任老师准备联系新生家长进行家访，希望能在有限的时间里了解学生最真实的生活、学习环境及家庭情况，透过所见所感的“不一样”，为每个学生找准“教育的起点”。但是，当老师联系家长预约家访时，却发现不少家长提供的地址和入学登记上的地址不同。有的家长邀请老师去刚装修好的郊区别墅坐坐，有的希望去爷爷奶奶、外公外婆家，还有的提出在麦当劳、星巴克见面，或直言不愿老师来家访。老师敲开一扇扇门，发现每个家庭都是那么和谐美满，所见所感都“差不多”。这让老师犯了难：家访中未真正了解学生的成长环境，该如何给予学生更好、更有针对性的成长引导呢？

问题归因

老师们希望通过家访对孩子及其家庭有更直观的了解，然而有时事与愿违。家访为什么会失去其有效性呢？家长心存顾虑、家访目的单一、家访效果不佳，都是造成此种现象的原因。

一、不同家长对家访的不同心理

从家长的角度来说，他们更希望把最好的一面呈现给老师，所以动足了脑筋，来展现“优渥”的家庭环境。有的家长顾虑家庭情况，怕老师嫌弃、对孩子产生偏见，因而想办法改变家访地点等，来展现看似“美满”的家庭环境。

也有的家长因文化水平的限制，或教育理念的不同，认为无需老师来家访。还有的家长认为老师家访就是“孩子有问题”，因此推拒。以上种种心理都造成老师无法从家访中了解学生真正的成长环境。

二、以问题解决为导向的家访目的

在面对新生的家访中，老师往往采取“询问学生情况、询问家庭情况、传递学校信息”的“三步法”。由于双方还不熟悉，直接切入主题的问话常让家长感到局促、无话可说。有的老师在了解到家长不够科学的家庭教育方式后，会直接对其进行指导，将自己认为正确的理念和方式强加给家长。这种“强势”的灌输让家长心生不悦，初次见面的家访变成了“辩论会”。老师不仅难以在短短几十分钟的家访里就改变家长根深蒂固的想法，还使家校关系的起点蒙上一层冰霜。

在后期的常规家访中，往往以反馈问题为主要导向。这种家访通常出现在学生发生问题之后，家访成了“批判会”。焦虑和批评的氛围不仅会引起家长的反感，还不利于家校拉近距离，平心静气地沟通和解决问题，最后往往是焦虑倾诉了一大堆，但因缺乏有效沟通，无法触及问题核心，降低了实际交流效率。

三、难以促进学生成长的家访效果

由于家校沟通的主要内容还是在于学生的成绩和思想状况，对学生的兴趣爱好、个性发展等方面不重视，难以找到影响学生发展的深层次原因，不能系统完整地解决学生问题。家长在家访中处于被动的接受地位，不能很好地与老师配合。

除此以外，很多时候家访往往停留在访前准备和访中交流的层面，只呈现了问题，但难以给出真正解决问题的方法，后续观察、交流也不够。这些问题导致家访的热度只停留在访问的当下，而后续效果则不尽如人意。久而久之，家长也就不对家访抱有期待，不能积极主动地和老师沟通。

理论分析

家访，即家庭访问，“访”的是家庭状况。通过实地、直接交流的方式了解学生的生活环境、家庭教育状况，从而理解学生的成长基础。教师可以了解学生的家庭教育观念，因材施教，促进学生的成长发展。家长可以了解学校的各项制度管理规定、教育教学理念，还有助于家长树立正确的家庭教育观念。

一般来说，家访可以分为三类：其一是首次接触学生时的家访，如新生入学家访，重点是排摸家庭情况、亲子关系、教养方式等，提前发现可能存在的亲子关系不佳、亲子沟通不畅、教育方式不当等容易引发青少年焦虑、抑郁状态的因素，适度指导；其二是学生遇到“突发事件”时的适时家访，重点是了解家庭中新出现的情况，预防其有可能对学生产生的负面影响；其三是假期家访，重点是了解学生居家学习和生活情况、假期亲子关系。

总的来说，家访的目的是建立陪伴支持、真诚互动、协同合作的家校关系、增进感情，在“了解”“探望”的基础上，日后“鼓励”“教育”“预防”等工作才得以更加顺利地展开。

实践支招

一、因家而异，尊重需求

面对家长内心的顾虑，我们应尊重、理解。有的家长愿意被家访，但因顾虑家庭情况，怕老师嫌弃、对孩子产生偏见等，因而推拒。对这样的家长，老师可以在充分考虑其感受的基础上，满足其特殊的“需求”，让家长感到被尊重、被理解、被关怀。如：不愿意让老师上门，就换到临近的公共场所或家长指定的地点；不愿意面对面，就先以电话等形式沟通。待日后和家长的关系更加互信、融洽，再寻找合适的时机进行家访。

有的家长因文化水平的限制，认为家访没有用，故而推拒。还有的家长因教育理念的不同，认为无需老师来家访。对这样的家长，老师可以耐心解释家访的目的、重要性、大致内容，打消其顾虑。需要注意的是，如在家访过程中发现和家长的教育理念相悖，不要急于和家长争论，更不要炫耀自己的专业知识。

二、择时而行，把握契机

除了对新生的首次家访外，之后的常规家访要抓住最佳时机。

1. 学生取得进步之时。此时进行家访，有利于学生树立信心、激发求知欲。

2. 学生的行为举止出现异常之时。如情绪突然低落、成绩骤然下降、人际关系不良等情况，与学生沟通效果不明显，迫切需要和家长沟通，而在电话中又不能获取全面真实的信息，就要主动上门家访。

3. 学生生病在家休养之时。此时不仅学生希望得到教师的关心和呵护，学生家长也希望能看到教师对学生的关爱。这时候到访，更能增进教师、学生、家长间的感情，有利于教师以后教育工作的开展。

4. 应尽量避免学生刚犯错误就家访。此时家访容易被学生误认为是“告状”，从而使学生对老师产生抵触情绪，甚至出现对抗行为。如此多次，还会引起家长的厌烦和对学校工作的不满，这会对老师以后的工作开展产生严重的负面影响。

三、有备而来，精心设计

（一）了解基本情况

1. 熟悉学生情况

首次家访应通过查阅学籍信息等方式，了解学生的过往学习经历、活动经历等。常规家访应汇总学生的各方面表现、兴趣爱好、习惯、优缺点等，以便家访时能及时沟通。

2. 了解家庭情况

首次家访应了解学生的家庭基本情况，常规家访应根据平时与家长的沟通，了解其家庭教育的类型，以此为依据选择家访内容。

（二）确定家访主题

在家访之前，要先确定家访的主题、内容。

1. 了解性家访——了解学生家庭情况、居家学习情况、身体状况、生活情况等。

2. 目的性家访——针对学生与家长提出的具体问题，进行解答和指导。

3. 沟通性家访——与家长交换信息，沟通情况，实现良好的家校共育的效果。如果遇到不支持学校工作的家长，要如实介绍情况，耐心听取家长意见，通过心平气和地交换意见、沟通心理，争取实现协同教育。

（三）设计家访方案

提前准备问题和应对策略可以帮助我们厘清家访思路、有针对性地沟通。如设计“家访方案”：

学生		家访时间	
家访主题		家访原因和目的	
家访提纲			
可能出现的分歧		出现分歧时的应对	

在家访之前，需充分准备好：需要解决的问题、需要获取的重要信息、需要家长支持与配合的细节，家长可能会关注或感到困惑的问题及应对之策。此外，开场白如何切入？列举哪些事例？怎样沟通使家长易于接受？如果家长不愿配合怎么办？这些沟通要点需要仔细梳理。

（四）提前预约时间

老师应与家长、学生沟通，约定家访的时间，避免“突然袭击”。一般选择双休日时间，家访时间不宜过长，30—60分钟为宜，以免时间过长耽搁家长的工作与休息。尽量使学生和家长都在场。

（五）准备得体着装

着装需符合教师职业形象，端庄大方，朴素简洁，亲切自然。

四、内容丰富，观察细致

家访的目的是对学生、其家庭有更加直观、全面的了解，建立良好的家校关系。因此，家访的内容不应局限于学习，更不能将“家访”变成“告状会”。应通过丰富的内容、细致的观察（如学生行为习惯、父母长辈的言行举止等小细节），来更好地了解孩子的特性，因材施教。

（一）内容应丰富全面

1. 新生入学家访

（1）了解学生的生活环境、家庭教育状况。包括：家庭关系、家庭结构；家庭是否需要申请补助；亲子关系、家庭期望、家庭投入、家庭观念（教育观、成才观）、教养方式（权威、专制、忽视、放纵）；家庭生活情况；父母的工作性质等。如：希望孩子成长为一个什么样的人？看重孩子哪种品质的培养？对孩子寄予怎样的期望？

（2）了解学生的身体情况、思想、性格及爱好、特长。如：在前学校担任什么职务？在新年段打算在哪方面锻炼和发展？对什么感兴趣？有没有过敏史？

（3）了解学生的优点。这样可以更全面、立体、生动地认识学生，促进师生关系、家校关系的融洽。

（4）了解学生的学习兴趣、学习习惯、学习方法，从而了解他的学习情况。但不宜直接询问学生的学习程度，以免让原来学习不那么优秀的学生产生失落感。

（5）了解学生的交友情况。可以了解一下学生的好朋友有哪些、问问家长是否知道学生最喜欢的朋友是谁，了解其“朋友圈”有助于老师更深入地了解学生。如果发现其缺少朋友或择友观有问题，老师需在日后积极帮助和引导。

（6）回答学生和家长对新学校、新老师的问题，了解家长对学校的期望、对老师的要求。对于家长合情合理的诉求，给予力所能及的帮助和照顾。

2. 寒暑假家访

（1）聊学生的身体情况、精神状态、家庭氛围。

（2）聊假期日常作息。了解学生日常作息是否规律、是否坚持运动等，对作息紊乱的学生，及时指正，建议其早睡早起，保证运动，妥善安排时间，增强时间管理能力。

（3）聊学习拓展。通过了解学生的学习习惯，向学生传授科学学习的方法和经验。鼓励学生利用假期多读书，读好书；开拓视野，积淀底蕴。鼓励学生积极锻炼特长本领，如画画、弹琴、跳舞，陶冶情操。

（4）聊家庭互动。鼓励学生与家长多交流，增强互动。如建议学生与家长一起运动，下棋或者聊聊一起读过的书、一起观赏的影片等。鼓励家长加强亲子交流，以了解孩子、走进孩子。如和孩子共同做家务、教孩子一起做美食、一起运动等。

（5）聊学生的闪光点。

（6）聆听家长的心声，虚心倾听家长的烦恼和建议，及时改进工作方法。与家长交流先进的家庭教育理念，分享科学的家庭教育经验或技巧。

3. 不宜出现的家访内容

（1）避免涉及隐私内容，如家长的婚姻状况、家长的职务等。对于单亲、离异、重组等特殊家庭，不在孩子面前过多地谈论家长过往（如离异原因）。可以留待日后和家长单独沟通。

（2）避免贸然问家长能为学校做什么，或能提供什么资源。功利性太强的教育责任的转移会让家长产生反感，甚至导致家长之间互相攀比，让一些“无能为力”的家庭感到焦虑和困惑。

（3）避免批评、指责，如遇到学生未及时完成假期作业等。避免让“家访”成为“告状”的渠道。

（4）在首次接触时，避免直接询问学生有哪些不足。这样容易引发家长和学生的紧张情绪。

（二）观察应注重细节

1. 观察学生的家庭环境

从家庭环境可以了解学生的家庭关系、经济条件、兴趣爱好、学习习惯等。如：室内环境的安全性、物品摆放是否杂乱无序、家中是否展示了孩子的一些作品、孩子藏书的数量。

2. 观察家长与学生的互动

从家长和学生的互动中，了解亲子关系、教养方式。如：对孩子的要求或提问，家长是否有反馈？家长是否对孩子的活动进行限制？家长是否会当面训斥或责骂孩子的行为？家长是否会主动引导孩子展现自己的某项能力？家访中家长是否会与孩子交谈？家长对孩子的评价表扬多还是批评多？

3. 观察学生与成人的互动

从学生与成人的互动中，了解其性格特点。如：在老师的引导下，孩子是否会主动讲述自己所经历的事情？孩子是否能自信地展现自己的优点？

五、持续反馈，巩固成果

（1）家访后，及时对家访情况进行回顾与记录，撰写“家访日志”。如：

学生		家访时间	
参与家访人员		家访地点	
家访主题			
家庭情况			
亲子关系			
教育观念			
学生情况			
围绕突发事件的沟通			
家长意见			
给家长的建议			
后续教育策略			
备注			

（2）针对在家访中发现的亲子关系不佳、亲子沟通不畅、教育方式不当、家庭突发事件等容易引发学生焦虑、抑郁状态的因素，应及时干预，必要时可转介心理老师。和家长联系，一起商量合适的教育策略，适度指导。

（3）针对家长对学校的意见和要求，和相关老师进一步沟通，并及时向家长反馈。

（4）在与家长共同明确学生今后学习和生活上的小目标，制订切实可行的家校协作方案之后，要持续跟进，及时反馈。对于学生的进步，要联合家长一起趁热打铁鼓励表扬，巩固协作成果，而进步不明显的则持续跟进，必要时可以再次上门家访。

作者简介

龙骋华，同济大学第二附属中学语文教师、班主任，曾获第八届长三角地区中小学班主任基本功大赛论文奖高中组一等奖、高中组三等奖，上海市“普陀杯”班主任基本功大赛高中组一等奖，2020 年上海市优秀班主任称号，所带班级获得 2021 年上海市先进班级称号。在《现代教学》等刊物上发表 4 篇案例、论文。

当班级微信群陷入“公告栏”的尴尬境地怎么办?

——“微乎”问答社区：家班沟通新模式

王　超

情境导入

一个秋日的夜晚，手机“叮”的一声，我下意识地打开班级家长群，只见小W同学的妈妈发了一张照片，照片上呈现的是小W同学在家的学习场景：台灯下做作业的少年的背影和凌乱的房间，书本、食物、文具、衣物随处可见。

小W同学的妈妈留言道：男生的房间用一个字概括，就是“乱”。此时，小F的妈妈说：我家的也是这样，你刚理干净，他又弄乱了；小Y的爸爸吐槽道：现在的小孩，除了读书啥也不会，可是书也没读好。针对学习和劳动这两个话题，群里炸开了锅。

讨论持续了一个多小时，从家长们的交流中我了解到许多学生在家里不愿意做家务，而家长也没有刻意地培养孩子的劳动习惯。渐渐地，微信群中吐槽的家长们安静了下来，我拿着手机，心情却久久不能平静。曾几何时，班级微信群的建立成为班主任和家长联系的重要手段之一，家长和我经常在微信群中交流一些学生的学习生活情况，也会通过微信群发布一些通知。然而，随着时间的推移，微信群的功能和使用产生了一些弊端。微信群本是老师和家长沟通的最方便的途径，如今变成这样，该怎么办?

归因分析

随着新媒体时代的到来，微信群逐渐成为老师和家长沟通最常使用的方式，但因为微信群功能过于单一，消息过于混乱，导致其失去了刚开始的“活力”。只有真正了解家长、教师在微信群沟通的意义，明确沟通的目的，才能真正让微信群“活过来”。

一、创建班级微信群的意义

（一）资源共享，提高家庭教育水平

家长在班级微信群里可以及时主动和教师、其他家长互相沟通，提升自己的育儿思想和教育理念。通过交流学习和相互借鉴，吸收教师的教育经验，学习借鉴吸收其他优秀家长们的先进家庭教育思想和理念，使家长们在潜移默化的过程中提高家庭教育的现代科学化和教育规范化水平。通过家班微信群教师和家长的互动交流和一对一指导，家长、教师就能够从互动交流中更加准确、更加清晰、更加透彻及时地了解当前孩子较为普遍的一些心理特征、行为习惯、学习方法，更加完整系统有效地开展教育活动。

（二）反思自我，引领教师专业成长

教学反思是指教师在对他所传授出来的各项教学内容、教学方法乃至整体教育实施过程中如何进行提升自我效能的一系列重新认识，是教师教育专业能力成长和不断反思提高的一个过程。家长通过微信群向授课教师反映自己辅导孩子学习时遇到的问题和难点，会促进授课教师通过因材施教，设置不同级别难度的分层式教学任务目标，全方位优化课堂教学效果，在逐步促进学生家庭得到有效教育辅导的同时也可以不断促进授课教师本人的专业成长。

二、班级微信群的现状

刚开始使用微信班级群时，每次发完通知，家长们总是很热情地感谢老师，结果通知被刷到很上面，后面进来的家长要翻阅好多条感谢信息才能找到老师发布的通知；有的时候几个家长会同时在群里和我交流一些问题，大家的对话交织在一起，经常出现对话“张冠李戴”的现象。老师不得不花费很大的精力反复翻

看群聊记录，以免错过了某些家长的信息。久而久之，老师和家长在微信群里的交流变少了，每次发通知，老师也会加上一句“此条通知不用回复”。慢慢的，家长微信群沉寂了下来，除了有时老师发布通知，就剩下家长们吐吐槽、聊聊天。家长微信群就这样慢慢“没落”了。

理论阐述

面对目前微信群的问题，笔者陷入了沉思。老师有从事教育的专业知识，对于如何开展学生教育有一定的经验，家长是学生人生的第一个老师，最了解学生的情况，两个“老师”如何携手开展教育？微信群是家长和老师联系的载体，如何利用好这个新媒体技术，让它更好地为家班共育服务？在一次和朋友的聊天之中，他提到了“知乎”，“知乎”是一个网络问答社区，用户们分享彼此的知识、经验和见解。我们的家庭教育和班级教育之间正是需要分享家长与家长、老师与家长之间彼此的知识、经验和见解。于是，笔者把微信群名字改成“微乎”，在群公告栏编写了新的群公告，让家长每周在群里探讨不同的教育话题，并做成“微乎”日报。

一、理论依据

知乎是以用户“问—答—评”为最基本流程的社交平台，一个完整的问答便可以构成一个独立完整的虚拟交流空间。该空间是提问者和回答者基于自身的意识和实践、借助知乎这一互联网信息技术平台构建起来的，其他用户可以通过自己的各种疑问。这种互动模式为公众提供了一种能根据自身兴趣和需求“定制”信息的途径，因此具有独特的优势并广受欢迎。

班级微信群是主要由教师搭建的用于发布学校通知、分享学生在校情况、与家长交流的一个网络平台。班级微信群的成员一般包括班主任、各科任课教师和学生家长。班级微信群具有即时性和交互性的特点，它是一种可以超越时空限制，实现家校互动的通信工具。班级微信群成员中人数最多的家长来自各行各业，有着不同的文化背景，处在不同的立场，有着不同的需求和愿望。我们只有在尊重家长的不同需求和愿望的基础上建设班级微信群，才能让其真正焕发活力。

二、实践依据

班级微信群“知乎”化，是为了让家长和老师、家长和家长之间的沟通更贴近家长的需求，让沟通更加有效。知乎化的班级微信群，在实施过程中给老师、家长和学生都带来了不同程度的成效。

（一）增强家校彼此了解，促进家校相互信任

班级微信群具有及时互动性，通过班级微信群及时发布教育活动及有关教育信息，可以随时让家长了解孩子在校情况，增进老师和家长彼此信任，使班级教育活动最大可能获得家长的理解与支持，取得家校教育的一致性，形成教育合力。将微信群变为“微乎”，能让家长在不同的“问—答—评”空间中，找到符合自己需要的教育信息，让家长和家长、家长和老师之间平等有效的交流，更好促进孩子学习的进步。

（二）协调家校教育节奏，奏出教育和谐音符

通过“微乎”方便家长快速准确地根据班主任发布的日常教育信息、其他家长反馈、任课教师的反馈，及时准确地了解孩子的日常学习思想动态。教师在“微乎”收集家长的问题并在公告栏提出问题，家长和教师提出不同的解决建议，家长辅助学生完成教师布置的任务，及时与孩子沟通并将存在的问题反馈给教师，让教师能够在教学中做到有的放矢。这让老师与家长在“微乎”创建了互相理解、彼此尊重、地位平等的沟通关系。

（三）增强学生成就感，提升家长责任意识

“微乎”还可以变身为展示学生学习成果，增强学生成就感，树立学生自信心的平台。一方面家长能通过“微乎”及时了解孩子取得的进步，与孩子分享快乐，并将这种快乐转化为对孩子的鼓励和对班主任工作的支持；另一方面通过班级微信群中对教育问题的交流与思考，让老师、家长都能受益，不断提升家长对孩子教育的责任意识。例如针对“如何让孩子做家务”这个话题。家长们在“微乎”上陆续发言，不同家长阐述了对于孩子做家务这件事的观点，在“微乎”交流中，最后大家达成一致，提出举办一个亲子活动，并且在“微乎”分享亲子活动的内容。

优化微信沟通功能，转变思想，将其变成“微乎”，这样更能凸显微信沟通实效，形成教育合力。“微乎”的创建，唤起家长与家长、家长与教师之间的交流沟通意识，使家长能够自愿地参与，最终形成良性互动。

实践支招

为了更好地在班级微信群和家长沟通，笔者将微信群名称改为了“微乎”，开设一个小型问答沟通社区。

一、编辑新群规，设置“微乎周报”

在群公告中，笔者定下了新群规：① 大家在群里可以提出自己在家庭教育中遇到的问题，每周选出一个问题作为“本周话题”。② 大家可以给出自己的解答或是分享自己的经验，并且 @ 提问者。③ 提出这个话题的人作为本周轮值编辑，挑选出群内的聊天精华总结提炼一下，并且 @ 做出这些优秀回答的家长，最后汇总成一份“微乎周报”，发布在班级微信群中。

在班级“微信群 2.0 版本”上线之初，笔者是希望家长们能够提出有价值有共性的问题，同时希望家长们的回答能认真详细一点。但是一些家长因“工作繁忙”或是“知识文化水平不够”等原因不参与讨论，笔者就成了社区的“光杆司令”。于是，笔者发动了班级家委会的力量，由他们率先负责提问和研讨。而笔者则认真查阅相关教育理论书籍，结合教育经验给出建议。这样进行了几次之后，开始出现了家长们有质量的回答，慢慢的，“打酱油”的少了，认真参与讨论的多了起来，一些育儿经验丰富的家长参与“问—答—评”中来，微信群逐步向“微乎”转变。

二、根据提出的问题，设置亲子活动

针对小 W 同学的妈妈提出的关于学习和劳动的话题，“微乎”的“本周话题”是：“如何让孩子愿意做家务？”这个话题贴近家庭生活，家长们的回答非常踊跃，最后大家达成了比较一致的共识：设计一个亲子活动，培养学生对家务劳动的兴趣，让孩子明白做家务的意义。

于是在接下来一周的“本周话题”，笔者和家长征集大家的活动创意。最后，

一名家长的“亲子厨艺比赛”活动创意获得了大家的认可。于是我们的“亲子厨艺比赛”在“线上”和“线下”展开了。为了让学生对即将开展的“亲子厨艺比赛”产生兴趣，笔者利用十分钟队会的“好书推荐”板块向班级同学郑重推荐了小川悦司的漫画作品《中华小当家》，并且在班级的图书角里放了两册笔者珍藏已久的《中华小当家》漫画书。学生们对于这部漫画十分感兴趣，经常可以在课间休息时听同学们讨论刘昴星（漫画主人公的名字）的故事，讨论漫画书里的各种料理。在笔者开始动员学生的同时，家长们也迅速行动起来。大家集思广益，确定如下活动方案：活动分成“小当家菜谱展示”“大厨风采微信赛”“我给同学加个菜”三部分。在“小当家菜谱展示”环节，家长和孩子一起设计一道电子菜谱，在菜谱里注明家长和孩子如何合作完成；孩子发挥想象力给菜起个名字，最后请孩子和家长将这份电子菜谱，发布在班级微信群里。在“大厨风采微信赛”环节，家长帮忙拍摄整个做菜的过程。学生先介绍自己要烹饪的菜肴，在制作的过程中，学生动手时家长讲解，家长帮忙时学生讲解。最后，将拍摄好的视频发布在班级微信群中。在“我给同学加个菜”环节，同学们要在前一天晚上自己动手烧一道拿手好菜，第二天带到学校来，在午饭的时候分享给小伙伴，看看谁的菜品最受同学们欢迎。

在家长的大力支持和同学们的热情参与下，班里的“亲子厨艺比赛”开始了。一份份精彩纷呈的电子菜谱，“跨越时空的料理”“饺子兄弟”“梦幻麻婆”“生命的烧卖”等一个个充满童趣的菜名，让人对菜品充满了期待。微信群里，家长发出的烧菜视频更是出乎我意料的精彩。有些孩子的讲解十分流畅，做起菜来也是有板有眼，很有大厨风范；有些视频剪辑得非常专业，绚丽的片头和片尾，场景切换效果华丽非凡；有些家庭全家齐上阵，一起做美食。这些视频各有特色，精彩纷呈。最后的“我给同学加个菜”环节，同学们吃得津津有味，许多同学带来的自己烧制的菜肴受到同学们的一致好评，同学们纷纷表示希望再组织一次这样的活动。最后在笔者和几名家长组成的轮值编辑小组的共同努力下，推送了一份“微乎周报特刊”，集合了家长和学生共同设计的菜谱、烧菜视频、学生在周记里写的活动感想以及家长对“如何让孩子愿意做家务”这个问题的精彩回答和评论。

亲子厨艺比赛结束后，有的家长反映自己的孩子主动承担了烧米饭的工作，他们下班后只要烧菜就可以吃饭了；有的家长反映孩子主动刷碗了；特别可喜的是：小 W 同学的妈妈表示，小 W 的房间在他自己的努力下整洁了许多。

三、“微乎”社区带来的思考

“亲子厨艺比赛”落幕了，但是我们的“微乎”家班问答社区却“火”了起来，它渐渐成为笔者和家长们集思广益、相互交流、协作共赢的育人平台。苏霍姆林斯基曾说过：教育的效果取决于学校和家庭教育影响的一致性。如果没有这种一致性，那么学校的教育和教学过程就像纸做的房子一样倒塌下来。在“社区”的管理、运作和建设中，笔者深刻体会到：班主任的角色不是家长的引领者、指导者，而是教育同伴、合伙人。现在的家长群体，他们的学历、知识、经验、受教育程度等可能在某些方面比教师更有优势。因此，班主任在育人过程中一定要充分发挥家长的主观能动性，其次在家班共育中要更好地利用现代信息技术为育人服务。微信群是信息时代带给我们的先进沟通手段，用好家长微信群，不断开发其功能、丰富其内涵，以达到家班共育的目的是我们需要努力的方向。教育要达到更好的效果，取决于每一个教育者的主动投入。每一个家庭对孩子教育的理念和方法会有所不同，只有充分调动家长的积极性、挖掘家长资源、优势互补才能达到事半功倍的效果。笔者和家长们将继续在“微乎”这个家班共育问答社区里不断问答研讨，不断摸索前行。

作者简介

王超，上海市尚文中学数学教师、德育副教导。曾荣获上海市十佳辅导员、黄浦区园丁奖、黄浦区少先队辅导员技能大赛特等奖、黄浦区辅导员少先队小研究征文一等奖等荣誉，所带班级曾获得“区自动化小队”荣誉称号，所带学生曾获“区优秀少先队员”荣誉称号，多篇德育论文获奖或发表。

家班线上沟通效率低，怎么办？

——直面负面清单，提高沟通成效

金佳静

情境导入

场景 1：A 班线上群

数学教师：@所有人，今天我们上课需要学生带圆规，5、12、37、42、43 号这些同学未带，请家长予以重视。以下同学回家作业全对，书写也非常整洁：1、3、6、8、13、17、22、25、38、40，特此表扬！

家长 1：收到，谢谢老师。

家长 2：收到，谢谢老师。

家长 3：收到，谢谢老师。

群里的家长们纷纷表示收到以及感谢……

场景 2：B 班线上群

班主任：@所有人，现在学校的艺术节开始啦，请有相关才艺的同学自我推荐，拍一个 2—3 分钟的视频私信给我，欢迎同学们踊跃报名！

家长 1：老师，请问弹扬琴可以吗？

家长 2：老师，我们现在钢琴有点问题，请问下周交来得及吗？

家长 3：收到，谢谢老师！

家长 4：老师，这是我们小萱上周刚录好的，您看看可以吗？

家长 5：哇，小萱好厉害哦！

班主任：请家长们私信给我哦！

家长6：哇，小萱棒棒的！

家长7：老师，朗诵可以参加吗？

家长4：我们小萱在参加比赛，希望大家多多给我们小萱投票，她是5号！

班级群顿时变得热闹了起来，有的对于活动进行了询问，有的家长晒出了自己孩子的作品，有的家长积极评论……

场景3：C班线上群

家长1：@家长2 @班主任老师，今天我们小可回来说小李排队时推了她一下，这到底是怎么一回事？

家长2：我们小李说是你们小可抢了我们的铅笔@班主任。

班主任：两位家长，请稍等，我先去了解一下实际情况，再来和你们沟通。@家长1 @家长2。

家长1：老师，这已经不是一次两次了，我忍了很久了。我问小张妈妈、小王妈妈，她们孩子都被小李欺负过，今天就让大家在群里评评理！

家长2：到底是谁家孩子不讲道理啊！说说清楚！

班级群顿时吵闹起来……

场景4：某教师与某家长在线上沟通

语文教师：小可家长，昨天你家孩子作业完成不够理想。

2小时后。

小可妈妈：不好意思啊，老师，手机消息太多了我来不及看。如果有什么事麻烦打电话。最近比较忙，作业没来得及看，麻烦老师多关心一下，谢谢！

语文老师：好的，但是学校的消息还是要多关注啊。

小可妈妈：老师，我们真的很忙，不要总发消息可以吗？(心中嘀咕：孩子在学校不应该老师管吗？我们家长也是很忙的啊！如果有大事我一定来学校，小的事情就不要总是不停发消息了。)

语文老师：我担心打电话会打扰到你工作，才发消息的。

小可妈妈：老师，其实我一天会收到很多消息，有时确实会顾不到，请您谅解！

老师与家长此次沟通并不顺畅，小可妈妈对于微信沟通的不认同，使原本反馈的内容被忽略。

问题归因

随着科技的日新月异，教师和家长的沟通方式变得更加多元，家班线上沟通是一种教师与家长单人或多人通过线上进行的沟通方式，这是家班对学生学习生活情况相互交流的过程，也包含了双方思想、感情、观念、态度的互动。我们常用的线上沟通途径有：智能手机终端提供即时通信服务的应用程序，如微信；用于沟通和协同的多端平台，如钉钉、晓黑板；给班级提供业务服务与管理能力的服务平台，如公众号、博客，还包括电子邮件、线上电话等。线上沟通途径多元，满足家班沟通不同的需求。

线上沟通为家班沟通带来了便捷，具有时空跨越性、形式多样性、内容丰富性、沟通高效性、互动及时性等优势，是顺应时代的产物，深受推崇。但是，在操作过程中，也出现了一些不和谐的因素，正如本文情景给我们呈现出了一张家班线上沟通的“负面清单”。

家班线上沟通的“负面清单”

1. 定位的模糊性	家班线上沟通是教师和家长的合作，家长和教师在对学生的管理上各有各的职责，但在实际沟通中，会出现时而“不到位”、时而又“越位”的情况，使得教师与家长的定位被模糊。
2. 沟通的随意性	线上沟通具有可以跨越时空、形式多样、内容丰富等优势，但同时又使得家班沟通面临一个新的问题：家长、教师可以随时与对方取得联系，可又因为这份便捷使得联系突破双方的边界，变得随意，甚至可能会打扰到双方的工作、生活，使得沟通产生负面情绪。
3. 信息的庞杂性	目前，家班线上沟通更多地集中在教师收发通知、布置任务、反馈交流等。因此，许多家长对收到教师的消息缺乏“期待感”。同时，因为主体的多元化，容易出现信息量过大、信息过于庞杂，筛选有效信息的时间加长、无效甚至消极信息占比过大且不受控制等问题的出现。
4. 心理的对立性	现代社会生活节奏快，大家都非常忙碌，家班之间往往都处于“有事”联系模式。单线联系一般都是在学生发生问题后教师主动联系家长，在交流过程中教师常常会批评学生，甚至连带批评家长。长此以往，家长会产生一种“过错焦虑”心理，从而产生与学校的对立情绪。

理论分析

《中小学德育工作指南》指出，要积极争取家庭、社会共同参与和支持学校德育工作，引导家长注重家庭、注重家教、注重家风，营造积极向上的良好社会氛围，学校老师要认真听取家长对学校的意见和建议，促进广大家长朋友了解学校办学思想、理念以及各种教育教学改进措施，帮助广大家长提高家庭教育水平。

苏联教育家苏霍姆林斯基说：“教育的效果取决于学校家庭的一致性，如果没有这种一致性，学校的教学、教育就会像纸做的房子一样倒塌下来。”由此可见促进学生全面发展的工作是需要家校共同承担的，家校合作可以有效地提高教育的效力，构成一个开放的、实际的、全方位的合作环境。

《新时代公民道德建设实施纲要》指出加强网络内容建设的重要性。网络信息内容广泛影响着人们的思想观念和道德行为。要深入实施网络内容建设工程，弘扬主旋律，激发正能量，让科学理论、正确舆论、优秀文化充盈网络空间。加强网上热点话题和突发事件的正确引导、有效引导，明辨是非、分清善恶，让正确道德取向成为网络空间的主流。家班线上沟通中，也应将纲要的要求予以进一步落实。

实践支招

如何运用线上沟通的优势，获得线上沟通的良好效果。在线上沟通中体现家班互动的有效性，是一门学问，也是一门艺术，教师需要不断的经验累积，提升沟通技巧，让线上沟通成为家班互动的良好平台，进而实现立德树人的根本任务。

一、形成科学共育理念，构建准确角色定位

家班共育的理念应是通过沟通使双方更了解孩子，以立德树人为根本任务，培养社会主义建设者和接班人，促进孩子德智体美劳全面发展。

家班线上沟通是教师和家长的合作，家长和教师在对学生的管理上各有各的职责，家长和老师应该各司其职，在沟通中到位而不越位。

家班沟通可以分为“形式上参与”“人际参与”“管理式参与”。线上沟通应落实到双向交流式的“人际的参与”，家长与教师在平和友好的氛围中交流互动，提出建议或意见。由于线上沟通的有高效性、便捷性、及时性、时空跨越性等优

势，家班双方的沟通变得更加主动和畅通，互动更趋于频繁与高效。

（一）教师在线上家班沟通中主要承担的角色

1. 组织者

基于线上要开展的家班互动、沟通方式、沟通工具等，都需要教师组织与安排，使得沟通顺利展开。

2. 宣传者

线上沟通需要家长的支持与配合，教师应让家长了解沟通的重要性与自己所应承担的责任，鼓励和尊重家长的参与，宣传重要性，使家长对家班合作有明确的认识。

3. 答疑与反馈者

教师与家长需要经常沟通孩子的学习与生活等情况，双方可以在沟通中发现问题的根源，制订更适合孩子发展的措施。

4. 资源提供者

教师作为专业教育者，可以将一些适合于家庭的家教资源、学习资源共享于线上平台。

（二）家长在线上家班沟通中主要承担的角色

1. 参与者

作为沟通中的一方，家长可以发表意见、提出建议或改进措施，从而促进家班沟通的完善。使教师对学生、班级管理更趋于完善。

2. 支持者与学习者

家长参在沟通中可以学习到有关教育的理论和方法，成为孩子有效的家庭教育者，从而提高孩子的学习动机与学习技能。

在构建教师和家长角色定位中，双方要相互理解，站在对方的角度上换位思考，尊重宽容、建立平等的沟通关系，共同促进学生的发展。

二、搭建多元沟通平台，拓宽线上共育渠道

在线上高速发展的背景下，家班沟通应结合不同的沟通目的和范围，建立各类家班交流平台，从而推进家班共育更好更快地发展。

（一）公开平台辐射展示

教师可以将班中事务生动形象地在公开平台进行展示。家长可以通过浏览、评论、转发等形式，进一步了解学校的动态、班级的建设和学生的学习生活，形成学校、班级、家庭辐射状的信息化线上交流平台，帮助家长更好地进行家庭教育，优化教育资源共享和教育交流分享。

（二）互动平台交流分享

教师可以建立微信群等互动平台，使家班沟通脱离时空的局限性，有效拉近距离。通过与家长进行群体性沟通交流，可以进行集体建设，教师可以进一步了解学生共性问题与想法，从而因材施教。

（三）多元主体增进交流

在线上平台中，同时倡导家长为班级活动献计献策，学习科学的教育理念和方法，推荐优质家教文章以及参与班级管理等。优化班级管理和促进学生成长的资源库，通过充分调动家长的力量，促进家长积极参与班级管理。如在各大主题活动中，家长的参与可使活动开展起来特别顺利，更因为家长的亲身体验，增进了家长和教师之间的了解，增进互动。

三、建立民主沟通制度，变堵为疏和谐交流

线上沟通虽然有许多优势，但也存在着片面性、单一性、容易产生歧义等不足，因此在沟通中也应该建立民主的沟通制度，掌握良好的沟通技巧，使交流更通畅。

（一）群体沟通建立规则

要发挥线上交流的作用，就需要建立正式、权威和稳定的规则，人人遵守才能更好发挥平台的作用。如在建群之初，通过与家委会共同商议，制订了《班级微信群（线上平台）规则》，贯彻落实有关文件精神的同时，也将“不随意聊天、不传播谣言、不发表不文明的语言和图片、不发表涉及人身攻击的内容、不转发色情及线上游戏链接”等要求予以落实。充分调动家长参与线上沟通条约建立，形成正向积极的家班沟通机制。

（二）个别沟通确定时段

对于家长与教师工作时间段不同的情况，可通过确定沟通时间解决。如每天放学后是家长督促学生学习的时间，教师可与家长约定具体的时间段为“线上沟通”时间，教师可以发布学校各类教育教学活动信息，家长也可与教师交流学生各方面的情况，既有利于减轻教师和家长的负担，又有利于保障沟通的顺畅。

（三）特殊沟通拓宽渠道

学生在校难免会有特殊的情况发生，可随时采取私聊的办法交流，紧急的事项更是要通过电话或当面与教师沟通。同时，因为是“隔空交流”，为了使家班沟通更加人性化，拉近教师与家长、学生之间感情上的距离，应在线上沟通的基础上，积极探索“线上＋线下”相结合的沟通方式，积极举办家庭教育主题沟通、共同学习等活动，适时面对面交流。有利于教师更加全面地了解学生，与家长面对面地深入讨论教育方法。

四、转变固有沟通理念，掌握良性沟通技巧

线上家班互动将家班双方更紧密地联系在了一起，拉近了距离，从而增进了教师与家长、学生的关系。但在家长固有观念中，教师往往是学生出了问题才会找上家长，对家长来说主动来找老师也是如此，因此家长有时接到教师的电话时“心情复杂”，甚至内心产生抵触情绪。如今，教师与家长的沟通应转变这样的沟通理念，深入开展家班沟通，使双方关系不再是生疏、对立的，而是在沟通中多了一份亲切与随意，共同为了孩子的全面发展互相配合，形成合力。

（一）事前准备充分

沟通之前，教师对沟通内容要做好充分的准备，最好没有主题。主题应做到少而精，如鼓励胆怯的女生，教师可以大力赞扬她当天的表现，展现教师的欣赏，在家长回复后，可进一步鼓励她继续努力，家长会在教师的真诚的关注下充满信心与希望，进而取得家长的真诚合作。

（二）以诚奠定基础

良好的线上沟通离不开教师对孩子发自内心的关爱，离不开教师与家长的互

相尊重，更离不开二者的通力合作。线上沟通更多依赖语言，教师应态度诚恳，语气真诚，这是对家长最起码的尊重。本着实事求是的原则，更多地去关注事实本身及其客观属性，如与家长谈及学生在校的表现，要推心置腹，避免压制式求同和妥协式求同，保持一颗体谅之心，这样才有利于学生的成长。

（三）倡导五育并举

许多家长最为关注学生的学业成绩，因此会把沟通内容局限于学习，对学生的心理问题和生活问题等关注意识不强，这些都影响着学生的全面健康发展。因此，教师要拓展家长沟通的视野，用先进的家庭教育理念影响家长，沟通范围可以是学习方面的学习成绩、学习成绩，更应包括学生情感、意志、性格、兴趣等非智力因素，开拓家长们的眼界。另一方面，教师可邀请家长参与学校和班级建设，从而促进学生全面发展。

（四）导向积极进步

无论是看到学生的闪光点，还是指出其不足，教师在线上沟通时应从学生成才的需要出发，避免泛泛而谈、居高临下，可联系学生实际以关爱之心进行交流，特别是好的典型事例，应及时反馈信息给家长，注重表扬与激励，共同分享孩子成功的喜悦。往往富有人情味的沟通语言能很好地抓住学生和家长的心，从而使工作得以顺利进行。

（五）注重有的放矢

学生们来自不同的家庭，教师在沟通中应根据学生、家长的不同情况，采取不同的沟通策略，使沟通更有针对性和实效性。如“唯分数论”的家长，在沟通学习生活的同时，还可以共同探讨教育话题，引导关注孩子的多方发展。如“溺爱型”家长，则在肯定孩子优点的同时，一起探讨相应的教育的方法，以及孩子的持续发展。

（六）提供可行建议

教师应在沟通中引导家长树立正确的家庭教育观念，掌握科学的育人方法，提高教育子女的效果。教师不仅要关注到孩子成长的点滴，更应该沟通中提供家长切实可行的建议，导向学生的行为和家长的教育，传送专业知识，交流有效方法，使沟通充满说服力，与家长更好地形成教育的合力。

（七）体现职业角色

教师的本职是教书育人，要做好“家班沟通”，教师和家长应是协同育人的共同体。因此教师在与家长的线上沟通中，也应注意自己在线上的一言一行，如管理好自己的朋友圈，不盲目转发、留言；具体沟通中可以多用“请”“谢谢”等礼貌用语，不能居高临下发号施令；沟通中可以营造温馨、亲切的氛围，注意遣词用句，可适当增加表情符号等作为文字的补充，避免误解。

作者简介

金佳静，上海市普陀区树德小学副校长，教育硕士，中学德育高级教师，普陀区班主任高级指导教师。曾荣获第七届长三角班主任基本功大赛综合一等奖，并先后获得上海市园丁奖、市“十佳”班主任、市最美班主任，普陀区优秀共产党员、区“五四”青年等荣誉称号，撰写多篇教育教学论文在各类教学杂志上发表。

寄宿制高中，家庭教育无力，怎么办？

——给家长赋能，创新家校协同新方式

亓祥银

情境导入

高一下学期期末考试前的家长会开始前 5 分钟，学生小陈的爸爸给笔者发来了信息：“老师，小陈妈妈出差了，我承担的项目处于冲刺阶段，今天我加班，给您请个假。有什么问题，会后我单独跟您电话交流。谢谢！”由于笔者所在校是寄宿制学校，为了考虑家长的方便，本次家长会的时间放在了周日下午家长送学生返校的时间，可小陈的父亲还是以加班为理由拒绝参加家长会，收到短信后我不禁陷入沉思。小陈的期中考试成绩并不理想，而且家长会的通知中已经明确说明，本次家长会事关“3+3”选科，而且还有综合素质评价方案等重要的事情要跟家长沟通，可是已明明白白告知的重要事项，并没引起家长的重视。

小陈妈妈在一家外企里任市场总监，爸爸在上海一家大的 IT 公司里做工程师，两人都算得上事业有成。在入学家访中，笔者了解到，小陈父母之所以让小陈报考我们这样一所全寄宿制市重点高中，一个很重要的原因就是两人平时工作忙，没有时间管孩子，而且小陈处于青春叛逆期，家长的话根本听不进去，平时的亲子关系十分紧张，而他们都非常认可我们学校的教学与管理质量，感觉交给学校很放心。高中寄宿制高中的家长遇上了孩子的青春期，家庭教育无力该怎么办？

归因分析

对寄宿制学校的家长来说，由于孩子不在身边再加上缺乏教育理论的指导，这个阶段的家庭教育往往处于退化或者无力的阶段。不少家长只关心孩子的生活，高一每学期开学第一天都有家长放心不下自己的孩子，要求进宿舍帮助打扫卫生，整理床铺，有的家长给孩子买四五套校服，让孩子把衣物带回家每周洗一次。

分析原因，从高中生自身的角度来说，高中生正处在青春期，处在人格逐渐趋于独立的阶段，该阶段学生对主动获取科学知识、深入探求世界，建构自己的世界观、人生观与价值观有着较为强烈、主动的需求，而对家长的崇拜、依恋顺从减弱。

而从家长的角度来说，家长也处于对如何与青春期孩子相处的摸索阶段。一方面，孩子进入高中，来自高考的压力从接到高中录取通知书的那天就产生了，再加上受当下社会舆论氛围的传导、发酵而不断增加，家长本身就比较容易焦虑；另一方面，家长本身欠缺相关经验，也缺乏家庭教育指导的相关培训，即便家长想开展家庭教育也因为学生寄宿而受到时间与空间的限制。选择寄宿制高中的家长普遍因为工作较忙没有时间管孩子，把孩子完全交给学校。或者亲子关系较为紧张，借学校的寄宿制管理来缓解了亲子沟通的矛盾。还有不少重组家庭选择让孩子寄宿来缓和家庭矛盾。主动让位或者被动退出成为不少寄宿制高中家长在家庭教育上面的共同选择。

因此，班主任通过开展家庭教育指导，给家长赋能，让家长获得家庭教育的话语权，发挥家长在学生生涯发展中的作用，探索家班共育的方式方法变得非常重要。

理论阐述

一、政策依据

2015 年，教育部印发《关于加强家庭教育工作的指导意见》，充分阐释了加强家庭教育工作的重要意义、进一步明确家长在家庭教育中的主体责任，要充分发挥学校在家庭教育中的重要作用、加快形成家庭教育社会支持网络、完善家庭教育工作保障措施。

2019 年《全国家庭教育指导大纲（修订）》发布，明确了家长主体原则。确立为家长服务、提供支持的观念，尊重家长意愿，坚持需求导向，调动家长参与的积极性；引导家长注重提升自身素质，注重家庭建设和良好家风传承，促进亲子互动共同提高。其中的一条核心理念即为：家庭、学校、社会是促进儿童健康成长的共同体。家长要认识到家校社协同育人的重要意义，主动参与家校社协同教育，尊重教师，理性表达诉求，积极沟通合作，保持开放心态，引导儿童正确认识各种现象，科学合理利用各种教育资源，促进儿童健康成长。

2018 年，《上海市教育委员会关于加强中小学生涯教育的指导意见》明确提出：“形成以学生发展需求为导向，形式多样、注重体验、讲求实效的生涯教育服务体系。”指导学生在充分的自我认识和社会理解的基础上，掌握学业规划与职业规划的主要方法，综合各类信息，平衡个人发展和社会发展的需求，制定适合自己的学业发展目标和计划，初步设计合理的职业和人生发展路径。加强中小学生涯教育，是促进学生全面发展和终身发展的重要举措，也是上海深化教育综合改革、实施新时期德育与心理健康教育的必然要求。实施高中生涯辅导的重要举措之一就是开展家庭教育指导，将生涯教育融入家校共育，指导家长了解生涯教育的理念与方法，引导家长尊重学生的个性特长、成长规律和发展需求，发挥生涯教育的家校合力。

二、研究依据

随着近年来国家、社会对家庭教育的重视，家庭教育指导，家校合作育人，越来越受到学校的重视，相关的实践案例研究较多。

有的研究是聚焦家校合作解决学生成长中的劳动教育、作业效率等问题。比如祁永平的《家校互动彼此赋能——浅谈学生写作业磨蹭的解决策略》，聚焦如何以“探究”“实践”为主线，引导家长通过相互对话沟通，讨论实施办法，多管齐下，盘活家校共育环境，解决学生在家写作业磨蹭的问题。

有的研究是创新家校共育的活动比如：曾旭红的文章《家庭亲子跑步团：助力共育促成长》结合带班经验，论述了借助 " 跑步活动 " 这一载体如何创新家校共育活动，以活动搭建家校沟通的桥梁，并持续更新活动内容，以达到活动价值的持续性更新，并在共育活动中提升班级建设的质量。

有的研究则聚焦家校共育机制的建构策略，薄伟英的文章《家校共育机制的建构策略》，分享了所在学校应用“互联网 +”技术，以学校为主导、家庭为主体、社区为依托，构建“三六五”（三大平台、六项活动、五大策略）家校共育机制的经验做法。

这些研究更多的是义务教育阶段走读学校的研究，而目前关于寄宿制高中开展家班共育的研究则相对较少。高中寄宿制学校的家长与学生在空间上出现了分割，亲子相处时间较少，家庭教育往往处于无力甚至退化阶段。再加上 15—18 岁儿童的身心发展有着鲜明的特点，《全国家庭教育指导大纲（修订）》指出：“这一阶段的儿童已经进入青春中后期。儿童在外貌上与成人接近，身体各器官逐步发育成熟，发育进入相对稳定期；认知结构的完整体系基本形成，抽象逻辑思维占据优势地位；情绪不稳定，情感内隐，易感到孤独；重视同性和异性的友谊，并可能萌发爱慕感情；自制力和意志力增强但仍不成熟；独立性强，有决断力；观察力、联想能力迅速发展。”这一时期，学生的家国意识、法治观念、交往合作能力、责任心、审美趣味的培养，以及职业规划等方面都还需要家长的指导与配合，家庭教育不可缺位。

实践支招

父母应该是孩子终生的导师，高中阶段的家庭教育显然不能缺失。新的高考改革明确提出了要开展生涯教育，可是寄宿制高中生跟家长沟通时间少、家庭教育缺少时间与空间也是一个事实。如何发挥家庭教育在生涯辅导方面的作用对班主任工作也提出了挑战。教师尽管学科领域不同，但是从职业生涯选择的角度来说还是相同的，要求教师对学生进行生涯辅导就会受到较大的限制。而学生家长来自各行各业，而且大部分都受过高等教育，有不少还是各自行业的翘楚。如果利用这部分资源来开展生涯辅导，比起老师担任生涯辅导导师，甚至比请大学教授做讲座更具有特殊的真实性和吸引力。笔者在处理小陈爸爸请假的案例中，把家长请进学校开展生涯辅导，进而摸索到了一条赋能家长家庭教育积极性的方法。

一、请进来：请为孩子加个班

家长会后笔者首先跟小陈爸爸打电话：“小陈爸爸，您好，我知道您很忙，家长会可以请假，但孩子的教育不能缺席，这次家长会一个主题就是学生的生涯辅导教育，您看，我们老师对社会上的职业了解也不多，下周五的班会，您能不能结合你的工作给我们班同学做一个信息技术行业的讲座，现在班上对IT感兴趣的可多了，小陈也一直以您为傲，期待您的参与能对小陈和班上的孩子带来一些启发。”“当然可以，老师，您说我的讲座应侧重哪方面呢，我好准备。”小陈的爸爸非常爽快地答应了。笔者跟小陈爸爸提了几点想法：① 报告最好将IT行业跟高中的数学、信息等相关知识建立联系；② 联系一下自己的学习工作经历。比如，说一说自己怎么会投身这个行业，并且最终取得成功。“这是要利用我现身说法，激励他们咯？那我就为孩子加个班，请老师放心，我保证完成任务！”小陈父亲完全领会了笔者的用意。

小陈爸爸是IT业界精英，他的PPT做得图文并茂，有声有色，把前沿信息技术与高中学业、自己的兴趣发展巧妙勾连，深入浅出。同时，小陈爸爸介绍了自己带的团队正在研究的课题，并分享了他们为了攻克种种难关而做的努力及成果。整节班会，大家目光紧紧跟随着演讲者，时而陷入沉思，时而报以掌声。最后的提问环节，大家也极为踊跃：您这么辛苦，动力是什么？软件工程师为什么都比较年轻化？想学IT，除了学好数学之外，还要学好哪些学科等。一个多小时的时间很快就过去了。周末，小陈爸爸给我发来了信息：“非常感谢您提供这次参与孩子教育的机会，孩子回来后主动跟我聊了很多，我们父子关系也融洽了很多。”

把家长请进来，请上讲台，改变了家庭中亲子沟通的紧张局面，赋予了家长言说教育的权利。

二、请进来：大家都来加加班

2018年，《上海市教育委员会关于加强中小学生涯教育的指导意见》明确提出：“形成以学生发展需求为导向，形式多样、注重体验、讲求实效的生涯教育服务体系。”小陈父亲讲座的成功给予笔者很大的启发，如何建立一个合理的家校协同育人机制，使这样的活动和氛围持续下去呢？

讲座当天，笔者把小陈爸爸讲座的消息和照片发在了家长群里，并希望家长都能积极提供学生生涯教育资源。家长们纷纷点赞，积极响应。这也也激发了笔者充分利用家长资源开展学生生涯辅导的热情。为此笔者精心设计了学生生涯辅导的问卷调查，笔者了解到班中有大约一半的家长感到孩子进入高中阶段后，家庭教育逐渐感到力不从心，加之事务繁忙，逐步产生放手思想。另一方面，虽然大部分家长对学生的生涯发展规划有初步的设想，但缺乏结合学生的个性、志趣、能力等特点等进行辅导的意识和能力。通过分析调查结果，笔者认识到提供一个教育的场域，重新唤醒家长在学生生涯发展中的积极作用有着较为迫切的需求。

于是笔者把家委会的几名家长请到学校，共同商定了名为“今天我加班”的家校协同育人机制：利用班会的时间，每个月邀请一名家长做讲座。开始阶段，讲座的主题由我来确定方向，家长们结合自己的职业体验来完成命题作业。于是，“创意与创新——新媒体运营策略”“真诚沟通——医患关系之我见”“正确面对压力——玩转市场营销”“企业规划如何诞生”等一系列主题应运而生。这些讲座如何安排先后顺序呢？笔者再结合学校德育安工作安排和高中不同年级阶段心理发展的特点，给这些主题进行了排序，并在每次讲座前给家长沟通讲座内容，并加入学校要强调的阶段德育主题。这些班会给相对封闭的校园生活带来了新鲜的空气。家长们的分享不仅让学生了解了不同职业的精彩与挑战，也让学生在聆听中感受到分享、合作、沟通、规划、自我管理等在人的成长、成才中的重要意义，更让学生对 3+3 选科以及自己的学科兴趣与能力有了更加深入的认知，受到了学生的极大欢迎。

三、走出去：合作开展实践体验

每次讲座后，笔者会把班会的图片发在微信群里分享，并引导家长展开讨论，启发家长利用周末与孩子探讨。随着活动的开展，家长们对孩子生涯发展的认识逐渐深入了，家长们参与班级管理的热情也提升了。还有家长主动提供职业体验，家长来“加班”也由“请进来”变成了“走出去”。

每个学期开学，家委会跟家长确认有哪些家长可以提供社会实践或者社会考察的场所和机会。班级则利用期末考试结束后或者寒暑假的时间带领学生前往参观考察。到上海市证券交易所参观并聆听金融知识讲座，到东方美谷贺核心产业区企业参观考察，到奉贤区博物馆参观，到上海市光电所参观……一个学期的社会实践安排得丰富多彩，学生对生涯、学涯规划有了更深入的了解。同时，学校的生涯辅导教育变得更加丰富而又有实效，家校合作更上了一个新的台阶。

四、坐下来：创新家长会模式

家长会是学校开展家庭教育指导的重要平台，但传统家长会虽然在名字中有个“会”字，但“会”上言说的往往只有老师，家长并没有发言权，班主任、老师与家长在家长会上缺乏平等对话的机会，家长会往往成为学校老师向家长传达、发布信息的一个平台。传统家长会的组织形式是基于家长与学校之间在学生学业信息方面的不对等性产生的，这种家长会的形式在信息的传达方面有着一对多的高效、权威等特点。但是，固定时间、空间场所的传统家长会也面临着一个较为明显的问题——家长的教育主体地位被剥夺了。具体来说，家长会本质上来说是“会”，而开家长会的目的应当是学校和家长共同协商在学生的教育上的方法策略，家长和学校应当是双主体。

为此，笔者通过新型家长会的实践给家长更大的言说机会和选择内容的权利，赋予家长参会的主体性。通过前期家长会的问题调查，家长已经对会上开展的内容产生了兴趣，所以每个家长在会上都能做到有话可说。例如，针对家长都关注的“如何化解学生学业焦虑”等问题，家长们各抒己见：有的家长认为应该给孩子一个空间，家长不应该额外制造压力；有的家长认为应该做好倾听者的角色，做孩子的“树洞”；还有些家长认为需要保持适度的焦虑可以让他们更快地成长起来。会上的讨论让家长们都参与到了家长会上，一改传统的家长会“一言堂”，新型家长会关于教育孩子的问题不再是由老师单方面给出答案，而是打破了标准答案的观念，一方面教师用育人经验和科学的教育理念与家长进行交流，另一方面家长会结合的人生经历以及学生的个体情况来参与讨论，真正实现了“因材施教”的教育理念。家长既能借鉴老师的专业教育理念，又借鉴其他家长的个性教育方式，最后形成适合自己的教育经验。这种会上的即时生成，大大提高了家长的参与度，也重新赋予了家长家庭教育的主动性。

苏霍姆林斯基说过，最完备的教育是学校与家庭的合作。而家庭与学校合作的最佳落实途径显然是双方主动参与、共同分担、互动共赢、共同成长。好的教育就是使人成为人，让他寻找到自己的兴趣，充分发挥自己的能力，创造自己的人生价值。把家长“请进来”走上讲台演讲，让家长带学生“走出去”开展社会实践，请家长“坐下来”在“新型家长会”上分享交流，这些举措关注寄宿制高中家长家庭教育的现实困境，让寄宿制高中家长走进班级，为他们搭建教育平台，重新赋能寄宿制高中家长参与家庭教育的权利，并给予积极的引导，这或许能成为好的教育的一种。

作者简介

亓祥银，文学硕士，上海市格致中学语文教师、年级组长、班主任。上海市第五期班主任工作研究实训基地黄静华陈镇虎导师的学员，第八期上海市班主任高端研修班学员。近年来主要荣誉：2019 年黄浦区班主任基本功大赛高中组二等奖；2020 年被评为“上海市优秀班主任”、黄浦区“十佳班主任”；2021 年所带班级被评为上海市“优秀班集体”。

班级突发事件，家长情绪激动怎么办？

——遵循“三 T”原则，家班携手有效“处突”

张　颖

情境导入

班主任张老师正在办公室批作业，只见体育课代表慌慌张张跑进办公室，对张老师说道：小黄同学在体育课上，突然腿疼得动不了，站不起来了。于是，张老师匆忙跑到操场，只见小黄满脸涨红地坐在地上，一手捂着脚踝，神情痛苦。

体育老师和卫生老师查看了伤势后，怀疑小黄是脚踝骨折。班主任张老师赶紧电话联系家长，告知学生的受伤情况。没想到，刚说出“怀疑骨折”几个字，家长便大发雷霆，在电话另一头数落学校监管不力，担心正值初二的孩子无法正常学习。

班主任面对这样的怒火和质疑，心里很是委屈，该如何处理呢？

问题归因

一、信息沟通障碍

在本次案例中，小黄妈妈大发雷霆，很重要的一个原因就是家校信息沟通障碍。在突发受伤的情况中，家长并不知道小黄为何受伤、伤势如何、情绪如何，只是“被通知”孩子骨折，要赶去医院。面对这样子的“通知”，不免令家长有其他的揣测和想象。

作为班主任，在进行干预的过程中，是学校、家长和任课老师最好的沟通桥梁，应该把握信息发布的主动权。面对家长的质疑，班主任不能一问三不知，先通知家长最坏的结果。而是全面掌握信息，告知来龙去脉和现在情况，让家长感受到班主任、任课老师和学校的认真负责。在本文这个情景中，家长没有获知任何关键过程性信息，很容易情绪处理不当，把矛头指向学校和任课老师，觉得班主任对自己的孩子不关心监护，不认真负责。

二、担心学生学业

当班主任说出“疑似骨折”后，家长不仅是心疼孩子受到身体上的伤害，更加担心的是后续家庭安排。学生如果病假在家，父母又是双职工，如何负责孩子一日三餐，如何保证学生的正常学业等，这都是作为监护人非常关心的事情。因此，在面对这样的沟通中，班主任不能一味打电话“通知”家长，而是要家校合育，全员育人，帮助学生和家长共渡难关。

理论分析

一、校园突发事件的类型和特点

在学校内会发生的紧急事件大致可分为自然灾害类、社会性灾害、卫生性灾害、校园伤害以及师生冲突等。在校园内的紧急事件都有以下其特点：

（一）突发性

突发事件其爆发的时间、地点、人物关系、伤害程度都不同，有时候很难以正常的思维推断，让人猝不及防。同时它还有巨大的偶然性、随机性。

（二）信息障碍

由于很多意外连锁反应发生在突发事件的初期，信息不畅会导致家长之间谣言四起，引发家长的无限揣测，为后续沟通增加困难。

(三)连锁性

在自媒体时代，校园的紧急事件很多时候是通过微信平台传播，特别是班级的微信群中，家长很容易发泄自己的不满情绪，在家长群体中引起巨大的反响，从而导致突发事件，引起更大的后果和伤害。因此班主任要会处理突发事件是非常重要的能力。

二、突发事件处理原则

班主任在处理突发事件中，要做到三个“及时”。及时有效地稳定家长情绪，避免恐慌和负面情绪的无限扩散；及时有效地干预事件的发展，保证学生安全和教学秩序的稳定，要做好上传下达工作；及时控制突发事件的连锁反应及危害性，降低负面影响。

根据危机管理专家罗杰斯特曾提出著名的沟通“三T”原则，可以有效应对校园突发事件。

(一)主动沟通，以班主任提供的信息为主

在面对突发事件时，班主任要做好学校、家长和老师的沟通桥梁，把握信息发布的主动权。在家长层面，要做到以你发布的信息为主，做突发事件信息发布和沟通的引导者。

(二)充分沟通，能够及时提供全面信息

在学生遇到突发事件后，班主任要尽可能地了解更多的细节。例如这次案例中，小黄同学是如何受伤的，是自己不小心受伤，还是因其他同学导致的？更多细节信息的发布，能消除家长的质疑和担忧。如碰到更大的突发事件后，班主任也要做好充分信息的上传下达工作。利用微信平台、公众号等渠道，最快地向全体家长发布经由学校审核过的信息，以减少舆情的传播。

(三)及时沟通，尽快反映突发事件的解决进展

在突发事件后，一方面是及时和家长全面沟通，另一方面还要做好后续信息的传递。例如案例中的小黄同学，班主任除了在第一时间安抚小黄同学及时送其就医，还要解除家长接下来的担忧。该如何全员育人来保证小黄同学的正常学

习等，都是接下来要及时沟通的重点内容。不能等家长来一次又一次的担忧和询问，这不利于危机的解除。

（四）协同合作的处理原则

协同处理是班级紧急事件非常重要的处理原则。通常来说，学生突发事件会涉及学校工作的各个方面，不是班主任一个人可以轻易解决的。非常有效而且最具权威性的处理方式，应该是向学校上级部门报备。因此班主任老师在处理过程中要知道突发事件的处理流程。第一时间上报，树立我们树立全局的观念，要联合学校的各个部门，在校领导的统一领导下，团结协作，资源共享，才能为更好地为学生和家长提供服务。在本次案例中，班主任应该及时上报年级组长，判断这次突发事件的紧急情况，再结合学校卫生室和年级组长的建议，共同安排学生就医。后续的沟通和处理也应结合全员导师制，结合小黄同学的导师、任课老师，来保证小黄同学的后续学习。

实践支招

一、第一次沟通——信息通畅，情绪安抚

在这种情况下，我不会先贸然和小黄妈妈贸然打电话，而是先了解事情的原委。例如小黄是如何在体育课中受伤的，是否有其他原因，老师有没有进行热身运动等，再与其家长沟通。沟通时要用平稳的情绪、礼貌的态度，就事论事，告诉小黄妈妈发生了什么事情：孩子不小心在体育课中扭伤，并没有其他的同学推搡，而且体育老师也在运动之前做了热身运动，告知小黄妈妈，学校的初步判断可能是骨折，此时小黄的情绪稳定，我们会陪伴孩子，不让孩子害怕等。随后，通知小黄妈妈一起去医院。同时，会有校卫生老师陪伴左右，也请小黄妈妈不用过于担心。

这样的处理方式和交流方法能够消除家长的紧张感，减少各方面的误解。相信了解事情原委后，小黄妈妈便不会如此大发雷霆。小黄妈妈理解班主任、任课老师和卫生老师对孩子的重视和关心，为后续的沟通创造条件。

另外，与人相处就是一面镜子，假如在处理这件事情的时候，班主任如果和家长一样情绪激动，不能做到换位思考，不能以开阔的胸襟去面对指责，这件事

情最后肯定不会和平解决。由此可见，与家长沟通，我们一定要做到心胸开阔，时刻保持理智。

二、第二次沟通——全员导师，合力育人

一场受伤风波好像画上了句号，但是班主任要认识到，面对家长和学生的突发事件，我们的处理方式不能“做减法”，而是通过后续的经常性沟通，不断帮助家长和学生解决后续的困难，融洽家校之间的情感。

在学生突发受伤之后，其实还需要很多后续的帮扶。班主任要认识到个体的力量是有限的，要善于聚集合力，全员育人，这其中包括同伴之力、家庭之力和任课老师之力等。第二次沟通，我会把重点放在如何关心孩子后续的学习情况。结合全员导师制，让任课老师、孩子的导师和班主任都集中起力量，一起帮助小黄完成后续的学业辅导工作。

班主任可以利用多媒体平台，结集任课老师和导师，为学生的学习成长答疑解惑。本次案例中，全体老师做到每一天都有老师联系小黄，通过正向引导、正向教育、正向反馈，把每天要学科知识重点都教授给小黄。小黄的家长也会在一群老师的带动下，从“大发雷霆”走向“协同配合”。

另一方面，家庭教育之力。也对学生的成长也是极为重要的。在后续的家庭教育指导中，我会和小黄妈妈一起分享教育的经验，安抚小黄妈妈可能出现的偏激情绪。引导小黄爸爸一起参加，一起加入孩子的沟通和教育，父母双方共同承担起孩子教育的责任。

在班级层面中。我集合小黄同学的好朋友和各科课代表，每天把学校的趣事和学习内容分享给小黄，让她时时刻刻感到虽然人在家养伤，心却和这个班级紧紧地联系在一起，增加小黄同学的集体归属感。

在“共同育人”的模式下，小黄同学两个星期后，就拄着拐杖来上学了。在学校生活中，每日的值日班长和小组成员，都会轮流和小黄一起上下学。

班主任和家长打交道时一定要存有理智。针对不同的突发情况和不同的家长沟通，运用合适的方法，找出最适合帮助学生的方法。以诚信感动家长，让整个家庭和学校都紧紧地联系在一起，这就是家校沟通最终的目的。

对学生的教育也不是单方面班主任的责任，我们应该加强家校合作，巧借“他力”，这样学生的教育才会越做越好。

三、第N次沟通——尊重真诚共筑桥梁

家校沟通不是一蹴而就的，发生突发事件后，班主任期待家长能够支持学校的工作，一起帮助学生解决危机。但是，这离不开平时构建和谐的家校关系，更离不开平时班主任的工作。试问一下，我们平时在找家长沟通时候，是不是只报忧不报喜？学生一旦有退步或者思想有变化，就和家长沟通，让家长帮助解决，久而久之就变成了讨厌的“告状者”。甚至有家长戏称，一看到班主任的来电就心里发慌。

然而，语言是有艺术的。我们在和家长沟通的时候，不是随声附和，也不是添油加醋，而是从爱护学生、关心学生出发，要会多报喜，巧报忧。当学生有进步的时候，我会把他们点滴的进步告诉家长。这一系列沟通，从侧面也体现出班主任对学生的关心和在意。久而久之，就建立了和谐的家校关系。一旦发生突发事件后，自然就能得到家长的支持和肯定。

因此，在这次事件后，我经常和小黄妈妈发消息，分享小黄在学校的一些点滴进步，也会反馈一些行为表现，当然是以积极正面为主。让小黄妈妈看到孩子的进步，感受到班主任、学校对学孩子的关爱。

其实，在平时，班主任也应该用多种的沟通形式和家长沟通和交流。传统的方法有纸笔反馈和家访。比如，家校练习册上，有时候聊聊孩子在校表现，或者各科学科老师的评价；平日的作业练习册上，呈现对学生的指导等，这些沟通正是源于充分了解家长的期望。因为每个家长都期望自己的班主任能关心自己的孩子，期待自己的孩子能成长得更好。只有班主任能了解家长期待的心理，并积极与之沟通，才能构建和谐的家校关系。

班主任遇到棘手的突发事件，不能害怕和退缩。在平时的教育管理中，班主任要做四两拨千斤的指挥者，善用小干部协助老师管理班级，更加细致全面地了解班级学生的动态，起到防微杜渐的效果。

沉着冷静，机智果断是素养。遇到突发事件，班主任要头脑冷静，克制自己，沉着应对，处变不惊，迅速做出判断，果断决定处置方案。客观公正，以事实为依据化解矛盾是原则。不管突发事件发生在谁身上，班主任都要充分调查，了解事情的真相，不能偏心，公平公正地处理问题，才能让多方都信服，促进有效沟通。

总而言之，面对突发事件，我们要做到调整情绪、换位倾听、表达共情感受；把握好“尊重、真诚、共情”六个字，相信一切难题会迎刃而解。

作者简介

张颖，上海市曹杨中学附属学校班主任，2020 年上海市优秀班主任。曾先后获得普陀区班主任育德能力竞赛一等奖、“十佳”班主任、主题班会一等奖；上海市班主任育德能力大赛一等奖；长三角班主任育德能力大赛三等奖与论文一等奖。张老师以灵活、亲切、民主、细致的工作风格，赢得了家长和学生的一致喜爱。在工作中，她以积极与开放的心态，引导和关爱每一个学生。

新媒体时代孩子对手机比对亲人还亲，怎么办？

——基于自媒体交互平台，有效开展家庭教育指导

章　慧

情境导入

2017年暑假，我刚送走一批初三学生，怀着憧憬与希望又迎来了新一届预备（2）班的同学们。趁着暑假进行新班学生家访时，听到家长说得最多的一句话是：孩子对手机比对亲人还亲。孩子们趁着暑假玩手机、上网、打游戏，都有点网瘾了。家长虽然也批评教育，但是青春期孩子的脾气实在难以捉摸，家长表示也很无奈。

如何指导家长进行正确有效的家庭教育？如何指导学生正确上网、合理使用电子产品？如何把他们的注意力集中到新的班集体中？如何快速形成新集体的凝聚力？这都是我当即面对急需解决的问题。

归因分析

预备（2）班共有40名学生，均为2000年后出生的孩子。他们伴随着网络、自媒体、信息爆炸时代一起成长，他们接触的信息更繁杂，视野更开阔，进而使得他们民主而又放任，创新而又自我。于是，我想如何有效利用自媒体，给学生们创造一个展示自我和教育引导的平台，让他们的游戏网瘾转化为正能量的上网

学习。伴随着互联网时代的到来，“上网”已成为这些 80 后家长生活中不可缺少的一部分。在 e+ 时代的大背景下，合理利用好家长的榜样作用，言传身教的进行家庭教育非常有必要。只有在立足教育规律、充分分析时代特点的基础上，坚持正面教育，重视家庭教育，通过科学管理及良好文化氛围的营造，找寻自媒体环境下适切学生发展的有利因素加以运用，才能顺应时代发展特征，引领 2000 后的学生在自媒体时代下健康成长。

观点阐述

一、通过特色班集体建设实施各种活动

预备年级新成立班级时，班主任根据各自班级学生特点，进行特色班集体建设活动，个性管理、特色兴班。希望通过特色班级的建设，通过各种班级特色活动创建，迅速形成新班的凝聚力。《中小学德育工作指南》指出，要把活动育人作为德育实施的途径和要求，通过多种形式的活动加强对学生的教育。

二、通过自媒体平台创立实现家班共育

常言道，“孩子最好的老师是家长”。对人一生产生最重要影响的教育是家庭教育，而目前家庭教育的缺失或偏差成为影响孩子健康成长的制约因素。家班共育成为现代班级的一种新型教育管理方式，将有效提升班级与家庭之间的教育合力，共同促进孩子的健康成长。创新班级管理机制，把家长纳入班级管理，全方位、多角度、宽渠道提升家长的教育水平，将有效提升家庭教育的有效性，形成家班教育的合力，共同促进学生的健康成长。

《中小学德育工作指南》指出，要把协同育人作为德育实施的途径和要求，“通过多种形式加强与学生家长的沟通联系”。如此看来，只有老师和学生参与的班集体管理体系是不完整的，家长作为学生教育必不可少的关键要素之一，参与班集体管理有其必要性。面对新班的成立，面对预备（2）班自媒体平台的创建，需要建立以班主任为指导，以学生为根本，以家长为辅助，开创特有的相互理解和合作的方式，让家长真正成为班级的合伙人，共同肩负起新班建设发展的重任。家庭教育指导由“指导”转向“合作”，在“合作”中实现“指导”，取得双赢，建立适应社会发展、满足家长和学生需求的家庭教育指导。

实践支招

一、利用自媒体平台，建立爱心培育团队

（一）成立班级家委会

在当今信息化时代，微信的使用已相当普遍，所以很快家长们就建立了班级家长微信群。接着，我在群里主持家委会选举，引导家长们根据自己特长、时间安排等进行推荐和自荐，最后产生了本班的家班合作委员会，明确好家长与班级之间的合作关系。然后，家委会进班和学生、老师一起开班会商量班级事宜，定制适合我们班现状的家班共育实践方法。基于班级大多数学生以自我为中心的现状，我们共同决定围绕“爱”的主题，将特色中队命名为“充满爱的小 2 班”，创新班级管理机制，把家长纳入班级建设管理教育中来。依靠家班共育的指导思想，组织学生和家长参与各类校内、校外及社区活动，再借助自媒体平台记录宣传我们爱的活动，教会学生正确合理上网、使用手机，并学会时刻付出爱奉献爱，希望形成真正有爱的班集体。预备年级主题是“爱自己、爱同学”，初一年级主题是“爱集体、爱学校”，初二年级主题是“爱家庭、爱社区”，初三年级主题是“树目标、爱奋斗”。

（二）建立班级公众号

经过老师、同学、家委会商量，依托自媒体技术，探索班级集体管理机制的新模式；借助自媒体工具，协同家班合力育人。新颖的自媒体平台吸引学生的注意力，一下子把他们拉入创建班级公众号“充满爱的小 2 班”之中。公众号的建设中，由教师全程参与、家长协助指导、学生亲自主持这样的模式组成。结合学生、家长的自荐和推荐，完成了班级公众号的管理分工岗位竞聘和上任宣誓。初期的管理团队设立一名主编、一名文字编辑、一名文字校对、一名摄影师和一名图文编辑。每一名学生岗位的背后，都有家委会成员的默默支持、指导。

二、打造微信公众号，展示爱心集体建设

（一）相知：公众号推送之互动活动

预备（2）班成立之初，同学之间、家庭之间都是比较陌生的。于是，我们利用班级公众号，先后发布了 10 期以“爱自己”为主题的推文，每期让 4 名同学

和家长一起做自我介绍和家庭介绍，加强了相互了解。最后，还在公众号平台推出了"最受欢迎小2班人物"的评选活动，让40个家庭和40名同学迅速凝聚到一起，无形中让整个班集体打成了一片。通过这个活动，孩子们跟家长们一起商量如何介绍自己？如何介绍自己家的家风家训？一起上网学习制作公众号推送文等。最后还和家长一起用手机上网浏览其他同学制作的介绍，一起交流学习，评选"最受欢迎小2班人物"。活动的持续进行，充分调动了学生在家的空余时间，把暑假里养成的不良游戏网瘾转化成了亲子共同的正能量的上网，这其中家长的榜样作用非常重要，真正实践家班共育。

（二）相熟：公众号推送之亲子活动

由家长联系组织的亲子活动，利用双休日，小2班的老师、同学和家长们，一起来到四行仓库进行了一场特别的亲子共育活动。活动采用浸入式戏剧和教育戏剧相结合的新颖方式，让学生和家长作为体验者，直接"参与"了四段特殊的历史时刻。我班组织的这些有针对性的亲子共育体验活动，老师和家长带着孩子们走出课堂，给予了孩子们充分地展示自己的机会，加深了活动体验感。活动后，家长又把这有意义的体验活动的过程、感想、收获等，做成图册作为纪念，同学们同时做成公众号推送文，展示宣传了小2班的活动。

由家长牵头，我们小2班与特殊学校启智部四2班成为结对班级，奉献我们的爱心，一直是我们班的特色活动，是我们班特色中队建设的重要固定活动。特别的爱给特别的你，关爱特殊的孩子们，有爱的世界不孤独。由于特殊学校的孩子特殊性，所以每次活动前，家委会和我都会组织同学们一起商量，既要有意义又要能适合特殊学校的学生，还要注意安全。每次活动过程中由我和全班家长轮流带队，家长们的参与可以把握好大局和尺度，又能及时给自己的孩子一些爱的教育和爱的鼓励。每次短暂的相处，却能触及每个人心底最柔软的部分。因此，每次活动后同学们做出来的微信公众号推送，都特别动情，让人感动。

（三）相爱：公众号推送之感恩活动

预备年级寒假，我们班组织了一场以感恩为主题的体验活动"感恩身边的人"。活动中，我们邀请了家长共同参与，陪同孩子参与社会实践。我们体验地铁工作人员、保安师傅、父母和老师等。在一个个体验活动后，同学们纷纷写下感想和活动收获。最后，我们回到自己班级，找找班级里同学们之间的感动点滴，并把同学之间的感动事迹通过公众号的推送文进行宣传，还利用公众号投票功能，进行了“感动小 2 班人物”的推选，形成充满爱的小 2 班。

班级公众号推送主题内容的讨论，使学生之间的注意力和话题渐渐从娱乐、游戏等转换到了班级建设活动中，无形中引导了班级正确的舆论导向，形成班级到处充满爱奉献爱的文化氛围，班级凝聚力得到提升。

由公众号推送产生的通过互动性、集体性的亲子活动，以各个小家庭为单位凝聚成班集体的大活动，促进了学生与家长共同成长，帮助孩子们身临其境地接受体验性而非灌输式的教育，学会了思考；也缩短了家长与孩子的距离，彼此更理解对方；同时，也让学生们感受到集体合作，共同努力的重要性，对培养学生的团队精神有着非常重要的作用。

丰富多彩的课内课外活动，每一次的公众号推送制作，都要同学们花时间花心思准备，才能呈现出完美的结果。这些都充分调动了同学们的空余时间，改变了他们以前不良的上网习惯，真正学会正确上网、合理使用电子产品，把他们的注意力吸引到班集体中。

三、拓展自媒体空间，深化爱的教育互动

（一）铃铛教育 App 的使用

铃铛教育软件是学校提供的一个官方渠道的自媒体交互平台。在这里，老师向家长展示校内事项、活动及重要通知等，比如校运动会、班班有歌声、社会实践等活动，都会及时在铃铛上交流展示。通过这个渠道，让家长第一时间了解孩子的在校情况，将学校的教育理念及教育成果有效地传递到每个家庭中。平台上，还有互动功能，班级每一个任课老师与每一个家长都有一个私聊空间，家长与老师之间可以随时点对点交流，避免在大群里公开交流和家长不停刷屏的尴尬。

网络时代，家长们可以随时获取育儿经验，但面对众多的信息，却无所筛选。结合学校“家庭教育的学校支持研究”之市级课题研究成果，小 2 班老师利用铃铛教育 App 组织家长在平台上学习进才北校版《家庭教育指导手册》电子书。老师在统一时间里，根据指导手册每个单元的学习，有针对性地推送相关育儿经验，并且通过每章节的学习，设计三个共同性话题，组织全班家长在

铃铛App的家长群里的开展讨论，在智慧碰撞下提升家长们的育儿能力。最后，由一个家委会家长对家长的讨论进行整理总结；然后，这个家长带着共性问题组织全班家长的线上或线下家长会，还邀请其他家长现身说法，分享育儿心得。通过铃铛App，家长们根据《家庭教育指导手册》上的指导，通过亲身实践、伙伴支招、教师指导，育儿观念潜移默化地发生了变化。

（二）班级家长微信群的使用

班级微信群的沟通，有便捷及时的特性，在微信群内可以随时随地召开一个“微”家长会，与家长一起探讨班级活动、校园活动、交流个别学生群体的共性问题等。这就有利于提高家班沟通的及时性和教育的有效性。

在铃铛App这个平台上，家长能及时了解孩子的情况、适时参与班级的活动、配合班级开展教育，保持与班级教育的一致性。另外，在铃铛App平台上家长们一起通过对《家庭教育指导手册》的学习交流互动，掌握了一些正确有效的家庭教育方法，也给孩子们树立了正确的榜样，达到了实践共育的有效性。最后，通过铃铛App，家长和老师之间、家长和家长之间还能在平台上互动，使家长将一些意见和建议带到学校，班级也可利用家长各方面的丰富、有利的资源来优化教育环境、丰富教育内容，让家长从“家庭教师”转变为一个“班级教师”，加强了家长参与班级管理的积极性和主动性，促使其从班级教育的旁观者转变为班级集体管理的协同者，共同承担学生教育的重任。

通过自媒体交互平台的创建、管理和使用，充满爱的小2班已经形成了学生、家长和教师之间“爱的互动圈”。学生的集体荣誉感大大增强，家长的配合意识不断提升，作为领头羊的我，不仅收获孩子成长中的进步，更为自身专业成长注入了新的活力。未来，爱的小2班将围绕既定目标，在家班共育的教育模式下，深入提升自媒体的教育实效，促进学生的健康成长。

作者简介

章慧，女，上海市进才中学北校数学教师，年级主任，班主任，中学德育高级教师，上海市第五期班主任工作研究实训基地学员。曾获浦东新区园丁奖，上海市金爱心教师，

浦东新区十佳班主任，浦东新区骨干班主任称号。上海市普陀杯班主任基本功大赛市三等奖，区一等奖。所带班级曾获上海市百佳快乐中队，浦东新区少先队优秀中队，上海市金爱心集体称号。

家长会内容单一，形式呆板，怎么办？

——借助互联网资源，构建新型家长会

程建英

情境导入

期中考试过后，又要开家长会了……

家长们整齐地坐在教室里，任科老师轮流进班级，语文老师滔滔不绝，口若悬河地讲了半小时，化学老师正在教室里苦口婆心地劝说家长，几名任课教师等在9(5)班的教室门口，下一个就轮到数学老师进教室了，她又梳理一下准备的发言内容。突然化学老师冲出教室，大声说一句“5班的家长真没有素质”，便气冲冲地走了。数学老师担心地走进了教室，事先准备好的发言，也不敢说了，她选择报喜不报忧，简单表扬了一番班级的学生，就匆匆地走出了教室。事后，从化学老师那里得知，原来是一名家长听得不耐烦了，对化学老师说：“你好走了，再见。”

本来看似一直顺利的家长会，就被家长的一句话给搅乱了，之所以会产生这样的矛盾，目前的家长会确实存在着一些问题。

一直以来，家长会的主要形式仍是集中所有家长召开的形式，这似乎是一种比较好的形式，然而也不可避免这种家长会还存在诸多问题，这些问题的存在致使学生对其产生反感情绪，家长参与不积极，教育学者也对其诟病。比如经常有些人把家长会“戏称”为学生成绩的“新闻发布会”，灌输教育大道理的家长“培训会”，历数“差生”“罪状”的“告状会”……为此，笔者也进行了调研与总结，

得出家长会的确存在不少问题。

一、形式陈旧，次数偏少

家长会形式陈旧，即绝大多数的教师选择传统家长会的方式，类似于课堂教学。台上，班主任、任科老师轮流上阵，滔滔不绝，把班级情况一股脑儿向家长做交代，提要求，布置任务，家长只有听的义务，没有说的权利。台下，家长们像学生一样挨个儿正坐，表情严肃，聆听老师的报告。从家长会的召开次数来说，一般每学期一到两次，并且时间大多固定选择在期中和期末考试前后，这时对于学生平时学习中遇到的一些问题不能够及时和家长沟通。

二、内容单一，枯燥乏味

现在学校仍关注学生的成绩，因此在家长会的内容安排上，老师大多数情况下往往更多的是谈学生的学习成绩。其流程也相对固定：班主任会简要介绍班级整体情况，然后重点介绍学生的学习或考试成绩。继班主任之后，主科教师轮流走上讲台，或是根据自己所教科目的成绩情况进行总结、表扬、批评，或是反复强调该科目的重要性并对家长如何抓好这一科目作出指导。

虽然成绩对于学生来说是重要的评价指标之一，但是教师一定不能忘记除了学习成绩以外，学生的兴趣、志向、特长、心理健康等其他方面的情况对于他们今后的发展同等甚至更加重要，而且这些方面的情况往往是影响学生学习成绩的重要因素。忽略这些因素而唯独强调学习成绩不仅是低效率的，而且是有害的。

三、教师控制，主体缺失

家长会的主体应该包含三个：教师、家长和学生。然而目前，教师是家长会的组织者，同时也替代家长成了参与的主体。会前，从家长会的时间、地点、形式到开会内容全由教师来决定，家长只能根据安排来参与，学生则往往被排除在家长会之外。在这样的家长会上，很多教师可谓是苦口婆心、循循善诱，然而费了好大力气却发现收效甚微。出现这种问题的原因就在于教师喧宾夺主，忽视了家长作为家长会参与主体的感受、体验和需求。在这种单向度、缺乏交流的家长会上，家长是被动的，很难与教师产生共鸣。家长会效果可想而知。

归因分析

造成上述家长会所存在的问题有多方面的原因，社会、学校、家庭是学生教育的三个重要环境，家长会作为三者沟通的桥梁，三个方面只有形成有效的配合才能更好地发挥作用。

一、学校对家长会的顶层设计不够

现代教育需要家庭、社会和学校共同努力，学校只是教育环节的一个部分，家庭教育也是其中的一个部分。家长会是老师和家长互相交流的平台，目的就是对学生进行更好有效教育。因此各级主管部门非常重视学校的家长会，要求学校定期开家长会。

有的学校对家长会的重要性认识不足，不重视家长会的召开，存在应付情况，导致家长会只是为了完成上级任务，开过会算完事，慢慢地让教师和家长对家长会失去兴趣。

二、班主任对家长会的班本设计不足

家长会通常是期中考试前后召开，因此成绩往往是家长会的主要内容，学生各科成绩、上课表现等更是家长会的重中之重。

家长会讨论的内容主要是如何在家长配合学校老师的情况下，使学生的学习成绩有所提高，却对学生其他方面很少提及，尽管在家长会最后略微提及了一些，但远远不够。

在学生的身体素质、心理健康方面，有时只是简单地举例树典型，让家长以此为鉴。

三、家长主动参与积极性不高

一些教师把学生家长看成是被教育或培训的对象，双方是"教育者与被教育者的关系"，而不是"教育的合作者"或"教育的共同体"，因而缺乏民主、平等的精神，限制、束缚了家长的参与。家长会上家长很少有发言机会，大多时间家长如同学生一样，听班主任及各主科教师的讲话。尽管家长会上有个别家长发言，但每个孩子的情况是不一样的，反映的问题也会不一样。家长参加家长

会的积极性不高。

理论阐述

现代教育需要家庭、社会、学校三个方面共同努力，目的就是对学生进行更好的教育，借助网络使家长会的参与者都能受益。

一、教师——提升班主任专业素养

家长会转变教师的教育理念，班主任工作不再停留于埋头苦干，要不断创新，班主任在家长会的创新实践中，通过发现问题、解决问题、积累经验、从中感悟班主任专业发展的内涵，意识到班主任应尊重家长，主动承担起指导家庭教育的责任，从而让班主任主动对学生的成长负责，关怀学生的心理生活、道德情操、审美情趣，关怀学生的精神家园。

二、家长——改变教育孩子的方式

家长会的目的是帮助家长并与家长合作完成家庭教育的任务，家长要形成正确的家庭教育观念，学会正确的家庭教育方法。在家里做孩子的榜样，以身作则，改掉自己的陋习，不沉迷与手机和电脑。

注重培养孩子的良好生活习惯和学习习惯，能够多给孩子温暖和关爱，多陪伴孩子与孩子沟通，定期检查孩子的作业，指导孩子的学习和生活，帮助孩子解决学习中的困难，抽出时间陪孩子参观旅游，为孩子创造了一个良好的成长环境和融洽的家庭气氛。

三、学生——促进健康快乐成长

家长会淡化了学生的学习成绩，注重从学生自身发展的视角多元评价，教师和家长教育理念的改变，落实了孩子的德育教育。

孩子养成了良好的习惯，树立了自信心、责任心、学会在集体中与同学相处。孩子通过家长会这个舞台，展示了自己的才能，得到老师和家长的鼓励和肯定，在某个点上慢慢形成了自己的兴趣爱好。同时学生也不再害怕开家长会，家长乐于参加家长会。

实践支招

现在的家长会多数是教师台上一人说，家长一群在下面听，即使老师考虑周全，讲话具有艺术感，也总让家长们有程式化之感。因为家长会的时间是有限的，老师只能说说共性的问题，家长们也就无法与老师畅快地沟通，大都只能草草了解一点孩子的情况后心有不甘地离去。随着时代和网络技术的发展，新时代“催生”家长会的新变革。网络时代的家长会，教师可以在丰富家长会内容、创新家长会的形式、提高参与主体的多元化等方面做出改进。

一、家长会的次数日常化

家长会的召开受到时间的限制，可以借助网络把家长会的内容融入日常活动中，把家校沟通变成一种日常交流。比如利用专业机构共建专用App，在平台上展示学校动态、班级情况、学生状态等信息。家长观看以后，在平台上发表观点和意见，提高家校沟通的互动频率和有效性。

（一）精心制作班级网页

笔者把班级网页栏目以展示班级动态为主，通过图片、文字展示班级各项活动的风采，展示学生的学习成果和作品。通过视频制作学生干部代表对班级前阶段的情况作总结。分析班级发展的长处和不足，帮助家长们更全面、客观地了解班级的发展情况。通过视频制作学生对一篇课文精彩部分的朗诵、学生演课本剧、学生齐唱班歌或校歌等。通过台上学生们一个个投入的表演，家长观看后，感知学生在学校的学习是充满色彩的，不仅学到知识的同时还发挥学生自身的特长。利用这个网页家长随时都可以去了解孩子在校的学习、生活。

（二）创建班级家长微信群

教师建立家长微信群，通过发布信息、文件共享、群空间等多种功能实现老师家长间的对话，避免了双方面对面的交流窘境。家长之间、家长老师之间相互交流非常的方便和快捷。家长对孩子各方面的交流变得非常的活跃，不同的家长有不同的教育思想和方法，各有所长。老师和家长也会及时将各种信息发布于群空间内，实现资源共享。

二、家长会的内容主题化

家长会设计有针对性的专题，并围绕专题进行精心策划筹备主题内容。笔者以当前学校和家长面临的某一重点、难点或热点问题，作为家长会的核心研讨主题。笔者在深入了解本班学生的家庭状况和家庭教育情况的基础上，利用网络精心收集一些内涵丰富、事例典型、方法科学、具有较强的感染力和引导力的素材作为交流内容。或邀请部分家长与大家分享经验，力求经验交流的内容既鲜活、生动、接地气。家长在交流中取得了较为实用、有效的教育方法。主题家长会具有一定的深度与广度，不少过去的困惑，在专门的深刻探讨、研究中得到了有效的化解，产生一些意想不到的成果。笔者根据初中不同年级教育教学的特点制订出家长会的主题，如下表所示。

初中不同年级家长会的主题

年级	专题	主题	家长与学生的反馈
预备	小升初衔接问题	亲子家长会“新起点”	家长：能更好地指导孩子尽快适应初中的学习生活
	好习惯养成	网络家长会 “和陋习说拜拜”	家长：说教不如身教，改变自己的不足，做孩子的榜样
	家长职业分享	视频讲座： 营养均衡的膳食	学生：原来只喜欢吃肉，不喜欢吃蔬菜水果，以后多吃蔬菜水果让身体营养更均衡
初一	责任心培养	亲子家长会 “集体的事情一起做”	学生：在家负责家庭垃圾分类，定点投放垃圾
	感恩教育	亲子家长会庆祝 “母亲节”	学生：在这个特殊的氛围下，终于说出了妈妈我爱你
	家长沙龙 ——我的教育观	讨论型家长会 “如何管理孩子用手机”	家长：孩子的自控力不够，不能放纵溺爱孩子，还是要管理好手机
初二	爱国主义教育	网络家长会 “红军精神放光芒”	学生：在生活中要有不怕吃苦，不怕累的精神，向红军叔叔学习
	与青春期同行	视频讲座： 指导家长开展性教育	家长：总是对孩子回避这个问题，今天学习了，可以和孩子开口这个话题了
	和谐家庭关系的建立	亲子家长会 “语言沟通艺术”	家长：孩子不听话，我们常常是冷战，其实是他和孩子沟通不畅

（续表）

年级	专题	主题	家长与学生的反馈
初三	努力迎中考	亲子家长会 “爱拼才会赢”	学生：和父母一起定下我的中考目标，挑战市重点高中
	共同定位	传统型： 报考志愿填写指导	家长：上冲下保，选择孩子喜欢的学校
	家长心理教育指导	视频讲座： 中考前家长如何解压	家长：做好孩子坚强的后盾，不给孩子添加压力

三、家长会的形式多样化

形式多样化的家长会，体现了教师与家长之间交流的多样化。家长会的形式可以是互动型、亲子型、展示型、报告型以及视频等交流方式。

（一）视频微讲座

利用班级家长微信群进行直播，邀请家长或教育专家进行微讲座，教师事先了解学生家长的情况，合理利用家长资源，定期定时开展家长职业经验交流；对家庭教育的认识；家庭教育案例；家庭教育体会；及如何积极配合老师和学校等方面进行交流，有的家长利用生动案例、真实体会获得家长们的掌声和共鸣。家长们在交流中相互理解，取长补短，端正教育学生的思想，改进家庭教育方法，从而提高了家庭教育的质量。

（二）亲子家长会

让孩子一同参加家长会，可以提高家长会的质量和效果，避免传统家长会的单面性。因为召开家长会的最终目的，是想更好地教育好孩子，而教育学生尊敬家长，是搞好家庭教育的重要环节。教师让孩子请家长入座、给家长一杯茶，向家长介绍本班同学，介绍本班近期发生的好人好事、近期学习情况等；家长欣赏了孩子近期的作业、小制作、在校内的表现等。家长进到教室就感受到一种颇具亲情的氛围。家长和孩子彼此真诚交流，不再仅仅是学习，而是更多关心孩子的人生态度、情绪和心理等。

（三）网络式家长会

网络式家长会以网络和多媒体技术为支撑，它具有特殊的优势，互动时间更加灵活、交流氛围轻松等。在参与对象上，根据家长会的需要选全体家长，或是针对部分家长的家长会；在召开时间上，可以定期组织集体研讨，也可以随时留意和解答家长的疑惑。家长之间可以相互交流，或单独与教师进行交流。

让更多的家长和学生参与到网络时代下的家长会中，真正在教师、家长、学生之间架起一座沟通的桥梁。如何利用网络更好地开好家长会，还需要大家进一步的研究与探讨。

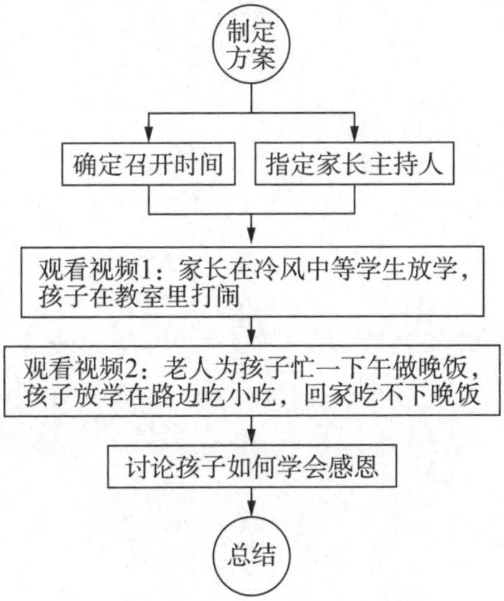

“感恩教育”的家长会流程

作者简介

程建英，上海市宝山区求真中学教师，曾被评为宝山区学科带头人，荣获宝山区中小学班主任基本功大赛特等奖，获教育部一师一优课、全国教育教学信息化大奖赛课例组一等奖，担任宝山区“求真”工作室的领衔人。所撰写的论文曾获上海市论文评选一等奖。